최초의 철학자들

그리스와 로마의 철학자 이야기

대원동서문화총서

최초의 철학자들

그리스와 로마의 철학자 이야기

야마모토 미쓰오 지음
지영환 옮김

대원사

머리말

사람들은 흔히 '철학'이라는 말 그 자체를 동경하여 철학책을 읽거나 강의를 듣게 된다. 그러나 오늘날 철학자로 자처하거나 일컬어지는 속인들의 것은, 대개 보통의 독자나 학생들에게는 재미가 없기 때문에 그들은 도중에서 좌절하기 일쑤이다. 그런 까닭에 나는 예로부터 진정한 철학자로 주목을 받아 온 그리스 로마의 철학자들을 다루고, 그것도 그들의 학설보다는 오히려 그 언행을 중심으로 이야기를 전개하였다. 이 책에서 다루어진 철학자들은 그 학설 혹은 신념에 근거하여 말하고 행동했던 것으로 생각된다. 뿐만 아니라 나와 같은 오늘날의 속인 철학자들과는 달리 참으로 재미가 있다. 원래 이 책은, 무미건조한 철학의 조미료로 쓰여진 것이므로, 이 책을 통해서 독자들은 참철학의 오의(奧義)에 다소간이나마 접근해 갈 수 있게 되기를 바란다.

이 책의 제Ⅰ부의 자료로 사용된 것은 주로 디오게네스 라에르티오스의 「철학 분야에서의 유명한 사람들의 생애, 학설, 잠언에 대해서」와 헤르만 딜스가 엮은 「소크라테스 이전의 철학자 단편집」과 플루타르코스(플루타크)의 이른바 「영웅전」이다.

제Ⅱ부 집필은 시대적으로는 Ⅰ부보다 후대의 것이 되는데 다음 책들을 인용하였다.

서턴의 「새로운 휴머니즘」
셰익스피어의 「햄릿」「에피쿠로스」
세네카의 「행복한 생활에 대해서」
에픽테토스의 「인생에 관한 설교」
몽테뉴의 「수상록」
호메로스의 「일리아스」
오마르 하이얌의 「루바이야트」
플루타르코스의 「영웅전」
키케로의 「노경에 대해서」「의무에 대해서」
헤겔의 「역사철학」
에라스무스의 「우신 예찬」
셴키비치의 「쿼바디스」
타키츠의 「네로 황제」
「당시선(唐詩選)」
마르쿠스 아우렐리우스의 「회상록」
오비디우스의 「아루스 아마토리아」
보에티우스의 「철학의 위안」
플로티노스의 「좋은 것, 최고의 것」
기본의 「로마 제국 쇠망사」

　이상의 저서들을 인용하면서 사정상 일일이 저자와 역자들의 양해를 얻을 수가 없었기에 필자의 의견이 덧붙여지는 실례를 범했음을 우선 진심으로 사과드리며, 진심어린 감사를 흔쾌히 받아 주신다면 다행이겠다. 그리고 여기에 일일이 언급하지 못한 수많은 역서와 사람들의 도움이 있었음을 덧붙이며 함께 감사를 드리고 싶다.

저자

차례

제Ⅱ부 철학자의 근심

제 I 부
철학자의 웃음

제1야
그리스의 일곱 현인과 탈레스

어느 날 소아시아 이오니아(에게 해 연안의 옛 이름) 지방의 한 청년이 밀레토스 시의 어부에게 한 그물의 물고기를 사기로 약속을 했다. 그물을 끌어올려 보니 그 그물 속에는 많은 고기와 함께 황금 트리푸스가 들어 있었다. 트리푸스라 함은 마치 동양의 솥, 자세히 말하면 밑에 다리 세 개가 붙은 족정(足鼎)이라 불리우는 것과 같은 모양에 그 용법도 거의 같은데, 그리스인들은 이것을 여러 가지 경기에서 상품으로 우승자에게 주는 관습을 가지고 있었다.

그런데 이 눈부신 황금 트리푸스를, 청년과 어부 두 사람은 제각기 자기가 차지해야 옳다고 주장을 했다. 다툼은 해결이 나지 않았다. 마침내는 밀레토스 시의 법정에까지 가지고 갔던가 보다. 그러나 여기에서도 판결이 곤란했던지, 밀레토스인들은 그리스 본토의 델포이(Delphoi, 고대 그리스의 성지)에 특사를 보내어 아폴론(Appollon) 신에게 신탁(神託)을 의뢰했다. 그러자 신은 다음과 같이 대답했다.

밀레토스의 아들이여, 트리푸스에 관하여
너는 나 아폴론에게 묻는가?
나는 말한다
그것은 지혜가 가장 뛰어난 자에게 속한다고.

그리하여 밀레토스인들은 황금의 트리푸스를 그 청년에게도 어부에게도 주지 않고 밀레토스 시의 탈레스(Thales, 기원전 640년경~546년경)[1]에게로 보냈다. 그러나 탈레스는 그것을 자기의 손안에 두지 않고 그가 또 가장 지혜가 뛰어나다고 생각하는 다른 사람에게로 보냈다. 그런데 그 사람 역시 마찬가지로 또 다른 사람에게로 보냈다. 이리하여 몇 사람인가의 손을 거친 끝에 아테네의 솔론(Solon, 기원전 640년경~560년경)[2]에게로 보냈다. 그러자 솔론은 "신이야말로 지혜가 가장 뛰어난 분이다"라고 말하고 델포이의 신 아폴론에게 헌납했다.

위의 이야기는 디오게네스 라에르티오스(Diogenes Laertios, 3세기)[3]의 이른 바 「철학자 열전」이라 불리우는 책에 실린 대체적으로 비슷한 몇 가지 이야기 가운데 하나다. 그런데 그 중 한 이야기에서는 트리푸스가 결국 최초의 탈레스에게로 되돌아왔으므로, 그는 "익서미아스의 아들 탈레스는 이 트리푸스를 전 그리스인들로부터 보내 온 상품으로서 다시 획득한 후 델포이의 아폴론에게 바친다" 라고 말하고 신에게 헌납한 것으로 되어 있다.

이 이야기에서 황금의 트리푸스를 차례차례로 받은 사람들이 바로 세상에서 일곱 현인(七賢人)으로 일컬어지는 사람들이다. 이 일곱 현인 속에 반드시 들어가는 사람은 밀레토스의 탈레스와, 레스보스 섬 미틸레네의 피타코스와 푸리에네의 비아스와 아테네의 솔론뿐이다. 그 밖의 세 사람은 여러 가지 전승에 따라 각기 다른 사람이 거론된다.

이 일곱 현인 속에 끼는 사람들은, 기원전 7세기부터 6세기에 걸쳐 살았던 정치가나 입법가로서 격언과도 같은 처세훈(處世訓)을 말한 사람이 많다. 따라서 그들이 현자로 불리웠던 까닭도 그 학문적인 높은 지혜 때문이 아니고 이른바 정치적인 지혜 때문이었다고 보지 않을 수 없다. 어떤 전기에 의하면 일곱 현인들은 리디아(고대 소아시아 서부에 있던 왕국) 왕 크로이소스(Kroisos, 기원전 560년~546년 재위)의 호화로운 궁전에 늘 모였었다고 하나,

---

1) 그리스 자연철학의 창시자. 밀레토스인으로 각지를 여행하며, 이집트에서 천문학, 수학을 공부하고 기원전 585년 5월 28일의 개기일식을 예측했다.
2) 아테네의 정치가, 시인. 그리스 일곱 현인의 하나. 명문 출신으로 메가라와의 싸움에서 명성을 올리고 기원전 594년 조정자로 선발되어 귀족 대 평민의 당쟁 해결에 힘써 국가 전체의 대개혁을 이룩했다.
3) 초기 그리스의 전기 작가. 그리스 철학자들의 일화, 전기, 사상을 집대성한 「철인전」(전10권)은 그리스 철학사 연구상 귀중한 자료다.

플라톤이 전하는 바에 따르면 그들은 모두 한결같이 델포이의 신전에 참배하여 '너 자신을 알라'는 글귀와 '극단을 삼가라(지나치지 말라)'는 글귀를 지혜의 제물이라 하여 아폴론에게 바쳤다.

그런데 위의 일곱 현인 곧 소포스들 가운데는, 좁은 의미의 필로소포스(철학자)라고도 불리운 자가 한 사람 있다. 그가 바로 여러분이 잘 아시는 탈레스이다.

아리스토텔레스(Aristoteles, 기원전 384년~322년)[4]는 오늘날「형이상학」이라고 불리우는 책에서 철학사적(哲學史的)인 서술을 하는데 그 부분을 탈레스로부터 시작한다. 그것은 탈레스가 만물의 생성 과정의 근원을 탐구한 최초의 인물이기 때문이다. 그는 모든 신화를 배제하고, 만물을 구성하는 근원은 실재하는 물이라고 역설했다. 그 물은 그 때까지의 신통학자(神統學者)[5]들의 공상에 의해 묘사되어 온 '물의 신'이 아니라 일상 생활에서 경험되는 실재의 물이다. 그것을 이성적으로 고찰하여 세계의 모든 현상(現象)을 통일적으로 설명하려고 했다. 그가 철학(필로소피아)의 아버지라고 불리우는 까닭이 거기에 있다.

그러나 필로소피아라는 말은 위와 같은 좁은 의미에서만 사용되는 것은 아니다. 앞의 일곱 현인도 플라톤에 의하면 철학을 했다(필로소페인) 곧 지식을 사랑했다고 일컬어진다. 또 역사가의 시조인 헤로도토스(Herodotos, 기원전 5세기)[6]도 이 광의의 철학한다 곧 지식을 사랑한다는 의미에서 일곱 현인의 한 사람인 솔론도 철학을 한 것으로 보았다. 거기에서는, 리디아의 크로이소스 왕이 그의 궁전을 방문한 솔론에게 "아테네에서 온 손님이여, 당신이 철학을 하고 구경을 하기 위해 많은 나라들을 통과하셨다는 소문은 벌써 여기까지 퍼져 있습니다. 지혜도 뛰어나시며, 여행도 많이 하신 분이기 때문

---

4) 그리스의 철학자. 카르키디케 반도의 스타게일라에서 의사인 니코마코스의 아들로 태어났다. 18세 때 아테네로 나와 20년간 플라톤에게 배우고, 49세에 리케이온이라 부르는 학교를 열어 61세까지 강의했다. 저서「아리스토텔레스 전집」(전17권)은 후세 학문에 큰 영향을 미쳤다.

5) 다신교에서 신들이 발생해 온 계통을 밝히려는 학자.

6) 그리스의 역사가. 기원전 480년대 소아시아의 하리카르나소스의 명문 륙세스의 아들로 태어나, 아테네로 가서 페리클레스 및 소포클레스와 사귀고 후에 많은 여행을 하며, 아시아와 그리스의 대립과 항쟁이라는 종합적 관점에서 페르시아 전쟁을「역사」9권에 기술하여, 역사의 아버지라 일컬어졌다.

에"라고 말한다. 그러나 지금은 철학 강의를 하는 것이 목적이 아니기 때문에 탈레스의 이야기로 되돌아가기로 하자.

탈레스가 밀레토스 시의 태생이라는 사실은 앞에서도 말했지만 이 밀레토스 시는 그리스인들이 소아시아의 이오니아 지방에 건설한 12개의 식민 도시 가운데 가장 강대한 도시였다. 그 당시 다른 11개 도시는 리디아 왕에게 예속되어 있었는데, 이 도시만은 독립해 있었다. 탈레스의 집안은 이 도시의 명문이었고 또 부유했다. 그는 리디아 국이 앗시리아 제국을 멸망시킨 메디아 국과 싸우고 있을 때 개기 일식을 예언했다. 이 일식에 두려움을 느낀 나머지 양국은 여러 해에 걸친 전쟁을 그만두고 강화 조약을 체결했다는 것이다. 이 일식은 오늘날에 기원전 585년 5월 28일에 일어났던 것이라고 천문학상으로 계산되었다. 따라서 일식을 예측했던 탈레스도 이 해에 아크메(황금기)의 사나이(40세)였다는 셈이 된다.

그 후 메디아 왕국은 페르시아 국왕 키루스(Kūrus, 아케메네스 조의 창시자로 기원전 559년~529년 재위) 때문에 멸망하고 리디아 국왕 크로이소스는 키루스와 싸우게 되었다. 이 때 크로이소스는 그에게 예속된 다른 그리스 식민 도시들로부터는 원군을 보내도록 하고, 독립 자유 도시인 밀레토스 시에도 동맹을 요구해 왔다. 그러나 탈레스는 이 요구에 응하기를 거절했다. 그 때문에 크로이소스가 타파되고 그 도읍지인 사르데이스가 함락되었다 (기원전 546년~545년). 다른 그리스 식민 도시가 다시금 페르시아의 예속국으로 된 때에도 밀레토스 시만은 페르시아의 관대한 취급을 받아, 그대로의 자유를 구가할 수가 있었다고 한다.

그러나 탈레스 자신은 크로이소스의 군대에 가담하여 왕의 대군이 할류스 강을 건너지 못해 곤경에 처해 있을 때, 강변에 주둔한 리디아 군의 배후에 호를 파게 한 후 그리로 강물 줄기를 돌려 무사히 강을 건너게 한 사실이 그리스인들 사이에서 널리 이야기되고 있다고, 역사가의 아버지인 헤로도토스는 말한다.

또 사르데이스 함락 직후 밀레토스 이외의 이오니아의 11개 도시가 헬리케의 포세이돈(올림포스 열두 신 중의 하나)에게 바쳐진 성지인 미카제의 파니오니옹에서 회합을 개최하여 선후책을 협의한 때의 일이라고 생각된다. 탈레스는 회합에 참석해, 이오니아의 각 도시들이 공동의 정부(政府)를 하나 만들어 이오니아의 중심에 있는 테오스에 그 정부를 두고, 각 도시는 지금까지와 같이 그 땅에 살면서도 마치 큰 도시의 한 구(區)에 살고 있는 것처럼 생각되도록 일을 추진했다는 것이다. 만일 그랬다고 한다면 탈레스는 그리스 각 도시의 악폐였던 할거주의(割據主義)를 일찍이 간파하고 그 대동단결을 역설한 셈이 된다.

그러나 그의 유익한 의견은 받아들여지지 않고, 앞에서도 말했듯이 밀레토스 이외의 이오니아의 그리스 도시들은 페르시아에 예속되는 비참한 처지에 빠지게 되었다. 그래서 탈레스와 마찬가지로 일곱 현인의 한 사람으로 손꼽히는 비아스도 역시 파니오니옹의 회합에서 전체 이오니아인들에게, 단결하여 이오니아를 떠나 지중해의 사르디니아 섬으로 가서 전 이오니아인의 도시를 하나 건설할 것을 권장했다. 이렇게 하면 그들은 노예로 전락하는 것을 면할 수 있음과 동시에, 모든 섬 중에서 가장 큰 섬에 거주하면서, 다른 사람들을 지배하면서 행복하게 살아갈 수가 있지만 이오니아에 그대로 남아 있으면, 자신이 아는 바로는 이제 자유를 획득할 수는 없을 것이라고 말했다는 것이다.

그러나 이 현명한 충고도 채택되지 않아, 그 현자의 예언대로 마침내는 밀레토스 시까지도 독립을 잃고 말았다. 다만 이 때에 테오스의 시민들만이 모조리 트라케 지방으로 이주하여 그 곳에 아브데라 시를 건설했다. 후에 이 도시에서 유명한 궤변가(소피스트)인 프로타고라스(Prōtagoras, 기원전 485년경~410년경)[7]나 유물론의 아버지로 일컬어지는 데모크리토스(Dē-mokritos, 기원전 460년경~370년경)[8]가 나왔다. 이 두 사람에 관해서는 다음에 얘기하기로 하자.

또 포카이아를 탈출한 일부 시민들은 마지막으로 남부 이탈리아에 정착하

---

7) 그리스의 소피스트. 트라키아의 아브데라에서 출생했다. 30세경에 직업적인 덕(德)의 교사가 되어 비로소 소피스테스(智者)로 일컬어졌고, 각지를 순회하여 명성과 부를 얻었으며, 특히 아테네에 오래 머무르면서 기원전 443년 투리오이 건설때 페리클레스로부터 법률의 기초를 부탁받았다. "인간은 만물의 척도"라고 하여 인식의 상대성을 역설했다.

8) 그리스의 철학자. 아브데라인으로 각지를 돌아다니며 리킷포스에게 배운 후, 고국에 학교를 열고 스승의 원자론을 계승 발전시켜 유물론의 철학 체계를 수립했다. 원자는 동질, 불가분, 불변, 불멸의 소립자로 형체와 크기는 무한히 다르지만, 무수한 원자가 무한한 공허한 공간을 운동하며 결합, 분리 또는 배열, 위치의 전화(轉化)를 반복하여 만물은 생성, 변화, 소멸한다고 주장했다. 인간 경영의 무상함을 늘 웃고 살았으므로 '웃음의 철학자'로 불리웠다.

여 그 곳에 휴에레, 후의 엘레아를 건설했다. 여기에서는 엘레아 학파의 아버지로 보여지는 파르메니데스(Parmenidēs, 기원전 515년경~450년경)[9]와 그의 제자인 제논(Zēnōn, 기원전 490년~430년경)[10]이 출현했다. 또 철학적 시인 크세노파네스(Xenophanēs, 기원전 6~5세기)[11]가 그 고향인 콜로폰을 떠난 것도 역시 이 때였다고 생각된다. 이러한 점으로 미루어 보면 사르데이스의 함락은 철학사상 참으로 중요한 의의를 갖는 사건이라고 생각지 않을 수가 없다.

이상의 탈레스에 관한 얘기를 들어 보면 그는 정치가로서 활약하였고, 그런 까닭에 일곱 현인의 한 사람으로 손꼽혔다고 추측되는데, 또 그에 관해서는 정반대로 그의 초세간적(超世間的)인 성격을 보여 주는 이야기가 플라톤에 의해서 전해진다.

별이 총총 빛나는 어느 아름다운 밤, 탈레스는 트라케 출신의 위트가 풍부한 귀여운 하인을 데리고 별 관측을 하기 위해 하늘을 쳐다보면서 걸어가다가 우물에 빠졌다. 그러자 그의 하인은 "어르신은 열심히 하늘의 일을 알고자 하십니다만 바로 자신의 눈앞의 일이나 발앞의 일에는 일체 관심을 갖지 않으시는군요"라고 비아냥거렸다는 것이다.

그러나 아리스토텔레스는 탈레스가 지혜만을 추구하는 철학자는 아니었다는 사실을 보여 주는 이야기를 전해 준다.

"철학 따위를 해서 뭣에 쓰려나? 학문의 도움도 안 되지 않는가? 무엇보다도 자네의 가난이 그 증거야"라고 탈레스를 비난한 사나이가 있었다. 이 말에는 무던한 그도 약간 화가 났던지, 한몫 크게 벌어 그 녀석의 콧대를 납작하게 만들어 주겠다고 다짐했다. 그의 전공인 천문학에 근거해 곰곰이

---

9) 그리스의 철학자. 남이탈리아의 엘레아에서 태어나 조국을 위해 법률을 제정했다. 크세노파네스에게서 배우고 엘레아 학파의 철학을 확립했다. "있는 것은 있다"를 바른 전제로 하여, 운동과 잡다한 세계를 부정하고 헤라클레이토스나 피타고라스 학파를 통렬히 비난했다.
10) 그리스의 철학자. 남이탈리아의 엘레아에서 태어나 파르메니데스에게 배웠다. 그의 논증법은 유명하여 아리스토텔레스는 그를 변증법의 창시자라 불렀다.
11) 그리스의 철학자. 이오니아의 콜로폰 태생으로 25세경 고국을 떠나 70년 가까이 남이탈리아나 시칠리아 등에서 생활하며 엘레아 학파의 창시자가 되었다. 그는 체계적 철학자라기보다는 전통적인 의견에 대한 예리한 비판자로서, 호메로스나 헤시오도스의 인간적 신을 비난하고 사유에 의해 세계를 지배하는 유일, 최고, 부동의 신이 있을 뿐이라고 역설했다.

생각해 보니 다음해는 올리브가 풍년이 드는 해였다. 그래서 그는 약간의 돈을 마련하여 그것을 착수금으로 밀레토스와 키오스 섬의 올리브유 공장을 전부 독점하여 세를 얻었다. 때는 아직 겨울이어서 달리 경쟁 상대가 없었기 때문에 임차는 아주 싼 가격으로도 가능했다.

드디어 여름이 왔다. 통쾌하게도 선견지명이 적중하여 올리브는 대풍작이 되었다. 공장의 일거리는 일시에 갑자기 쇄도했다. 탈레스는 바로 이 때라고 생각하고, 마음껏 값을 높게 불렀다. 그리하여 그는 단번에 벼락부자가 된 것이다. 그리고 그는 그 돈을 전에 자기의 가난을 모욕했던 사나이 앞에 내보이면서 말했다. "하고자 마음만 먹으면 철학자에게는 돈벌이쯤은 식은 죽 먹기지. 다만 그런 일에는 신경을 쓰지 않을 따름이야"라고.

아리스토텔레스는 위의 이야기를 일반적으로 응용할 수 있는 돈벌이 방법의 한 예로 들었을 따름이었지만 이것이 바로 매점(買占)의 시초였다고들 한다. 그러나 또 이 이야기는 탈레스의 지혜 때문에, 사람들이 그의 말로 돌렸던 것이라고도 하므로 사실 탈레스가 그런 말을 했었는지 어떤지에 관한 확실한 증거는 없다. 아마 이 이야기 외에도 그의 지혜 때문에, 이 철학의 아버지의 말로 돌려졌다고 생각되는 이야기가 많이 있을 것이다.

앞에서 말한 현자이자 민주 정치의 아버지로 불리우는 아테네의 솔론이 여러 나라를 유람하던 어느 날 밀레토스로 탈레스를 찾아왔다. 그 때 솔론은 그에게 "당신은 어째서 아내를 맞아 가정을 꾸미려고 하지 않습니까?" 하고 물었다. 탈레스는 이 질문에는 입을 딱 다물고 대답을 하지 않았다. 그로부터 2, 3일이 지나서 솔론은 다시 탈레스를 방문했다. 그러자 탈레스는 그에게 10일쯤 전에 아테네를 떠나서 지금 막 도착했다는 한 손님을 소개했다.

그리하여 솔론은 오랫동안 보지 못한 아테네의 일이 눈에 선한 듯해, 초면 인사도 하는둥 마는둥 하고 손님에게 물었다. "아테네에 무언가 달라진 것은 없습니까?" 그러자 손님은 대답했다. "특별히 달라진 건 없습니다. 아아, 그렇지! 참, 한 청년의 장례식이 있었습니다. 그런데 온 시민들이 장례식에 참석했었답니다. 아주 훌륭하신 분의 아드님이라든가 하더군요. 그러나 그분은 지금은 국내에 계시지 않고 여행 중이라던가요. 그것도 벌써 꽤 오래 됐다나 봅니다. 그러자 솔론은 "그거, 참 안됐구료, 이름은 뭐라는 분이랍디까?" 하고 물었다. "이름을 듣긴 들었습니다만 잊어버려서, 도무지 생각이 안 나는군요. 아주 똑똑하고 정직한 분이라는 소문은 쫙 퍼져 있더군요."

솔론은 그 손님의 얘기를 들으면서 점점 불안해졌다. 자신도 고향에 남겨 두고 온 사랑스런 아들이 있었다. 그리고 생각해 보니 자신도 고국을 떠나 온 지 오래 되었다. 그리고 마지막에 들은 그 소문이라는 것도 어쩌면 자기를 두고 한 말인 것 같았다. 솔론은 답답해서 도저히 더 이상 견딜 수가 없어 물었다. "혹시 그 사람의 이름이 솔론이라고 하지 않았습니까? 그 죽은 청년의 아버지가요?" "아, 맞습니다. 솔론이라고 하더군요." 손님의 대답은 너무도 냉정하게 들렸다 '그렇다면, 내 아들이' 하고 생각하자, 솔론의 그 유명한 지혜도 흐려져 버렸다. 그는 자신의 머리를 치며 몸을 땅바닥에 내던지고 슬퍼했다. 그 모습은 시중의 보통 사람들이 아주 슬플 때에 하는 행동과 조금도 다를 바가 없었다. 그러자 탈레스는 천천히 솔론의 손을 붙잡으며 미소를 머금고 말했다. "솔론, 바로 이겁니다, 내가 두려워서 결혼도 하지 않고 가정도 갖지 않는 것은. 그것은 가장 강한 자라도 땅에 쓰러뜨리고 맙니다. 당신 같은 사람까지도요. 그러나 지금 손님이 한 말은 조금도 마음에 두지 마시길 바랍니다. 그건 모두가 거짓말이었으니까요."

솔론은 보기 좋게 탈레스가 바라던 대로 행동했던 것이다. 아테네로부터 온 손님도 탈레스가 연출시킨 것이었고, 손님의 이야기도 탈레스의 조종에 의한 것이었다.

이상은 플루타르코스의 「영웅전」에 나와 있는 이야기다. 또 「디오게네스 라에르티오스」에서도 다음과 같은 이야기를 볼 수 있다.

탈레스는 모친이 장가를 가라고 독촉을 할 때마다 "아직 그럴 나이가 아닙니다"라고 말하곤 했다. 그리하여 모친도 두손을 들고, 탈레스가 말하는 그 나이라고 하는 것을 기다리기로 마음먹었다. 적령이 지났다. 그래서 모친은 이번에야말로 그 나이가 되었다고 생각하고 다시 사랑스런 아들 탈레스에게 장가들 것을 권해 보았다. 그런데 뜻밖에도 아들의 대답은 "아직 그럴 나이가 아니에요"라는 것이었다.

그러나 또 이 책에는 다음과 같은 이야기도 전한다. 그는 아내를 얻었지만 자식이 없었다. 그래서 어떤 친구가 탈레스에게 "왜 아기를 낳지 않는가"하고 물으니 그는 "자식을 사랑하기 때문이다"라고 대답했다. 그런가 하면 또 그는 결혼해서 한 아들을 두었다고 하는 얘기도 전한다. 그러므로 그 사실은 잘 알 수가 없다.

탈레스는 사르데이스의 함락 후 얼마 안 되어 80여 세의 고령으로 죽은

것 같다. 이 사르데이스가 함락되던 해에 그의 나이가 64세였다고 하는 사람
도 있었고, 또 40세의 한창 나이였다고 말하는 철학자들이 밀레토스 시에
있었다.

앞의 사람은 아낙시만드로스(Anaximandros, 기원전 610년경~547년경)[12]로서
그는 탈레스의 친구이자 제자이기도 했다. 그는 이 세계의 만물의 근원은
무한한 것, 그리스어로 말하면 '토 아페이론'이라고 설명했다. 그에 관해서
는, 밀레토스 시가 퐁토스의 아폴로니아를 건설하기 위해 보낸 식민단(植民
團)의 지도자가 되었다는 사실과 인구 분포도 및 항해를 위한 성도(星圖)를
처음 그렸다는 사실 등이 전해진다.

뒤의 사람은 아낙시메네스(Anaximenēs, 기원전 585년경~525년경)[13]로서
아낙시만드로스의 제자였다. 그는 세계 만물의 근원은 공기라고 말했다.
「디오게네스 라에르티오스」에는 그가 피타고라스(Pythagoras, 기원전 590년경
~510년경)[14]에게 보낸 편지가 두 통 실려 있다. 이것들은 후대의 위작이라고
생각되지만 앞의 밀레토스나 그 밖의 이오니아의 여러 도시의 철학자들이
어떤 환경에서 철학을 했는가 하는 것이 적절히 표현되었다고 생각되므로
그 중의 한 통을 소개하고자 한다.

　　당신은 우리 가운데서 가장 현명했습니다. 사모스로부터 클로톤으로 이주하
　　여 그 곳에서 평화로이 살고 계셨으니까. 그 지방에서는 아이아케스의 자손
　　(곧 그리스인들을 가리키는 말)이 끊임없이 나쁜 짓을 저질러 밀레토스에도
　　참주들이 출현하는 상황입니다. 그리고 메디아인들의 왕(이것은 페르시아 왕을
　　말하는 것이지만)도 우리에게는 두려운 존재입니다. 다만 우리가 공물을 바치려

---

12) 그리스 밀레토스 학파의 자연철학자. 처음으로 우주의 구조를 수적으로 파악, 지구
　　로부터 별, 달, 해까지의 거리의 비를 지구 직경의 9배, 19배, 27배로 보았다. 또 인간
　　은 물고기에서 진화했다고 말한 최초의 진화 사상의 소유자이기도 하다.
13) 그리스 밀레토스 학파의 철학자. 아낙시만드로스의 제자로 공기를 만물의 근원이라
　　하여 희화(稀化), 이완(弛緩)에서 불이 생성되고, 농화(農化), 응축(凝縮)에서 바
　　람, 구름, 물, 흙, 돌이 차례로 생겨나고 다른 모든 것도 이것들로부터 생성된다고
　　보았다.
14) 그리스의 수학자, 철학자. 사모스에서 나서 클로톤으로 옮겨가 종교 정치 단체를
　　만들었다. 만물의 근원을 '수'로 보고 수량화(數量化)와 동시에 현실로부터 동떨어진
　　종교적 경향을 보였다. 유명한 '피타고라스의 정리(定理)'는 이 일파의 발견이다.
　　대수를 기하학으로 푸는 '기하학적 대수'는 고대 그리스 기하학의 발전에 크게 이바
　　지했다.

는 마음이 있는 한은 그렇지도 않겠습니다만. 그러나 이오니아인들은 그들의
공통의 자유를 획득하기 위해 메디아인들과 바로 전쟁을 시작하려고 합니다.
만일 전쟁이라도 난다면 우리는 이제 살아날 가망이 없습니다. 그러니까 제가
천문을 연구할 마음을 어찌 가질 수가 있겠습니까? 파괴냐 노예냐 하는 공포
분위기 속에서 지내고 있는데.

그런데도 당신은 클로톤이나 그 밖의 이탈리아인들에게 좋은 평판을 얻고
있는 터라서 시칠리아에서까지도 제자들이 찾아오고 있는 실정입니다.

오늘 밤은 이 정도로 해 두고 다음에 만나기로 하자.

제2야
피타고라스

어젯밤에 읽어 준, 밀레토스의 아낙시메네스의 편지를 받은 피타고라스란 사람은 '피타고라스의 정리(定理)'로 그 이름이 여러분의 귀에 익은 수학자를 말한다. 그는 이 정리를 발견했을 때 '100마리의 황소'를 신에게 제물로 바치고 크게 감사했다고 한다.

그도 이오니아 12개 도시에 속해 있던 사모스 섬의 사모스에서 기원전 580년에서 570년 사이에 보석 세공업자인 무네사르코스의 아들로 태어났던 것으로 추측된다. 그는 교단의 교조(敎祖)였던만큼, 그의 주변에는 가지가지의 전승들이 잔뜩 쌓여 있어 그 참된 실상을 찾아내기란 쉽지가 않다. 그러나 지금은 그런 역사의 탐구가 목적이 아니고, 흥미있는 이야기가 적당하므로 여러분도 그런 마음으로 들어 주기를 바란다.

그의 면학에 대해서는 많은 이야기가 전해진다. 일곱 현인의 한 사람에 끼는 페레키데스를 레스보스 섬으로 찾아갔다든가, 혹은 또 고향인 사모스 섬의 참주인 폴리크라테스의 소개장을 받아들고 멀리 이집트로 아마시스 왕을 찾아가 그 지방의 승려들로부터 신에 관한 아주 비밀스런 가르침을 받았다든가, 혹은 포이니케 곧 페니키아에 갔었다든가, 바빌로니아(바벨론)에 갔었다든가, 더 나아가서는 인도, 아라비아 등에도 갔었다는 등의 이야기가 전해진다. 그리고 그의 지식도 단순히 수학만이 아니고, 천문학이나 의술과 음악, 기타 여러 분야에까지 미쳤었다고 한다. 그의 넓은 학문과 풍부한 지식에 대한 평판은 매우 높았던 듯하다.

나중에 언급할 헤라클레이토스(Hērakleitos, 기원전 6~5세기)[15]는 "무네사르코스의 아들 피타고라스는 학문에 있어서는 세상 그 누구에게도 뒤지지 않는 가장 열성적인 사람이었다. 그리고 그 분야의 책들을 주워 모아 자기 자신의 지혜로 만들었다. 그것은 '박학(博學)의 사술(詐術)'이다"라고 말하기도 했다. 또 "박학은 깨달음을 가르치는 것은 아니다. 만일 그렇다면 헤시오도스에게도, 피타고라스에게도, 또 크세노파네스에게도 헤카타이오스에게도 가르쳤을 것이다"라고 말했다. 또 "피타고라스…… 거짓말쟁이의 원조"라고 말하기도 하여, 교단 사람들로부터는 신성시되는 이 교조를 헐뜯었다.

또 역사가인 헤로도토스는 헬레스폰토스나 폰토스에 살고 있던 그리스인에게서 들은 이야기라고 하며 다음과 같은 이야기를 전한다.

> 다뉴브 강 연변에 살고 있던 게타이인들 사이에서 신으로 숭앙받던 자르모크시스라는 사람은 인간이었던 시절에는 사모스라 불리웠고 무네사르코스의 아들 피타고라스의 노예였다. 그러나 그는 자유의 몸이 되어 그 고장에서 많은 돈을 벌어 가지고 자기 고국으로 돌아왔다. 그러나 고국의 트라케인들은 비참한 생활을 하고 있었으며 전혀 생각할 줄을 모르는 사람들이었다. 그런데도 이 자르모크시스는 이오니아인들의 생활상을 보았기 때문에 트라케인들보다 고상한 관습을 알고 있었다. 그것은 문명이 발달한 그리스인들이나 그리스인들 가운데서도 월등한 소피스트(지혜자)인 피타고라스와 사귀면서 알게 된 것들이다. 그래서 그는 식당을 열고 그 곳에 제일급의 시민들을 초대하여 음식 대접을 하면서 자신이나 거기 손님들이나, 또 그 자손들도 다 죽는 것이 아니라 끊임없이 다시 살아나며 마침내는 영원히 선(善)을 누릴 수 있는 곳으로 가게 될 것이라고 설명해 주곤 했다. 그리고 그런 일을 하는 동안에 지하에다 방을 만들고 있었다. 그 방이 완성되자 그는 트라케인들 사이에서 자취를 감추고 그 곳으로 내려가 그 곳에서 3년간을 숨어 살았다. 사람들은 그가 죽은 줄로만 생각하고 그를 그리워하며 탄식해 마지않았다. 그러나 4년째에 그는 다시금 트라케인들 사이에 모습을 나타냈다.
>
> 이리하여 자르모크시스가 말한 것을 그들이 믿을 수 있게 되었다.

---

15) 그리스의 철학자. 소아시아의 에페소스의 왕가 출신인 부로슨의 아들로 추정된다. 상속권을 형제들에게 양보하고 민중들을 경멸하고 난해한 사색에 탐닉했다. 세계의 근원은 '영원히 살아 있는 불'이며, '만물은 유전(流轉)하므로' 늘 운동하고 변화를 그치지 않는다고 말했다.

헤로도토스는 위의 이야기를 전한 후 "나는 이 사나이에 관해서도, 지하의 방에 관해서도 믿지 못하는 것도 아니며 그것을 아주 믿는 것도 아니다. 다만 자르모크시스는 피타고라스보다는 훨씬 전에 있었던 사람이라고 생각한다"고 덧붙였다. 이 보고는 헤로도토스의 시대에 피타고라스의 이름이 멀리 흑해 근방까지, 그 윤회설(輪廻說)과 더불어 퍼져 가고 있었다는 사실을 보여 주는 것이다.

그런데 앞의 아낙시메네스의 가짜 편지에서, 피타고라스가 현명하게도 사모스에서 클로톤으로 이주한 것을 부러워하고 있는데, 이 이주 사실은 확실하다고 보아도 좋겠다. 그러나 그 이주의 동기에 관해서는 여러 가지 설이 전해지므로 어떤 것이 진실이라고 단정하기는 어렵다.

어느 전기에 따르면 40세 때에 폴리크라테스(Polykratēs, 기원전 6세기 후반)[16]의 참주 정치가 너무나 극단적임을 보고 그 명령이나 전제(專制)에 참고 견디기만 하는 것은 자유 인간에게는 온당치 못하다고 생각하고 고향을 떠났다는 것이다. 또 고향인 사모스 사람들이 너무나도 철학에 대한 감각이 부족하므로 그것이 싫어서 떠났다든가, 혹은 사모스 사람들이 그에 대한 찬탄이 지나친 나머지 정치적 활동을 강요해 오지 않을까 하는 것이 두려워서 도피했다는 말도 있다.

그가 간 곳은 남부 이탈리아의 클로톤이다. 그의 이 이주에 의해서 동양 이오니아의 그리스 식민지인 사이에서 일어난 철학이, 서양 이탈리아의 그리스 식민지인에게 본격적으로 받아들여졌다고 할 수 있다. 그는 이 세계가 수(數)로 되어 있으며, 또 수에 의해서 지배되고 있다는 철학설을 내세웠다.

그는 클로톤 땅에서 큰 신망을 얻고 제자들이 많이 생겨 피타고라스의 무리들이라고 불리운 유력한 집단을 형성했다. 이 집단은 원래 종교적 비밀 결사라고도 할 만한 교단이었는데, 그들은 또 정치적으로도 큰 힘을 가지게 되었다. 피타고라스가 클로톤 시민들을 위해 법률을 제정했다는 사실도 전해진다.

---

16) 그리스의 정치가. 이오니아의 사모스 섬의 명문인 아이아케스의 아들로 태어나 기원전 540년경 두 형제와 더불어 참주 정권을 수립하나 얼마 후 두 형제를 배제하고 독재자가 되어 상공업을 장려, 토목 건축 사업을 일으키고 문예를 애호하고 해군력을 길러 인근 섬들을 병합, 사모스를 크게 번영케 했다.

이 일단의 사람들은 피타고라스가 말한 윤회설을 믿고 엄격한 계율에 따라 생활했다. 이 교단에 가입하려면 품성(品性) 시험을 받아야만 했던 것 같다. 클로톤에서는 그와 견줄 만한 자가 없었던 킬론(Kylōn)[17]이 자신의 도당을 설득하여 피타고라스의 무리를 습격한 것은 무엇보다도 이 시험에 낙방한 원한 때문이었다고 한다.

그러나 그 시험에 통과만 하면 남자건 여자건, 가난한 자나 부자나 차별없이 입단이 허락되었던 모양으로, 그 제자 가운데는 여성의 이름도 보인다. 그렇지만 그 시험이란 것이 3일이나 4일로 끝나는 간단한 것이 아니라, 만 5년 동안을 무언(無言)의 고행을 쌓으면서 어둠 속에서 존경하는 피타고라스의 얼굴도 보지 못한 채로 그의 설교를 들어야만 하는 것이었다고 전해진다. 그래도 이와 같은 수험생들은 언제나 600명을 넘어섰고, 용케도 거기 선발되어 교단의 일원이 되고 교조의 얼굴을 볼 수 있게 되었을 때, 그들의 기뻐하는 모습이란, 마치 감추어진 보배라도 발견한 듯 서둘러 부모나 친구들에게 편지로 알렸다고 한다. 그들은 입단과 동시에 그들의 소유물을 몽땅 교단을 위해 제공해야만 했다. 피타고라스는 "우정은 평등이다" "친구 사이에 소유물은 공유의 것"이라고 말했던 최초의 사람으로 알려져 있다.

그들은 계율에 따라 육식은 하지 않았다. 동물의 육체에도 인간과 똑같은 혼이 깃들어 있다고 생각했기 때문이다. 그들에 의하면 원래 혼은 신적(神的)이며 불사(不死)의 것으로서 신들과 더불어 천계에 있었던 것인데, 저지른 죄 때문에 육체를 뇌옥(牢獄)으로 하여 그 속에 머물게 된 것이다. 따라서 육체가 죽으면 혼은 일단 그 곳을 떠나지만 다시 다른 육체와 연결된다. 그리고 그 육체는 전세의 행적에 따라 어떤 자는 사람, 어떤 자는 소, 또 어떤 자는 개의 몸을 빌어 각각 배당된다고 말한다. 따라서 사람은 너구리를 잡아 그 고기를 먹을 때, 사실은 그의 할머니를 잡아 그 고기를 먹는지도 모르는 일이다. 이러한 학설을 이상하게 느낀 사람들은 그 당시에도 많았을 것이다. 다음에 이야기할 크세노파네스는 한 편의 시로써 이를 조소한다. 산문적으로 번역하면 이렇다.

---

17) 고대 아테네의 귀족. 이웃나라인 메가라의 테아게네스의 딸과 결혼하여 기원전 632년경 참주가 되려고 아크로폴리스를 점령했으나 실패하여 도망치고 그 일당들은 항복 후 살해되었다.

피타고라스는 일찍이 강아지가 매맞고 있는 곳을 지나쳤을 때, 동정심이 촉발되어 다음과 같은 말을 했다는 것이다. "그만둬! 때리지 마라! 그놈의 혼 속에는 내 친구의 혼이 들어 있어. 우는 소릴 듣고 나는 그걸 알았다."

물론 피타고라스의 교단이 점점 확장되고 시대도 변해 가면서, 처음의 종교적 분위기도 희박해졌기 때문에, 더러는 이 계율을 엄수하지 않는 자들도 생겨났을 것이다. 아리스토텔레스 등이, 피타고라스 교도는 '어떤' 종류의 동물을 먹지 않았을 따름이라고 말한 것은, 이러한 사람들을 두고 한 말이라고 생각된다. 그들은 이상과 같은 신앙 때문에 신들에게도 동물의 희생은 바치지 않고 혼을 갖지 않는 것들만 골라 바쳤다고 한다. 만일 그렇다고 한다면, 피타고라스가 '피타고라스의 정리'를 발견했을 때에 '100마리의 황소'를 신에게 바쳤다는 이야기는 아무래도 의심스럽게 생각된다.

그 밖에도 많은 계율이 있는데 그 중 재미있어 보이는 것 몇 가지를 열거해 보면 다음과 같다.

흰 수탉에 손대지 말 것.
문지방에 서 있지 말 것.
단도로 불을 쑤석거리지 말 것.
말(斗) 위에 걸터앉지 말 것.
처마 밑에 제비가 집을 짓게 하지 말 것.
등불 곁에서 거울을 보지 말 것.

이와 같은 계율은 후세 사람들에 의해서 도덕훈(道德訓)의 상징으로 해석되었다. 예를 들면 '말(斗) 위에 걸터앉지 말 것'은 '할 일 없이 살아서는 안 된다는 것'을 가르쳐 주는 것이라는 식이다. 그러나 이것은 일종의 금기였음에 틀림없다.

그런데 특별히 내세워 이야기해야만 할 계율이 하나 있다. 그것은 누에콩(잠두)을 먹는 것을 금지한 것이다. 그 금지 이유는 여러 가지가 있는데 그 중에는 무엇 때문인지 그 관련 근거를 전혀 알 수 없는 것도 있다.

여기에서 누에콩으로 번역한 것은 그리스어의 '키아모스'인데, 이것은 익은 것이면 볶아서, 익지 않아서 아직도 푸른 것이면 삶아서 일상에 애용했

던 모양이다. 과연 이것이 우리의 누에콩에 해당하는 것인지는 명백하지가
않으나 아무튼 그 금지 이유로는 그것이 생명체의 형태를 하고 있어 가장
정신적인 것을 지니고 있기 때문이라든가, 그것을 먹지 않으면 위가 편안해
서 잠을 잘 잘 수가 있기 때문이라든가, 남성의 생식기와도 비슷하기 때문이
라든가, 우주의 형상을 하고 있기 때문이라는 등의 이유를 들고 있다. 그러나
누에콩이 특기할 만한 값어치가 있는 것은 이런 이유 때문이 아니다. 그것은
누에콩이 피타고라스의 생명을 앗아 갔다고 전해지기 때문이다. 그 전승은
다음과 같다.

　　　어느 날 피타고라스는 밀론(Milon, 기원전 6세기 후반)[18]의 저택에서 그 제자
　　들과 회의를 하고 있었는데, 그 때 킬론(앞에서 말한 입단 시험에 낙방을 당했던
　　사람) 일당에게 습격을 당해 그 집에 불이 났다. 그는 당황하여 허겁지겁
　　뛰어 달아났으나 그의 앞길에는 무성한 누에콩밭이 가로막고 있었다. 모든
　　것은 끝장났다. 그는 누에콩을 밟아 뭉개뜨리느니 차라리 체포당하자, 계율을
　　깨뜨리느니보다는 오히려 죽음을 택하자고 말하면서 멈춰 섰다. 말한 것과
　　같이 그는 체포되었고 목이 잘려 죽었다는 것이다.

　혹은 또 그 도당들이 불을 질러 불타고 있는 집에서 뛰쳐 나온 제자들이
자신들의 몸을 연결시켜 만들어 준 인교(人橋)를 건너 가까스로 불길과 적의
수중에서 빠져 나왔는데, 그 제자들이 다 죽어 버린 데에 절망감을 느껴
스스로 죽음을 선택했다는 말도 있다.
　혹은 또 이 밀론의 집이 불탈 때에는 피타고라스는 다행히 외국에 나가서
그 자리에는 없었다는 말도 있다.
　피타고라스는 델로스 섬에서 페레키데스의 장례식을 끝마치고 클로톤으로
돌아와 보니 그 곳에서는 킬론이 어중이떠중이 다 모아다가 잔치를 베풀어
난장판이 벌어지고 있었으므로, 불쾌감이 복받쳐 가까운 메타폰티온으로
이주하였으나, 그 곳에서도 그는 이미 삶의 의욕을 완전히 상실하고 40여
일 동안의 단식 끝에 드디어 죽었다는 것이다.
　혹은 또 전쟁에 참가하여 전세가 불리해져 체포된 후 죽임을 당했다고도

―――――――――――――――――――――――――――――
18) 그리스의 체육 경기장 클로톤 태생으로 올림피아 제와 피티아 제에서 전공을 세워
　　백작이 되었다.

말한다.

그런데 여러분은 지금까지의 윤회설이나 육식 금지에서 불교도들과 유사한 점을 느꼈을 것이다. 그리고 또 피타고라스 교도들의 주색(酒色)에 대한 태도에 관해서도 알고 싶은 마음이 있을 것이다. 지금부터 그런 점에 대해 재미있는 이야기를 하고 오늘밤은 끝내기로 하겠다. 아직도 재미있는 이야기가 많이 남아 있지만 이야기가 길어져 밤이 너무 깊어지면 곤란하기 때문이다.

피타고라스는 아내를 거느리는 것을 금하지 않았지만 물론 색욕은 엄중히 경계했다. 「디오게네스 라에르티오스」에는 그의 말이라 하여 "성교는 겨울에는 해도 좋지만 여름에는 피해야만 할 것이다. 봄과 가을에는 겨울이나 여름보다 해(害)는 적지만 그래도 그것은 어느 시기에든 유해하므로 건강에는 좋지가 않다"는 말이 실려 있다.

그리고 또 그는 "그럼 도대체 언제 여자를 가까이 하는 게 좋을까요?"라는 질문을 받고 "그대가 약해지고 싶을 때에"라고 대답했다는 이야기도 전해진다.

피타고라스에게는 테아노라는 아내가 있었다. 그녀는 클로톤의 프론티누스의 딸이었다는 말도 있지만 또 프론티누스의 아내로 피타고라스의 제자가 되었던 여자라는 말도 있다. 그녀는 "남자와 교접을 한 후 며칠이 지나면 그 더러움이 없어집니까?"라는 질문을 받았을 때에 "남편하고라면 당장 거둬지지만 다른 남자하고라면 언제까지라도"라고 대답했다고 한다. 그녀는 또 자기 남편의 품에 안기고자 하는 한 여인에게 충고하기를 "속옷과 함께 수치의 마음도 벗어 버리시오. 그리고 남편의 곁을 떠날 때에는 다시 그것을 입으시오"라고 말했더니, 그 여자가 "뭘 말입니까?" 하고 되물어 왔으므로 "여인의 여인됨을 말하는 거요"라고 대답을 했다고 한다.

술 역시 완전히 금지하지는 않았다. 어떤 것을 불문하고 음식의 과음, 과식을 경계했는데 술은 특히 온종일 마시지 말라고 했다. 그리고 피타고라스가 술에 취한 것을 본 자는 일찍이 없었다는 것이다.

제3야
크세노파네스

피타고라스가 남부 이탈리아에서 많은 신자를 얻어 큰 세력을 확보하던 무렵이다. 같은 이오니아 12개 도시의 하나인 콜로폰 출신으로 사르데이스의 함락에 이어 페르시아가 그리스 도시들을 정복하자 고향을 등지고 같은 남부 이탈리아 지방이나 시칠리아 섬 근방에서, 자작시를 읊어 생활비를 벌어 가면서 혼자서 유랑을 하던 '우수(憂愁)의 철학적 시인'이 있었다. 그가 바로 앞에서 이야기한, 피타고라스의 윤회설을 비웃었다는 크세노파네스이다. 그는 이렇게 노래했다.

헬라스 땅을 떠돌아다니며
여기저기에 내 근심을 떨쳐 버렸는데도
어언 내 나이 예순하고도 일곱일세.
그 때는 태어나서 스물하고도 다섯이었는데
이런 일들에 대해
내가 말한 바에 잘못이 없다면…….

또 이렇게도 읊었다.

화롯불가에서 겨울철에

배를 가득 채우고
보드라운 요 위에 몸을 눕히고
누에콩을 안주삼아
단 술을 마시면서
이야기하기 걸맞은 것은
"도대체 당신은 어떤 사람이며
어디에서 왔으며
연세는 얼만고, 좋은 손님이여.
저 메디아인이 올 때면
몇 살이나 될까나?"

　나중 시의 '저 메디아인'이란 이오니아의 여러 도시를 공략한 페르시아 군의 장군 하르파고스를 말하는데, 앞의 시에 있는 '그 때'란 그 공략 당시를 가리키는 것으로 추측된다. 아마도 그리스인들 사이에서는, 특히 이오니아로부터 온 난민을 맞아들인 그리스인들 사이에서는 흥미 깊은 문제로서 시종 화제가 되었던 이야기일 것이다. 마치 우리들이 과거 전쟁 때의 이야기를 곧잘 하는 것처럼 말이다. 만일 그렇다면 크세노파네스는 25세의 청년 시절부터 67년 동안이라는 긴 세월을 유랑 생활을 했다는 이야기가 된다.
　그는 문학과 예술을 사랑한 시칠리아 섬의 실라쿠사의 참주 히에론 2세(Hierōn Ⅱ, 기원전 306년경~215년경)[19]와 아주 친밀했었다고 하는데 언젠가 히에론에게 "2명의 노예를 기른다는 것도 쉬운 일은 아닙니다"라고 말하자, 이 참주는 "그러나 자네가 비웃는 시인 호메로스(Homēros)[20]는 이미 죽었어도 10,000명 이상의 사람들을 기르고 있다"고 말했다고 전해진다.
　실제로 그의 시의 단편에는 "호메로스와 헤시오도스(Hēsiodos, 기원전 700년경)[21]는 인간들에게 경멸과 비난의 대상이 되는 일체의 것——절도,

---

19) 실라쿠사의 왕. 제1차 포에니 전쟁 때에 처음엔 카르타고와, 후엔 로마와 손을 잡았다. 실라쿠사는 로마의 비호 아래 강력한 함대를 보유, 상업을 발전시켜 부유해졌다. 히에론 법전은 농산물에 대한 10분의 1세를 규정했다.
20) 고대 그리스 최대의 서사시인. 그의 2대 서사시 「일리아스」「오딧세이」는 유명하다.
21) 그리스의 서사시인. 호메로스 이후의 대서사시인으로 일컬어지며, 그는 약간의 토지와 두세 명의 노예만을 가진 당시의 전형적인 소농민이었으나 시작에도 힘써 명성을 얻었다.

간통, 피차간의 속임수를 신들에게로 돌렸다"고 하는 말이 발견된다. 이것은
그의 그리스 국민 종교의 의인관(擬人觀)에 대한 공격과도 일치하는 것이
다. 또 그의 단편에는 다음과 같은 말도 눈에 띈다.

　　인간들은 신들이 자기네들처럼 태어난 존재이며 옷을 입고 목소리나 모습을
가진 자로 생각한다.
　　그러나 만일 소나 말이나 사자가 손이 있거나, 혹은 인간들처럼 손으로 그림
을 그리기도 하고 작품을 만들기도 할 수 있다면 말은 말, 소는 소와 비슷한
신들의 모습을 그릴 것이다.
　　에티오피아인들은 자기네의 신들이 사자 코에 피부가 새까맣다고 말하고,
트라케인들은 파란 눈에 빨간 털이 있다고 말한다.

　또 그는 남부 이탈리아의 엘레아를 방문했을 때 그 고장 사람들로부터
"리코테아에게 희생을 드리고 그녀를 애도해야 할 것인가"라는 질문을 받자
"만일 그들이 리코테아를 여신이라고 생각한다면 그녀를 애도하지 말도록
하고, 만일 한 사람의 인간이라고 생각한다면 그녀에게 희생을 바치지 말도
록 하라"고 대답했다고 전해진다. 리코테아란 보에오티아의 왕 아타마스의
애인인 이노가 바다에 몸을 던져 바다의 신으로 변신한 때의 호칭이다. 크세
노파네스는 이 대답을 가지고 역시 국민 종교의 제례 의식에서의 모순을
지적하고 신의 관념을 옳은 것으로 삼고자 했던 것이다.
　또한 그는 그리스 신들의 제례 의식에 따른 운동 경기를 그리스인들이
너무나 중시하는 것을 비난했다. 약간 길지만 읽어 드리겠다.

　　제우스의 신역(神城)이 피사의 우물가에 있었는데 올림피아의 빨리 달리기
혹은 5종목 경기 혹은 씨름에서 승리를 하거나 혹은 아픈 권투를 하거나 사람
들이 판클로치온이라고 부르는 무서운 경기에서 이기는 사람은 그 도시의
사람들 눈에는 지금까지보다는 영예가 충만한 자로 보여, 경기장에서는 사람
들의 눈에 잘 띄는 명예석을 배정받으며, 국비로 식사도 제공되며, 그에게는
가보가 될 만한 선물이 주어졌다. 혹은 또 전차 경기에서 승리를 얻어도 역시
그랬던 것이다. 그러나 그는 나만큼 그런 것 모두를 받을 만한 값어치가
없을 것이다. 왜냐하면 '우리의 지혜'는 인간 혹은 말의 힘보다도 나은 것이기
때문이다. 물론 그것은 아무런 근거도 없는 인간의 관습이다. 그러나 힘을

'좋은 지혜'보다 낫다고 하는 것은 올바른 말이 아니다. 왜냐하면 우수한 권투가가 국민들 사이에 있을지라도, 혹은 5종목 경기에, 혹은 씨름, 혹은 경주에 뛰어난 자가 있을지라도 그 때문에 그 나라의 질서가 훌륭하게 되지는 않기 때문이다. 그리고 사람이 피사의 우물가에서 경기를 하여 승리를 얻더라도 그 일로 말미암아 그 나라가 특혜를 받는 일은 우선 없을 것이다. 왜냐하면 그것은 나라의 국고를 살찌게 하지는 못할 테니까 말이다.

위의 시에서 크세노파네스는 스포츠의 편중을 비난함과 동시에, 반면 강한 자신감을 가지고 '우리의 지혜' 만큼 국가에 유익한 것은 없다는 사실을 주장한다. 여기에서 '우리의 지혜'라고 불리우는 것은 곧 뒤에서 '좋은 지혜'로 바뀌어지는데, 이것은 구체적으로는 그 자신이 가지고 있다고 자부하는 그 지혜로서 호메로스나 헤시오도스 등의 지혜와도 다른 것이다. 그것은 아마 국민의 우맹(愚盲)이나 시인들의 오류를 비판하는 그 지혜, 그리고 그 유래로는 그의 출신지인 이오니아의 밀레토스의 철학자에게로 이어지는 그 지혜일 것이다. 크세노파네스가 자신의 지혜에 대해서 얻은 이 확고한 자신감은 후에 소크라테스(Sōkratēs, 기원전 469년~399년)[22]가 유죄 판결을 받은 후에 가난한 자신에게 어울리는 형벌로서 국비로 식사를 제공해 줄 것을 주장한 때의 그 강한 자신감과 닮았다. 소크라테스는 자신의 '무지의 지식'만큼 국가에 유용한 것은 없다고 믿었다.

이야기가 약간 옆길로 흐른 것 같으므로 제자리로 돌아가자.

크세노파네스는 후에 언급할 철학자 엠페도클레스(Empedoklēs, 기원전 493년경~433년경)[23]가 "현자를 찾아내는 것은 불가능하다"고 말하자, "현자

---

22) 그리스의 철학자. 석공이었다는 아테네인 소프로니스코스의 아들. 중무장 보병이 되어 펠로폰네소스 전쟁에 종군, 기원전 406년 당번 평의원을 지냈는데 기원전 399년 다른 신들을 도입, 청년들을 타락케 만들었다는 죄목으로 재판을 받아 처형되었다. 소년 시절부터 예리한 종교적 감각을 지녀 '소크라테스 이상의 현자는 없다'는 델피의 신탁을 얻고 나서, 인생의 올바른 삶에 관심을 집중, 독특한 문답법으로 사람들의 사상을 조직적으로 철저하게 계도, 그들에게 자신의 무지를 자각케 해 많은 공명자와 제자를 얻었다.

23) 그리스의 철학자. 시칠리아 섬 아클라가스의 명문 출신으로 민주정의 유지를 위해 투쟁, 후에 추방되어 각 곳을 편력하며 시인, 변론가, 의사, 예언자로서도 활약했다. 파르메니데스의 영향을 받으면서 그의 학설을 발전시켜 만물의 근원인 땅, 물, 불, 바람 이 네 뿌리에 '사랑'과 '미움(다툼)'이 작용, 세계는 네 개의 상으로 된 영원한 순환 운동을 되풀이한다고 했다.

를 찾아내려면 자기가 먼저 현자가 되지 않고서는 안 되니까"라고 말했다고
한다.

또 그는 도박을 하자는 친구들의 제의를 거절하고 "비겁한 자다"라고
매도를 당했을 때 "말 그대로 나는 정말 비겁자다, 패기가 없다, 더러운 행위
에 대해서는"이라고 대답했다고 한다.

또 어떤 사람이 더운 목욕물 속에서 장어가 살아 있는 것을 본 일이 있다
고 이야기했을 때, 그는 "그러면 그놈을 우리는 물에 삶을 것"이라고 말했던
것으로 전해진다.

제4야
헤라클레이토스

"오늘 밤은 몹시 차갑잖은가? 자아, 사양 말고 모두 화롯불 가까이로 더 다가들 오게나! 헤라클레이토스의 말에 따르면 불 속에도 신은 있다니까."

사르데이스가 함락된 후 페르시아에 예속되어 있던 이오니아의 그리스 여러 도시들은 앞에서 말한 아낙시메네스의 가짜 편지에 표현된 바와 같이, 전쟁과 끊임없는 불안한 상태에 있었다. 그 여러 도시 중의 하나인 에페소스가 함락되고 얼마 안 된 무렵 '왕가'로 불리우는 명문가에서 고고의 소리를 지르고 태어난 것이, 지금 여기서 얘기하고자 하는 헤라클레이토스이다. 그러나 '왕가'라고 해도 그가 태어난 때에는 사실상 왕으로서의 정치적 권력이 있었던 것은 아니다. 다만 에페소스 시의 건설자인 안드로크로스 왕의 후예로서 일종의 특권을 가진 데에 지나지 않았다. 예를 들면 경기장에서 최상석을 제공받는다든가, 그의 배에다 자홍(紫紅)색의 깃발을 단다거나, 여신 데메테르의 제사(祭司)가 되거나 할 수가 있었다. 따라서 실제로는 신관(神官)의 집안이라고 볼 수 있겠다. 그리고 그는 적어도 그의 유소년 시절을 성화(聖火)가 계속 타오르며 향연(香煙)이 자욱히 감도는 신비스런 분위기 속에서 보냈으리라고 상상된다. 그가 훗날에 이 세계 만물의 근원은 '불'이라고 생각했던 것도 그런 데서 연유한 것인지도 모른다. 그러나 그는 이 '왕가'를 잇는 특권을 시원스럽게 그 아우에게 양보했다고 한다.

헤라클레이토스가 피타고라스나 크세노파네스에 대해 신랄한 야유를 퍼부었다는 사실은 이미 우리가 아는 바이지만 크세노파네스와 마찬가지로 그리스인들의 교사로서 존경을 받은 호메로스를 통렬히 비난했다.

호메로스는 마땅히 경기장으로부터 추방해야 할 자, 매를 맞아야 할 자다.

그러나 그가 공격하고 비난했던 것은 철학자나 시인들만으로 그치지는 않았다. 국민 대중을 경멸하고, 특히 고향 에페소스의 시민이 그의 친구 헤르모도로스를 추방했을 때에는 지독한 욕설을 해댔다.

에페소스의 인간들이란, 이미 성년이 된 자는 모조리 목을 매달아 죽는 편이 낫다. 그리고 다음 국가는 미성년자들의 손에 넘겨 주면 좋을 것이다. 헤르모도로스와 같이 자신들 가운데서 가장 쓸모있는 인물을, "우리들 가운데는 가장 쓸모있는 사람일랑 한 사람도 없어, 만일 그런 자가 있다면 다른 곳으로 가서 다른 사람들과 살면 좋을 것"이라고 말하며 쫓아내는 짓을 했기 때문이다.
에페소스의 여러분, 부(富)로부터 버림당하지 않도록 기도하라. 곧 자기들이 너절한 인간이라는 사실을 뼈저리게 느끼게 될 테니까.

위의 단편에 나오는 헤르모도로스의 추방은, 아마 밀레토스의 참주인 아리스타고라스(Aristagoras, 기원전 500년경)[24]가 페르시아에 대해 모반을 꾀하기 위하여 밀레토스 시민의 뜻을 받아들이고 스스로 참주 자리를 물러나고, 다시금 이오니아 여러 도시의 시민들의 환심을 사기 위해 그들 도시의 참주들을 체포하고 참주 제도를 폐지했던 무렵의 일이었을 것이다.
이 때(기원전 499년) 이오니아의 여러 도시에서는 민주 정치가 되살아나 참주와 관련을 가졌던 사람들을 나라에서 추방한 것으로 추측되는데, 헤르모도로스도 그런 사람의 하나였을 것이다. 덧붙여 말하자면 헤르모도로스는 그 곳으로부터 로마로 가서 저 유명한 십이표법(十二表法)의 법률 제정에 도움을 주었다는 이야기가 전해진다.
한편 아리스타고라스의 반란은 실패로 끝나고 이오니아의 도시들은 다시

---

24) 밀레토스의 참주. 의부인 참주 히스타아이오스의 연금 중에 밀레토스의 정치를 맡았는데, 기원전 500년에 의부와 공모해 페르시아 지배에 반항하여 이오니아 반란을 일으켰다.

페르시아에 예속되고 이 때까지 유일하게 자유로운 도시였던 밀레토스도 마침내 점령을 당하고 그 곳 시민들은 전부 홍해 근방으로 떠나는 비운에 처하고 말았다(기원전 494년).

그런데 대중 경멸자로서의 헤라클레이토스는 민주 정치의 반대자로 보아도 좋을 것이다. 헤라클레이토스의 출생이나 교우 관계 혹은 언동 등 그런 상상을 뒷받침해 주는 자료가 있다. 그는 말한다.

"그들은 어떤 마음인가, 또 어떤 느낌인가. 저잣거리의 노랫말을 그대로 믿고 군중들로부터 배울 바를 찾는다. 대다수는 시시한 자들뿐이고 뛰어난 자는 소수라는 사실을 모르는 것이다." 또 이렇게 말한다. "내게는 한 사람일지라도 최상의 사람이라면 천만 명에 해당한다"

전하는 바에 의하면 헤라클레이토스는 언젠가 에페소스의 시민들로부터 법률 제정을 부탁받은 일이 있었다. 그러나 그는 이미 이 도시가 나쁜 헌법에 의해서 다스려지고 있다는 이유로, 매정하게 부탁을 거절했다. 그 다음에 아르테미스의 신전으로 가서 그 곳에서 천진난만한 어린아이들과 장난을 치며 놀고 있었다. 시민들은 그의 뒤를 쫓아와서, 그의 주위를 에워싸고, 이 철학자가 도대체 어찌된 영문인가 하고 어이없다는 얼굴로 바라보았다. 그러자 그는 말했다.

"왜 그렇게 놀란 눈으로 바라들 보고 있는 건가? 얼간이들, 너희들과 함께 시정(市政)을 보는 것보다는 차라리 어린이들하고 노는 편이 훨씬 낫지 않는가?"

그러나 또 다음과 같은 일화도 전해진다.

에페소스의 시민들에게는 날마다 좋은 음식을 배불리 먹어 대는 습관이 있었다. 어느 해인가 페르시아와 전쟁이 벌어져 시는 그 대군에 포위되었다. 그렇지만 이 국가의 운명이 풍전등화와 같은 위급한 상황에서도 시민들은 여전히 맛있는 음식만을 먹어 대고 있었다. 이윽고 식량이 부족하게 되었다. 굶어 죽는 것은 시간 문제였다. 그리하여 시민들은 회의를 열고 어떻게 하면 식량을 조금이라도 더 아낄 수는 없을까를 협의했다. 그런데도 아예 잘 먹는 걸 삼가고 끼니를 걸러서라도 식량을 남겨 보자고 충고하는 사람은 한 사람도 없었다. 회의는 끝날 줄도 모르고 계속되었다. 그러자 그 자리에 함께 앉아 있던 헤라클레이토스가 자리에서 벌떡 일어나더니 아무 말 없이 보릿가루를 가져다가 물에 타 가지고 다시 그들 틈에 끼어 앉아서 조용히

다 먹어 버렸다. 그 동안 그는 한 마디 말도 하지 않았다. 그러자 그 바보 같은 에페소스의 시민들도 그 의미를 이해했다. 이제 더 이상 특별히 대책을 강구할 필요가 없었다. 그들은 곧장 산회하고 그들이 이해한 것을 실천에 옮겼다. 얼마 후 페르시아 군대는, 분수를 모르는 생활을 하던 시민들이 이미 규칙적인 생활을 배워 헤라클레이토스의 충고에 따라 절식을 한다는 사실을 알고는 포위망을 풀고 철수를 단행했다.

또 그는 사람들로부터 "왜 잠자코만 있는가?"는 질문을 받았을 때에 "왜 냐고? 그건 자네로 하여금 말하게 하기 위함일세"라고 대답했다고 한다.

또 어떤 전승에 의하면 그의 대중 경시 사상은 점점 더해 가 인간 혐오로 변했으며, 급기야는 인적이 없는 깊은 산 속으로 들어갔다. 그는 그 곳에서 풀이나 나무 열매를 먹고 살았다. 그러나 그런 검소한 생활은 아이러니컬하게도 불이 이 세상 만물의 근원이라고 말한 이 철학자의 육체를 물로 채우고 말았다. 수종(水腫)이라는 병에 걸렸던 것이다. "죽음과 삶은 동일하다"는 말은 그가 늘상 하는 말이기는 했지만 목숨이 아까웠던지, 그는 산을 내려와 의사를 찾았다. 그리고 의사에게 "홍수 뒤에 가뭄을 만들 수가 있습니까?" 고 이상한 질문을 던졌다. 의사는 대답이 궁했다. 그래서 그는 그것도 대답 못 하는 의사라면 별게 아니라고 교섭을 단념하고 나와서 외양간을 찾아갔다. 그리고 갓 누어 놓은 쇠똥 속에 누워 뒹굴었다. 그 쇠똥의 뜨뜻한 온기가 병든 육체의 물기를 말려 줄지도 모른다는 기대를 가지고 말이다. 그렇지만 쇠똥은 그의 기대를 충족시켜 주지 않았다. 헤라클레이토스는 마침내 그 쇠똥 속에서 61세를 일기로, 그 너무나도 고결하고 고고한 생애를 끝마쳤다 고 한다. 설마?

또 어떤 전승에는 똥에 뒤범벅이 되어 도저히 인간이라고 분간할 수 없는 그를 큰 수캐가 먹어 치워 버렸다고까지 전한다.

그의 저서는 옛날의 그리스 학자들에게도 난해했던 것 같다. 아리스토텔레스는 그 난해의 원인을 구두(句讀)가 분명하지 않은 데서 찾았고, 그 제자인 테오프라스토스(Theophrastos, 기원전 372년~288년)[25]는 그의 우수(憂愁) 탓으

---

25) 그리스의 과학자이자 철학자. 레스보스 섬의 에레소스 태생으로 아리스토텔레스의 학문을 계승하여 리케이온(학원)을 주재했다. 식물학의 창시자로 관찰과 실제 경험을 바탕으로 한 「식물지」(9편)과 「식물의 본원에 대해서」(6편) 등을 저술했다.

로 돌렸다. 소크라테스는 일찍이 비극 시인인 에우리피데스(Euripidēs, 기원전 485년경~406년경)[26]에게서 헤라클레이토스의 책을 받고, 훗날에 그 책에 관한 의견을 제시할 때에 "내가 이해한 부분은 훌륭한 것이다. 그러나 이해하지 못하는 부분도 역시 훌륭할 것이다. 그렇지만 그 밑바닥을 더듬는 데는 숙련된 델로스 섬의 잠수부의 솜씨를 필요로 한다"고 대답했다는 것이다.

이와 같이 그 문장도 사상도 난해한 점에서 그는 '어둠의 사람'이라고 불리우며, 또 그 우울한 어조 때문에 '우는 철학자'라는 별명이 붙여졌다.

그러나 그의 저작은 그렇게 난해함에도 불구하고, 혹은 난해한 탓인지 세간에서 널리 읽혀져서 헤라클레이토스에 물이 든 무리들도 상당한 분야에서 많이 나왔던 것으로 보인다. 그와 거의 같은 시대의 희극 작가 에피카르모스(Epicharmos, 기원전 530년경~440년경)[27]는 멀리 시칠리아 섬의 실라쿠사에서 헤라클레이토스의 유명한 '만물 유전(萬物流轉)'의 명제를 이용하여 하나의 희극을 만들었다. 그 줄거리는 이러하다.

어떤 곳에 헤라클레이토스의 학설에 관해 좀 아는 한 사나이가 있었다. 그는 빚을 갚을 기한은 다가오는데 도저히 돈을 마련할 길이 없었다. 어떻게든 구실을 붙여 미루어야만 했다. 지불하지 않고 넘길 수만 있다면 오죽이나 좋을까. 그래서 생각해 낸 것이 '만물 유전'의 설이었다. 모든 것이 강물처럼 흐르기 때문에 한순간도 같은 곳에 머물러 있지 않는 이상, 우리들도 언제나 흘러 어제의 나는 오늘의 내가 아니다. 이젠 됐다고 기다리고 있는데 빚쟁이가 나타났다. "지난날 빌려 가신 돈을 오늘은 꼭 좀" "아아, 참 그랬었죠. 그러나 안 됐습니다만 갚아 드릴 수가 없습니다. 그 언젠가의 나는 오늘의 나는 아닙니다. 나의 어떤 곳은 살이 쪘고 어떤 곳은 야위었고, 이젠 완전히 달라져 버렸으니까요." 상대방의 얼굴색이 변했다. 잘됐구나 생각하며 기뻐하고 있는데 커다란 주먹이 쾅 하고 머리에 날아왔다. 둘, 셋…… 제정신이 들었을 때는 이미

---

26) 고대 3대 비극 시인 중 최연소자. 아테네 태생으로 기원전 455년부터 많은 작품을 발표했는데 기원전 408년경 아테네를 떠나 마케도니아 왕 아로케라오스의 궁정 손님이 되어 지내다가 거기서 죽었다. 92편의 전작품 중 전해지는 것은 「메디아」 「트로이의 여인들」 「아울리스의 메피게네이아」 등 19편인데, 그의 사상과 작품의 새로움은 당시대에는 종종 조소와 매도의 대상이 되었으나, 그의 사후에 도리어 3대 비극 시인 중 가장 유명해졌다.

27) 그리스의 최고 희극 작가. 실라쿠사 태생으로 추정되며, 35~52개에 달하는 작품에는 코미디적 요소도 있으나 아티카 희극의 발달에 영향을 미쳤다.

빚쟁이의 모습은 보이지가 않았다. 그는 법정에 고소했다. 그러나 빚쟁이도 여간 영리한 사나이가 아니었다. "안됐습니다만 그 고소에 응할 순 없소. 때린 나와 고소당한 나는 전혀 다른 사람이니까. 만물은 흐르고 흘러 가고 있는 거죠."

제5야
파르메니데스와 제자 제논

　사르데이스 함락 후 페르시아에 예속되는 것을 싫어하여, 자유의 천지를 찾아 이오니아 지방의 포카이아를 탈출한 일부 시민들은, 오랜 기간에 걸친 괴로운 유랑 생활 끝에 이윽고 남이탈리아 서해안의 조용한 강어귀에 이르러, 그 곳의 맑은 샘가에 도시 하나를 건설했다. 기원전 540년경의 일이다. 이것이 엘레아다. 이 엘레아의 건설에는 크세노파네스도 참여했었다고 전한다. 혹은 그는 그 식민(植民)에 대해 2,000 마디로 된 시를 썼다는 말도 있다. 플라톤(Platōn, 기원전 427년~347년)[28]은 엘레아 학파가 이 철학적 시인에게서 시작된다고까지 말했다. 그러나 그는 유랑 도중에 잠시 그 곳에 발길을 멈춘 데 지나지 않았을 것이다.

　그런데 이 엘레아 건설 후 얼마 되지 않아서 태어났다고 추측되는 한 사람의 철학자가 있다. 그는 파르메니데스(Parmenidēs, 기원전 515년경~450년경)[29]이다. 그는 "있는 것만 있고 없는 것은 없다"라는 명제를 엄수하고, 없는

---

28) 그리스의 철학자. 아테네 명문의 피를 받은 아리스톤과 펠리쿠티오네의 아들로 태어나, 소크라테스에게 배우며 결정적 영향을 받아 스승이 죽은 후 각지를 편력하다가 기원전 389년에 귀국하여 아카데미아를 창립, 평생을 연구와 교육에 바쳐 아리스토텔레스 이하 제자를 양성했다. 「소크라테스의 변명」「향연」「국가」「법률」등 많은 저작을 남겼다.

29) 주 9 참조.

것으로부터 있는 것으로의 이행으로서의 '생성'을 부정했다. 따라서 우리가 일상 경험하는 생성의 세계, 있지 않은 것을 전제로 하는 잡다한 세계를 감각(感覺)의 방황이라 하여 배척했다. 이 입장에 서서 그는 앞의 헤라클레이토스의 '만물 유전'설을 공격하고 그 도당을 "무지한 무리들, 양두(兩頭)의 괴물"이라고 매도했다. 또 "있는 것과 없는 것은 동일하며, 또 동일하지 않다고 하는 귀머거리나 장님과도 같은 녀석들이다"라고 혹평했다.

그런데 이 파르메니데스는 크세노파네스의 제자였다고 말하는 사람도 있는데, 또 피타고라스 학파의 아메이니아스의 제자로, 이 사람에 의해서 학구 생활을 하게 되었다고 말하는 사람도 있다. 그에 따르면 스승인 아메이니아스는 가난했지만 훌륭한 신사였다. 그러나 파르메니데스는 유명한 씨족의 출신이며 유복했다. 그래서 아이메니아스가 죽었을 때에 그를 위해 신전을 세웠다는 것이다. 또 어떤 사람에 의하면 그는 엘레아 시민을 위하여 법률을 제정했다고도 하며, 또 어떤 사람에 의하면 그와 마찬가지로 엘레아 태생인 그의 제자 제논(Zēnōn, 기원전 490년경~430년경)[30] 덕택에 엘레아를 잘 다스릴 수가 있었다는 것이다.

만일 그렇다면 이 철학자도 단순한 학자가 아니라 정치적으로도 활동했다는 말이 된다. 그의 제자 제논의 정치적 활동에 관해서는 나중에 말하겠지만, 이 제자는 스승의 사생아(파이지카)였다느니, 양자였다느니 하는 말이 전해진다.

플라톤은 그 두 사람이 함께 판아테나이아 제(祭) 때마다 아테네를 방문했던 때의 모습을 그리고 있다. 거기에 따르면 그 때 파르메니데스는 이미 아주 고령의 나이로 머리도 완전히 세었다. 그러나 그 용모는 아름답고 우아했으며 대략의 나이는 65세 정도였다. 제논은 당시 40세에 가까웠고 키도 커서 보기에 수려했다. 그들은 시외에 있는 피토드로스라는 부자의 집에서 묵고 있었다. 거기에, 20세 안팎의 소크라테스가 다른 많은 사람들과 함께, 제논이 처음 아테네에 가져온 논문의 낭독을 들으러 나갔다.

플라톤에 의하면 훗날에 소크라테스는 파르메니데스가 호메로스의 이른바

---

30) 그리스의 철학자. 남이탈리아 엘레아 출생. 파르메니데스의 제자로, 논적의 주장을 참으로 간주하고 이 전제로부터 불합리하거나 모순되는 논리적 귀결을 도출해 내어, 비로소 주장의 잘못을 증명하는 방법에 따라 반대론자에 대항해 스승의 설을 옹호했다. 그 논증법 때문에 아리스토텔레스는 그를 변증법의 창시자라 부른다.

'외경스러운, 또 외경할 만한 사람'이라는 느낌이 들었으며, 또 모든 점에서 무언가 고귀한 것을 한없이 많이 지닌 듯이 보였다고 술회했다.

그 때 제논이 소크라테스나 그 밖의 사람들에게 읽어 준 논문에 어떤 말이 쓰여 있었는지 상세히는 알 수 없지만 그의 스승 파르메니데스의 '있는 것만 있고 없는 것은 없다'는 명제가 참되다는 것을 확증하는 논거를 제시했던 것만은 확실하다.

그와 같은 논거의 하나로 유명한 것은 "아킬레우스는 거북을 따라잡을 수 없다"는 것이다. 아킬레우스(Acilleus)[31]는 '아킬레스건(腱)'으로 여러분이 잘 아시는 발이 빠른 그리스의 영웅이다. 이 주장을 알기 쉽게 바꾸어 말하면 '토끼와 거북의 경주'에서 거북이 한 걸음이라도 먼저 달리기를 한다면 가령 토끼가 낮잠을 자지 않는다 하더라도 도저히 토끼는 거북을 이길 수 없다는 것이다. 왜냐하면 토끼가 지금까지 거북이 있었던 곳에 도달한 때는 이미 거북은 그 느린 걸음걸이지만 얼마쯤인가는 앞으로 나아갔을 것이며, 그러한 과정은 거북이 목표 지점에 도달할 때까지 계속되기 때문이다.

이 주장에 의해서 제논은 '있는 것이 없는 것으로, 또 없는 것이 있는 것으로 되는 과정'으로서의 운동을 부정하려고 했던 것이다. 그런데 나중에 이야기할 시노페의 디오게네스(Diogenēs, 기원전 410년경~323년경)[32]라는 괴상한 철학자는 이와 같은 말을 듣자 잠자코 의자에서 일어나서 왔다갔다 했다고 한다. 헤겔의 말에 따르면 그는 '행동으로써 반박했던 것'이다.

그러나 제논은 그와 같은 주장을 했다고 하여 전연 행동을 하지 않았던 것은 아니다. 전하는 바에 따르면 철학자에게는 보기 드문 직접 행동을 했던 것 같다.

그의 조국 엘레아가 네아르코스(Nearchos, ?~기원전 312년경)[33]의 학정에

---

31) 그리스 신화에 나오는, 호메로스의 「일리아스」의 주인공으로 트로이 전쟁 때의 그리스 군의 대표적 영웅.
32) 그리스의 철학자. 키니코스 학파의 시조. 흑해 남안의 시노페에서 태어나 아테네로 나와 안티스테네스에게 사사하고, 행복은 자연적 필요의 만족에 있다고 하여 이에 반하는 도덕, 관습, 법을 거부하고, 동시에 최소한의 필요로 만족할 수 있도록 신체와 정신을 단련해야 한다고 역설, 그 실천에 힘썼다. 많은 일화와 경구 등을 남겼다.
33) 마케도니아의 장군. 크레타 태생으로 알렉산드로스 대왕 3세의 동정에 종군, 그 귀도에 기원전 326년~325년에 함대를 거느리고 인더스 강으로부터 티그리스 강까

시달리고 있었으므로 그는 이 폭군에 대해 음모를 기도했었으나 곧 탄로나 체포되고 말았다. 폭군은 갖가지 고문으로써 그 일당의 연루자들의 이름을 토해 내게 하려고 했지만 그는 "내가 내 혀의 지배자인 것처럼, 또 내 육체의 지배자이기도 하다"고 고집하며 끝내 입을 열지 않았다. 고문은 점점 더 심해져 갔다. 제논은 그래도 참았지만 마침내 고통은 인간이 견뎌 낼 수 있는 한계점을 넘어서려고 했다. 그는 고통을 면하고 동시에 네아르코스에게 복수를 하려고 생각했다. 그래서 그는 극도의 고문이 가해졌을 때, 마치 그 고통 때문에 기절하는 듯이 가장하며 부르짖었다. "놓아 줘요, 모든 사실을 다 얘기하겠어요!"

고문은 끝났다. 그러자 그는 네아르코스에게 "가까이로 오십시오. 비밀리에 들려 드리고 싶은 얘기가 있습니다. 이제부터 말씀드리는 일에는 미리 경계를 하신다면 유익이 되는 것이 많을 것입니다"하고 말했다. 그의 꾀를 알 길이 없는 네아르코스는 엄숙하게 그에게로 다가가서 그의 귀를 입가에다 댔다. 이 때 제논은 옳다구나 하고 입을 크게 벌려 그의 귀를 덥석 물었다. 시종들이 재빨리 달려들어 떼어내려고 갖은 고통을 가해 보았으나, 그는 더욱더 세게 물고 늘어질 뿐이었다. 마침내 그들은 이 철학자의 강한 마음을 당해 낼 수가 없었던지 그를 그 자리에서 칼로 찔러 죽이고 말았다.

또 어떤 책에는 폭군 네아르코스가 데시로스로 되어 있으며, 제논은 자기의 혀를 깨물어 끊어 그에게 뱉아 내어 "더러운 일을 대장부는 두려워하지만 고통은 어린아이나 여자나 여자의 마음을 가진 사나이만이 두려워한다"는 사실을 몸소 보여 주었다고 한다.

또 어느 기록에 의하면 그는 그 일당을 밝히라고 신문을 받을 때에 폭군에게 충성을 한 가신(家臣)들의 이름을 댔더니, 다시금 "또 다른 사람은 없는가?" 하고 추궁했으므로 "있습니다, 왕이여. 그것은 국가가 저주해야 할 당신이오"라고 대답하고, 곁에 서 있던 사람들을 향해 "여러분의 비겁함에는 정말 놀랐소. 만일 여러분이 지금 내가 견디고 있는 것을 두려워하여 이 폭군의 노예가 되어 있는 것이라면"이라고 말했다. 그리고 마침내 자기 혀를 깨물어 잘라 왕에게 뱉아 버렸다. 그러자 시민들은 곧 왕에게로 몰려가 돌을

지의 해안을 항해하고 「주항기(周航記)」를 쓰기도 했다. 후에 안티고노스 1세에 이어 데메트리오스 1세 아래서 활약했다.

던져 죽여 버렸다.

또 어떤 사람이 페리클레스(Periklēs, 기원전 495년경~429년경)[34]는 근엄한 얼굴을 하고 있지만, 사실은 그것은 인기를 얻기 위해 허영심에서 한 짓이라고 욕을 했을 때에, 제논은 너희들도 마찬가지로 하여 인기를 얻도록 마음을 쓰는 게 좋을 것이다. 그렇게 꾸며서 할지라도 그것은 자기도 모르는 사이에 아름다운 것에 대한 열망과 습관을 사람들의 마음 속에 심어 주는 결과가 된다고 대답했다고 한다.

---

34) 아테네의 정치가. 쿠산티포스와 클레이스테네스의 조카 아가리스테의 아들. 기원전 463년 키몬 탄핵으로 명성을 떨쳤고, 이듬해 에피아르테스에게 협력해서 아레오스 파고스회의의 권능을 빼앗아, 그가 죽은 후 민주파의 지도자가 되어 내정, 문화, 외교, 식민, 군사 면에서 활약했다. 기원전 443년에 최대의 정적인 과두파 투키디데스 일당을 추방, 매년 장군에 선발되어 델로스 동맹의 맹주인 조국의 철저한 민주정의 제일인자가 되었다.

제6아
엠페도클레스

시칠리아 섬의 서해안 근방에 기원전 580년경 도리스(도리아) 종족에 의해서 세워진 아클라가스(아글리겐톰)이라 불리우는 도시가 있다. 지금까지 얘기해 온 철학자들을 낳은 도시는 모두가 이오니아 종족에 의해서 세워진 것들뿐이었다. 이오니아 종족의 대표적 도시는 아테네이며, 도리스 종족의 대표적 도시는 스파르타인데, 비교적으로 무골(武骨)인 이 종족이 여기서 비로소 한 사람의 철학자를 낳았다. 그것이 엠페도클레스이다.

그 무렵의 도시는 인구 약 80만을 포용했고 그 번화한 모습은 어느 도시에 못지않는 상황이었다고 한다. 그런 까닭에 엠페도클레스는 '대(大)'라는 말을 가지고 이 도시를 표현하며 그 곳 시민의 사치스런 생활상을 보고 "아클라가스의 시민들은 마치 내일 죽기라도 할 듯이 낭비를 하는데 그 집들은 마치 한없이 살기라도 할 듯이 지어 놓았다"고 말했다고 전해진다. 이와 같은 번화한 도시의 일류 인사가 그의 아버지였다. 그의 할아버지는 그와 마찬가지로 엠페도클레스라 하여 71회 올림피아 경기의 경마에서 우승의 영예를 안았던 사람이다. 그러나 이 우승을 철학자 엠페도클레스에게로 돌리는 사람도 있다.

어떤 사람들이 전하는 바에 의하면, 그는 피타고라스의 제자였는데 스승의 논문을 훔친 것이 탄로나서 파문을 당했으며, 그 이후로 시인에게 학설을 전해서는 안 된다는 규정이 그들 사이에 정해졌다고 한다. 엠페도클레스가 시(詩)의 형태로 자기의 철학설을 말했기 때문에 이 규정이 생겨났을 것이다.

또 어떤 사람의 말에 따르면, 그는 앞의 제논과 거의 같은 무렵 파르메니데스의 제자로서 공부를 했다는 것이다. 아리스토텔레스는 이 두 제자 중 하나인 제논을 변증법의 발견자라 부르고, 엠페도클레스를 변론술의 발견자라 부른다. 후에 아테네를 방문해 시민들로부터 대단한 인기를 모았던 변론술의 대가 고르기아스(Gorgias, 기원전 480년경~380년경)[35]는 그에게 사사했다고 전해진다.

그는 세계의 만물이 흙, 물, 공기, 불의 4원소로 이루어졌으며, 이런 것들이 사랑(愛)과 미움(憎)에 의해서 이합집산된 결과에 따라 세계가 생성하거나 소멸한다고 말했다. 또 피타고라스와 마찬가지로 윤회설을 믿었다. 그 단편에는

> 나는 일찍이 젊은이, 처녀, 새, 혹은 바다로부터 태어난 벙어리 물고기 등이었다.

라고 말하는가 하면

> 아버지는 모습을 바꾸었을 뿐인 사랑하는 자식을 낚아 올려 그를 죽인다. 그것도 신에게 감사를 드리면서, 이 바보 같은 인간은! 마찬가지로 아들은 아버지를, 아이들은 어머니를 붙잡아 그들의 생명을 빼앗고 사랑하는 자의 고기를 먹어 댄다.

라고 말한 것을 볼 수가 있다.

그는 지금까지 보아 온 대부분의 다른 철학자들과 마찬가지로 정치적으로도 활동을 했다. 그의 아버지 메톤은 참주 텔론의 아들 토라시타이오스의 추방과 민주 정체의 건설에 참여했고, 그 후 아클라가스에서는 유력자의

---

35) 그리스의 소피스트. 시칠리아 태생으로 기원전 423년 아테네를 비롯한 그리스 각지를 순력하며 변론술을 가르쳤다. 엠페도클레스와 제논의 영향을 받아 "아무것도 존재하지 않는다, 존재해도 알 수 없다, 알아도 전할 수 없다"고 하여 확실한 지식 획득의 불가능을 역설했다.

한 사람이었던 것으로 생각된다. 그가 죽자 다시금 참주 정치의 부활 운동이
고개를 들고 일어섰다. 그리하여 그의 아들 엠페도클레스는 그와 같은 정치
는 끝장을 내고 각 사람에게 정치적 자유를 부여할 것을 주장했다.

  이러한 그의 충고는 실행에 옮겨졌다. 그 때문이었는지 그는 시민들로부터
왕위를 권면받았으나 그것을 사양했다고 전해진다. 그리고 그것은 그가 평범
한 생활을 사랑했기 때문이었다고 한다. 아리스토텔레스는 만일 그가 왕위를
사양했다면, 그것은 그가 '자유'의 벗으로 모든 지배에 대한 반대자였기 때문
이라고 말한다. 어떤 사람에 의해서 전해진 일화가 이 사실을 잘 나타내
준다.

    그는 많은 사람들과 함께 어떤 사람의 잔치에 초대되었다. 식사가 어지간히
    진행이 되었는데 도무지 술은 나오지 않았다. 다른 손님들은 그저 얌전히 손과
    입을 부지런히 놀리고 있었다. 엠페도클레스는 그다지 술을 좋아하는 것도
    아니었을 텐데 좀 기분이 언짢아져, 술을 왜 안 내놓는가를 서슴없이 물었다.
    그러자 "대신(大臣)께서 왕림하시기를 기다리고 있는 중입니다"라는 주인의
    대답이었다. 얼마 후 그 대신이 와서 그 잔치의 좌장(座長)이 되었다. 그리고
    그것은 주인 한 사람의 계획에 의한 행위였다. 좌장이 된 그 대신은 손님들에
    게 술을 마시든가, 그렇지 않으면 그걸 머리에다 부으라고 명했다. 엠페도클레
    스는 거기서 장관의 참주적 성향을 간파했다. 다음날 그는 법정에다 술마시기
    를 강요한 대신과 그 대신을 제멋대로 좌장으로 정한 주인을 고소했다. 두
    사람 다 사형을 선고받고 죽임을 당했다.

  또 그는 천인회(千人會)를 창립한 후 3년 만에 해산했는데, 이것은 그의
재력뿐만 아니라 민주적인 것을 얼마나 염원했었는가를 보여 주는 것이라고
할 수 있다.

  또 의사인 아클론이, 뛰어난 의사였던 아버지의 명예를 위해 기념비를
세우겠으니, 거기에 걸맞는 장소를 제공해 주면 좋겠다고 의회에 제의했을
때, 엠페도클레스가 등단하여 '평등'에 대해 일장 연설을 하고, 특히 다음과
같은 질문으로 의사 아클론을 비웃으며 그 제의에 반대했다고 한다. "그러나
우리는 거기에 어떤 비문을 쓸 것인가? 그건 이런 게 아닐까. 아클로스(지극
히 높은 사람이라는 뜻)의 아들, 아클라가스의 유명한(아클로스) 의사 아클
론, 지극히 높은 그의 조국이 우러러보기도 드높은 벼랑 아래 묻혔다."

의사라면 엠페도클레스 자신도 훌륭한 의사로서 「의론(醫論)」이라는 저작까지 있었다고 한다. 그 무렵에 이미 그리스 세계에는 코스와 쿠니도스에 각각 의학의 한 파가 있었는데, 엠페도클레스는 여기서 비로소 이탈리아 학파라 불리는 것을 창설했다. 그 학교는 플라톤 시대에까지도 존속되어 그에게도 영향을 끼쳤던 것 같다.

그는 아클라가스의 수많은 의사들이 손을 들고 만 판티아라는 부인을 고쳐 주었다고 한다. 또 7일 동안 맥박도 뛰지 않고 숨도 쉬지 않고, 다만 신체 내부에 약간의 온기만 남아 있는 가사(假死) 상태로, 거의 죽은 사람이나 다름이 없는 여인을 살려 주었다고도 전해진다. 의술도 이쯤 되면 마법이나 마찬가지로 생각되었을 것이다. 실제로 그를 '마술사'라고 부른 사람도 있었을 정도니까. 그리고 또 그 스스로가 자신에게 부여된 능력을 그의 시에서 이렇게 노래한다.

> 너는 질병과 노쇠의 수문장(守門將)인 마술을 배우라. 나는 이것들을 모두 성취케 해 주리라. 또 너는 땅에 휘몰아쳐 그 입김으로써 논밭의 작물을 망치는, 지칠 줄 모르는 격렬한 바람도 그치게 할 수도 있을 것이다. 그러나 또 네가 원하기만 하면 바람을 불러일으켜 원수를 칠 수도 있을 것이다. 또 너는 어두운 비가 내리는 날씨라도 사람들에게 좋은 맑은 날씨로 바꾸고, 혹은 또 여름날의 따가운 날씨를 하늘로부터 내려, 나무들을 기르는 비로 바꿀 수도 있을 것이다. 또 하데스(지옥)로부터 이미 죽은 사람의 힘을 불러들일 수도 있을 것이다.

그의 제자 고르기아스도 역시 엠페도클레스가 마술을 행할 때 그 자신도 곁에 있었다고 말한다. 이와 같은 마술과 관련이 된다고 생각되는 일화가 두세 개 있다.

어느 해 계절풍이 무섭게 휘몰아쳐서 곡물을 다 망치게 되었을 때에 그는 당나귀의 껍질을 벗겨 그것으로 가죽 부대를 만들도록 지시했다. 그것이 다 만들어지자, 여기저기 언덕이나 높은 지대에 바람을 잡기 위해 길다란 대막대 끝에 그것을 매달아 공중 높이 매달게 했다. 그러자 이상하게도 바람이 그쳐 버렸다. 그리하여 사람들은 그에게 '방풍자(防風者)'라는 존칭을 붙였다.

또 어떤 전기에 따르면, 어떤 산의 갈라진 곳으로부터 좋지 못한 남풍이

불어 내려오는 것을 알고 그는 그것을 메워서 용케 전염병을 쫓아 버렸다는 것이다.

또 전에 어떤 젊은이가 칼을 뽑아 들고 엠페도클레스가 묵고 있던 여관의 주인 앙키도스에게 부모의 원수(그 젊은이의 아버지는 그 사람 때문에 재판에서 사형에 처해졌기 때문에)를 갚아야겠다고 따지고 덤벼들었을 때, 엠페도클레스는 리라(고대 그리스의 대표적인 현악기)를 들고 우아하게 부드러운 곡을 연주하며, 거기에 맞추어 호메로스의 「고민을 진정시키고, 슬픔을 누그러뜨리고, 모든 악을 잊게 하는 약」이라는 시를 한 수 읊어 줌으로써 여관집 주인을 죽음으로부터, 젊은이를 살인죄로부터 구해 냈다. 그리하여 그 젊은이는 그 후로 그와 사귀어 그의 제자 중에서도 가장 훌륭한 제자가 되었다고 전해진다.

엠페도클레스의 죽음에 관해서는 참으로 기괴한 이야기가 남아 있다.

그는 페이시아낙스라는 사람의 밭에서 신에게 희생물을 마치고 있었다. 그 곳에는 몇 명인가의 친구들이 초대되어 와 있었다. 잘 먹고 난 다음에 다른 사람들은 쉬기 위해서 뿔뿔이 흩어졌고 어떤 이는 바로 곁에 있는 밭의 나무 밑이나, 또 어떤 이는 각각 그들이 좋아하는 곳으로 물러갔다. 그러나 엠페도클레스만은 음식을 먹던 그 잔치 자리를 그대로 지키고 앉아 있었다. 다른 사람들은 새벽녘에 자리에서 일어섰는데 그의 모습만은 보이지가 않았다. 그를 찾기 시작했다. 그의 하인들에게 물어보았지만 그들은 모두 "주인이 어디 계시는지 모르겠습니다"라고 말했다. 그러나 그의 하인 중 한 사람은 한밤중에 누군가가 아주 큰 목소리로 주인 엠페도클레스의 이름을 부르는 소리를 듣고 깜짝 놀라 일어나 보았지만 하늘 빛과 관솔 불빛만이 있을 뿐, 그 밖에 아무것도 보이지 않았다는 보고를 했다. 엠페도클레스의 사랑하는 제자 파우사니아스(Pausanias, 기원전 5세기 초기)[36]는 집으로 돌아와서 계속 그를 찾기 위해 또 다시 많은 사람들을 보냈다.

그러나 이윽고 그는 그 사람들에게 "더 이상 그를 찾고자 고생할 필요가 없다. 엠페도클레스에게는 뜻밖의 사건이 생겨서 그는 지금 신이 되어 계시

---

36) 스파르타의 장군. 스파르타 왕 클레온브로토스 1세의 아들로, 기원전 479년 푸라테에의 싸움에 그리스 연합군을 지휘하여 페르시아 군을 격파, 이듬해에 비잔티움을 점령했다. 참주처럼 행동해서 신망을 잃고 페르시아와의 내통 혐의를 받고 아테네 신전으로 도피했다가 아사했다.

다. 그러니까 그러한 자로서 그에게도 희생을 바쳐야만 하겠다”라고 말해 주었다.

이 때의 엠페도클레스의 희생은 앞에서 본 판티아라는 부인의 치료에 대해 신에게 감사를 드리기 위해 한 것이었으며, 초대된 사람들은 약 80명이 었다고 덧붙인 전기도 있다.

또 어떤 전기에 의하면, 그는 연회석에서 일어서서 아이토네(에트나) 화산으로 가서 그 분화구에 뛰어들어 모습을 감추었다. 그리고 그것은 엠페도클레스는 신(神)이라는 세간의 소문을 확신시켜 주기 위함이었다. 그런데 그후 공교롭게도 그 분화구는 구리로 된 그의 샌들 하나를 토해 냈다. 그래서 그는 승천한 것이 아니라 지하로 들어갔다는 사실이 드러나 버렸다.

혹은 또 어느 제례에 참가하기 위해 멧세네로 가는 도중에 마차에서 떨어져 대퇴골을 다쳐 다른 병이 합병되어 마침내 죽었다든가, 목을 매어 죽었다든가, 고령 때문에 바다에 떨어져 익사했다든가, 아클라가스로부터 추방되어 펠로폰네소스로 가 그 땅에서 죽었다고도 전해지며 그가 죽은 해에 관해서도 보고는 가지가지이다.

그는 “좀 나쁘게 이야기를 했다고 해서 그렇게 화를 내는 건 무슨 까닭인가?”라고 힐난을 받았을 때에 “기분나쁜 말을 듣고도 괴로워하지 않았다면 좋은 소리를 듣고도 기뻐하지는 않을 테니까”라고 대답했다고 한다.

제7야
아낙사고라스

우리는 헤라클레이토스의 이야기에서 이오니아의 그리스 여러 도시들이
페르시아에 대항해 반란을 일으켰는데 실패로 돌아가고, 다시금 이번에는
밀레토스도 포함한 모든 도시들이 페르시아에 예속된 것을 알았다. 이 반란
때에 그리스 본토로부터는 아테네와 에레토리아가 증원군을 보내 이들을
도왔다. 이 일이 페르시아 대왕을 격노시켰다.

헤로도토스가 전하는 바에 의하면 하늘을 향해 화살을 쏘아 올리면서
"제우스 신이여, 아테네에 대해 원수 갚는 것을 우리에게 허락해 주소서"라
고 말하고, 또 그 시종 한 사람에게 명하여 식사 때마다 세번씩 "왕이여,
아테네인을 잊지 마소서"라고 말하게 했다. 그 결과가 페르시아 군의 두번째
그리스 본토 침입을 유발했다는 사실은 여러분도 알 것이다.

이 이오니아 반란 소동이 있을 무렵, 그 여러 도시의 하나인 크라조메나이
의 부유한 명문에 태어나, 페르시아 군의 두번째의 그리스 본토 침공 때
다른 많은 장정들과 함께 그 군대에 징용되어, 그리스로 와서 페르시아 군대
의 패퇴 후 아테네에 머무르며 이오니아에서 생겨난 철학을 처음으로 이
땅에 이식했던 것으로 추측되는 인물이 있다. 그가 바로 지금부터 이야기하
려는 아낙사고라스(Anaxagoras, 기원전 500년경~428년경)[37]이다.

---

37) 그리스의 철학자. 소아시아의 크라조메나이 태생으로 기원전 462년경 아테네로
이주, 소아시아의 자연철학을 처음 그 땅에 도입했는데 친구 페리클레스의 정적에게

그는 세계의 근원은 각각 성질이 다른 무수한 '종자(種子)'인데 그것들이 최초에는 혼돈하고 혼합하여 있었지만 거기에 '정신(精神, nous)'이 나타나서 그것들을 질서지워 이 세계를 만들었다고 말했다. 만물 곧 질료(質料)는 자기 스스로는 움직이지 못하는 것이며, 그것과는 다른, 그것을 움직여 질서를 부여하는 것으로서 정신이라는 것을 생각해 낸 것은 철학사에 큰 공적이었다. 아리스토텔레스는 "그는 세계를 질서지우는 정신이라는 개념을 확립함으로써 마치 술에 취하지 않은 자가 취한 자들 틈에 나타나듯이 나타났다"고 평가했다.

그런데 전하는 바에 따르면 그는 부모가 물려준 막대한 재산에 조금도 마음을 두지 않았으므로 친척들이 비난을 하자, 그는 "그럼, 여러분이 그것을 돌보지 않겠는가?"라고 말하며 재산을 그들에게 시원스럽게 양보해 버리고 그 후는 은거하며 정치에도 손을 대지 않고 오로지 철학 연구에만 종사했다. 언젠가 어떤 사람이 "너는 조국의 일은 조금도 걱정이 안 되느냐?"라고 말하자, 그는 "당치도 않은 소리를! 내 조국의 일이 걱정되어 밤이면 잠을 이루지 못할 정도인데"라고 대답하며 넓은 하늘을 가리켰다는 것이다.

또 어떤 사람으로부터 "자네는 무엇 때문에 태어났는가?"라는 질문을 받고는 "태양이나 달, 하늘을 관찰하기 위해서"라고 대답했다고 한다. 그는 태양을 가리켜 벌겋게 타오르는 돌덩이라고 설명하고, 달에는 지구와 같이 산도 있고 강물도 있고 사람도 살고 있으며 그 빛을 태양으로부터 받아 비추고 있다고 말했다. 또 월식은 달이 지구의 그림자에 의해서 가리워지기 때문이라고 설명했다.

아테네의 유명한 정치가이자 훌륭한 장군이기도 했던 페리클레스는 이 아낙사고라스의 사랑받는 제자이기도 했다고 전해진다. 그는 전장에 나가자마자 일식이 생겨 갑자기 캄캄해졌는데 휘하 장졸들이, 혹시 무언가 불길한 조짐이 아닐까 하여 낭패해하고 있는 것을 알고는 자기의 망또를 벗어 한 수병의 눈 앞을 막았다가 다시 그것을 걷어 내고 "너는 이것을 불행, 혹은 행복의 조짐이라고 생각하는가?"하고 물었다, 그러자 그 수병은 "아니오"라고 대답했으므로 "그렇다면 '그것'과 '이것' 사이에 도대체 어떤 차이가 있는가? 이 일식을 일으키는 것은 우리들의 망또보다 크다는 차이밖에는

독신죄로 고소당해 람푸사코스로 쫓겨났다. 성질이 다른 수많은 미소한 '종자'와 그것들에 운동을 끼치는 '정신'으로 만물의 생성 변화를 설명했다.

없다"고 설명하여 일동을 안심시켰다고 전해진다. 아마 페리클레스는 일식의 이유를 아낙사고라스에게 배워서 알았을 것이다.

위의 두 사람의 관계에 대해서는 여러 가지 말이 전해진다.

페리클레스가 일이 바빠서 아낙사고라스를 방문할 짬도 내지 못하고 있을 때에, 이미 고령에 달해 있던 아낙사고라스는 그의 옷을 머리에서부터 뒤집어쓰고 먹지도 않고 마시지도 않고 돌처럼 누워 있었다. 그것은 단식 자살을 하기 위함이었다. 그런데 그걸 알아차린 사람은 그 누구도 없었다. 우연히 페리클레스는 그 얘기를 듣고 몹시 놀라서 정신없이 아낙사고라스에게로 쫓아가서, 그 자살을 단념해 주도록 간절히 탄원했다. 그것은 아낙사고라스를 위해서라기보다는 오히려 자기 자신을 위해서였다. 그가 자살한다면 국사를 논의함에 있어 훌륭한 충고자를 잃게 되기 때문이다. 아낙사고라스는 그의 간절한 부탁을 듣자, 뒤집어쓰고 있던 옷을 천천히 밀어젖히고 말했다. "페리클레스여, 사람이 등불을 켜려고 하면 또 기름을 붓지 않으면 안되지."

또 언젠가 페리클레스에게 그의 영지로부터 뿔이 한 개만 돋아난 수소를 끌고 왔다. 예언자인 람퐁은 이마 한가운데서 돋아나온 그 우람차고 든든한 뿔을 보고, 이 아테네에는 오늘날 두 개의 세력 곧 투키디데스(Thoukydidēs, 기원전 460년경~400년경)[38]와 페리클레스 파가 있는데 그들 세력은 이 황소가 나타난 쪽으로 옮겨 갈 것이라고 예언했다. 이에 반하여 아낙사고라스는 소의 두개골을 쪼개서 그 뇌수를 보이며, 어째서 한 개의 뿔밖에 돋아나지 않았는지 그 까닭을 설명했다. 아낙사고라스는 그 자리에 있던 사람들로부터 당연히 갈채를 받았다. 그러나 그 후 얼마 안 가서 이 갈채를 도리어 람퐁이 받게 되었던 것은 정적 투키디데스의 세력이 뒤집혀져 국사는 일체 페리클레스 한 사람의 손으로 넘어갔기 때문이다.

그는 약 30년 동안 페르시아 전쟁 후의 평화로운 시대를 융성한 아테네에서 비극 시인 에우리피데스와 소크라테스의 스승이라고 전해지는 아르켈라

---

38) 고대 그리스의 역사가. 아테네인 오롤로스의 아들로 소피스트나 아낙사고라스의 제자로 생각된다. 기원전 431년 펠로폰네소스 전쟁이 일어나자 그를 기록했다. 조국을 휩쓴 전염병에 걸렸다가 회복, 424년 장군으로서 앙피폴리스 구원에 출동, 실패하여 추방되었다가 404년 조국의 패전 후에 귀국했다. 미완성의 「역사(전사)」 8권은 세계 최초의 과학적 역사 서술로 평가된다.

오스(Archelaos, 기원전 5세기)[39] 등의 훌륭한 사람들을 제자로 길러 내면서
지내다가 독신(瀆神) 죄목으로 고소를 당했다. 고소자는 페리클레스의 정적
인 투키디데스라고도 하고 클레온(Kleōn, 기원전 5세기 후반)[40]이라고도 전해
진다. 아낙사고라스가 태양은 벌겋게 불타는 돌덩이라고 한 것이 신을 모독
했다는 것은, 그리스의 국민 종교에서는 태양은 곧 신이었기 때문이다. 고소
자는 아낙사고라스를 죄에 빠뜨림으로써 그의 제자인 페리클레스에게도
같은 죄명을 뒤집어씌워 그의 인기를 빼앗으려고 했을 것이다. 또 어떤 전기
에 따르면 독신죄뿐 아니라 페르시아의 첩자라는 죄로도 고소당했다는 것이
다.

페리클레스는 스승을 위해 그의 웅변을 구사해 변론에 크게 힘썼지만
아낙사고라스는 5탤런트의 벌금과 국외 추방의 벌이 내려졌다고 전해지기도
하고 궐석 재판에서 사형을 선고받았다고 전해지기도 한다.

이 사형 선고의 소식과 동시에, 또 그 아들의 사망 소식이 아낙사고라스에
게 전해졌을 때, 그는 조금도 흐트러진 모습을 보이지 않고 자기의 사형에
대해서는 "하늘은 내게도 재판관에게도 먼 옛날에 사형을 내렸던 것이다"
라고 말하고, 아들의 죽음에 대해서는 "나는 아들을 만들었을 때에 그가
죽어야 할 인간임을 알고 있었다"고 말했다는 것이다.

또 어떤 전기에 따르면, 그가 사형이 집행될 날을 기다리며 옥중에 있을
때에 페리클레스는 민중 앞에 서서 "여러분은 내 생활 속에서 무언가 허물이
될 만한 점을 발견했는가?"라고 물었더니 "아무것도"라고 대답했으므로
그는 즉각 "나는 아낙사고라스의 제자이다. 중상모략을 믿고 그를 사형에
처하지 말고 도리어 나를 믿고 방면하길 바란다"고 말했다. 아낙사고라스는
방면되었지만 그 모욕을 견디지를 못하고 자살했다는 것이다.

또 어떤 전기에 따르면 페리클레스는 그를 법정에 데리고 나갔지만 그가
병 때문에 몸이 매우 쇠약해 있었으므로, 재판관들의 연민을 사 재판보다도

---

39) 그리스의 철학자. 아테네 태생으로 추정되며 아낙사고라스의 제자로 스승의 학설을
발전시켰다. 소크라테스와 친구 사이였다는 말은 전설이다.

40) 아테네의 정치가. 부유한 무두장이의 아들로 태어났다. 페리클레스가 죽은 후 민중
지도자 '데마고고스'가 되어 기원전 425년 피로스에서 스파르타 군을 항복시켰고,
델로스 동맹의 공납금과 아테네 배심원의 일당을 증액하는 등 호전적인 극단 민주파
의 선동 정치가로서 활약했다. 기원전 422년 트라키아에 원정, 암피폴리스에서 부라
시다스와 싸워 패사했다.

오히려 그 연민에 의해서 무죄 석방이 되었다고도 한다.

혹은 또 그는 한가로이 옥중에 있으면서, 원을 같은 면적의 정방형으로 바꾸어 그리는 일에 관해 한 권의 책을 썼다고도 한다.

그가 추방된 후의 일에 관해서도 전기가 있다.

그는 그 후 헬레스폰토스에 접한 소아시아의 람푸사코스로 몰래 도망쳤다. 그러나 죽음은 몇 년 후 그를 저세상으로 데려갔다. 그 임종의 머리맡에 있던 한 친구가 먼 이국 땅에서 그가 죽어가는 것을 탄식하자, 그는 태연히 "저승으로 가는 길은 어디에서 가건 마찬가지야"라고 말했다고 한다. 또 그 때 그 도시 장관이 "당신을 위해 무언가 해 주었으면 하는 일은 없습니까?"라고 물었을 때에 "내가 죽은 달에 해마다 하루씩 어린이들을 즐겁게 놀게 해 주었으면 좋겠다"고 대답했다. 그 유언은 실행에 옮겨져 기원후 3세기경까지도 계속되었다는 것이다.

그가 죽자 람푸사코스의 시민들은 국장의 예를 갖추어 그를 장송했고, 그의 무덤에는 다음과 같은 비문을 새겨 넣었다고 한다.

　　진리를 찾아서는 하늘 높이까지 날아서
　　아낙사고라스가 묻힌 곳

또 어떤 사람에 의하면 그를 위해 제단이 설치되고, 거기에는 '정신' 혹은 '진리'라는 글씨가 새겨졌다고 한다. 그런데 '정신'이라 함은 그의 생전의 별명이었다는 것이다.

제8야
프로타고라스

사르데이스가 함락된 후, 이오니아 12개 도시의 하나인 테오스의 전 시민들은 자유의 천지를 찾아 모조리 트라케 지방으로 이주하여 그 곳에 아브데라라는 도시를 건설했다는 이야기는 앞에서도 했다. 후에 '아브데라인'이라고 하면 고대인들 사이에서는 '바보'를 가리키는 말이었는데, 그러나 그 이전에는 얄궂게도 스스로 자신을 '지혜자(소피스트)'라고 부른 한 사나이와, 사람들로부터 '지혜(소피아)'라는 별명이 붙여진 다른 한 사나이가 아브데라인이었다. 앞의 사람은 프로타고라스(Prōtagoras, 기원전 485년경~410년경)[41]로서 플라톤에 의하면 "당당하게 그리스의 모든 사람들에게 자기를 선전하며 스스로 소피스트라고 자칭하고, 교육과 덕(德)의 교사임을 내보이며 그 보수를 받는 것을 옳다고 생각한 최초의 사람"이었다. 이런 점으로 보면 프로타고라스는 소피스트뿐 아니라 오늘날의 교사의 원조이다.

이렇게 말하면 여러분 중에는 소피스트가 신성한 교사의 원조라니, 괘씸한지고 하며 화를 낼 사람도 있겠지만 꼭 악의가 있어서 하는 말은 아니다. 영어 사전을 펴 보면 '소피스트'에는 궤변가(詭辯家)라는 번역이 붙어 있다. 그러나 이와 같은 의미의 소피스트는 훗날에 나타난 것이지, 프로타고라스가 스스로 자신을 그런 이름으로 부른 것은 물론 그 원래의 의미에서이다. 원래

---

41) 주 7 참조.

소피스트라는 말은 일기일예(一技一藝)에 뛰어난 자에게 바쳐진 존칭이었다. 이런 의미에서 일곱 현인도 피타고라스도, 또 소크라테스나 플라톤마저도 소피스트로 불리웠다. 그러나 프로타고라스는 그 존칭을 스스로 자신에게 바쳤던 것이다. 이런 것은 미치광이거나 어지간히 자신감이 있는 사나이가 아니라면 불가능한 것이다. 그가 후자에 속하는 인간이었던 것은 플라톤의 저서인 「프로타고라스」를 읽어 보면 곧 알 수 있다.

그런데 프로타고라스는 스스로 소피스트라고 칭하며 무엇을 가르쳤는가. 그것은 '사사(私事)에 관한 이지(利智) 곧 가장 좋은 자기의 집을 갖추는 것과 공사(公事)에 관한 교지(巧智) 곧 가장 유력하게 도시의 일을 하고 또 말하는 것'이었다. 그리고 그 교수에 100므나라는 막대한 보수를 요구했었다고 하는데, 반드시 이 액수를 고집했던 것은 아니고, "누구든 나한테서 배우는 경우, 내가 요구하는 만큼의 돈을 지불하면 되고, 또 그것이 마음에 맞지 않으면 신전으로 가서 스스로 그 학식의 값어치를 평가하여 그 상당액을 지불하고 그만한 금액을 내놓고 가는 것도 임의로 한다"라고 말했다고 한다. 그러나 그의 평판은 대단했으므로 그의 요구액보다도 많은 돈을 지불한 자도 있었다고 한다. 플라톤은 프로타고라스가 그 지혜로써, 훌륭한 작품을 만들어 유명해진 조각가인 페이디아스보다도 많은 돈을 벌었다고 말했다.

그는 그 소년 시절에 크세르크세스의 대군이 구름처럼, 그 고향 아브데라 근처를 통과하여 그리스 본토로 가는 것을 본 것이 틀림없다. 페르시아의 대패 후 아테네는 날로 융성해 갔고 여러 도시들로부터 문인, 논객들이 많이 모여들었다. 페리클레스는 자랑스러운 듯 아테네를 '그리스 전토(全土)의 학교'라고 불렀다. 프로타고라스는 소피스트로서의 생활을 30세경부터 시작하여 약 40년 동안 그리스의 여러 도시들을 편력하며 돌아다녔는데, 특히 아테네는 자주 방문했던 것 같다. 그 사이에 페리클레스나 에우리피데스 등과도 가까이 지내게 되었다.

페리클레스는 기원전 444년에 남부 이탈리아에 투리오이 시를 건설하여 아테네의 서방으로의 발전의 발판으로 삼았는데, 그 때 그 도시의 헌법 제정을 프로타고라스에게 위촉했다고 전해진다. 또 어떤 전기에 따르면 프로타고라스는 언젠가 비극 작가인 에우리피데스의 집에서 그의 「신들에 대해서」라는 저서를 낭독했다. 그 저작물의 첫머리에는 "나는 신들에 대해서, 그것이 존재한다는 사실도 존재하지 않는다는 사실도 알 수는 없다. 왜냐하면 일은 명백하지 않으며, 또 인생은 짧아서 그것을 아는 데 방해하는 것이 많기 때문이다"라는 말이 쓰여 있었다. 그런데 이 말이 신들의 존재를 부정하는 것으로 해석되어 아테네의 법정에 고소당해 사형 선고를 받고 말았다. 고소한 것은 400인 과두 정치(寡頭政治)의 피토드로스였다고 한다. 그리고 그의 책들은 공고문과 회람문을 돌려서 소유자들로부터 거둬들여 시장에서 불태워졌다. 한편 프로타고라스는 아테네를 탈출하여 시칠리아 섬을 향해 작은 배를 타고 가는 도중에 파선해 익사했다고 전해진다.

프로타고라스의 유명한 명제로 '만물의 척도는 인간'이라는 것이 있다. 여기서 '인간'은 각 개인을 가리킨다. 따라서 어떤 사람이 '이 꽃은 빨갛다'고 느낀다면 그 때에 그것은 그 사람에게만 빨간 것이며, 또 다른 사람이 똑같은 꽃인데도 파랗다고 느낀다면 그 때에 그 꽃은 그 사람에게는 파란 것이다. 그렇지만 어느 것이 옳고 어느 것이 틀렸다는 말을 할 수가 없는 이유는 각 사람이 만물의 척도이기 때문이다.

또 프로타고라스는 주장된 명제에 대한 공격 방법을 최초로 발견한 사람이었다는 말이 전해진다. 각 개인이 만물의 척도이고 각 개인의 느낌이나 생각이나 말하는 것이 모두 바르다고 한다면, 모순이란 있을 수 없으며, 어떤 일에 관한 한 가지 주장에 대해서는 그와 똑같은 권리를 가지고 다른 주장이 대립할 수가 있는 것이다. 그러므로 실제 생활에 대처함에서는 자신의 주장을 그럴싸하게 내보이기만 하면 된다. 프로타고라스는 일찍이 그 기술을 발견했다는 말이 된다. 아리스토텔레스의 표현으로는 '약한 논리를 강하게 하는' 기술을 발견했던 것이다. 그리고 그것이 이른바 변론술(辯論術)인 것이다.

프로타고라스의 이 발견은 당시의 사회 정세에 따른 것이라고도 말할 수가 있겠다. 당시 그리스는 민주주의가 시행되어 가던 시대로서, '정치상의 중요한 문제는 모두 공론에 의해서 결정된다'는 상황이었기 때문에, 변론을 잘해서 어쨌든 자신에게 찬성표를 가능한 한 많이 모으기만 하면 되었던 것이다. 사실이야 어쨌든 그것은 문제가 아니다. 어떻게 해서든 가장 그럴싸하게 보이기만 하면 된다. 대중을 감동케 하기만 하면 된다. 이것이 변론술의 역할이다.

물론 이와 같은 일은 생각이 있는 자가 기뻐하는 바는 아니다. 그들에게 사물은 '진실로 어떠한가'가 중요한 관심사이기 때문이다. 그 때 마침 아테네에 살고 있었던 색다른 인물인 소크라테스가 소피스트들의 허식적인 지혜를 폭로하려고 노력했던 것은 그 때문이다. 그의 사랑하는 제자 플라톤은 소피스트를 가리켜 "허식적인 지혜나 속임수의 지혜를 파는 '돈벌이'주의의 소상인"이라고 정의를 내리고 호되게 비난을 했다. 그러나 원래의 소피스트는 플라톤이 말하는 것만큼 그렇게 불량한 인간은 아니었다. 그들이 하는 교수는 주로 변론술이었는데 그 밖에도 우주라든가, 문법이라든가, 신화라든가, 시인 해석이라든가, 법률 지식이라든가, 여러 가지 일반 교양에 필요한 것을 교수하여 그리스 세계에 교양을 보급시켰던 것이다. 또 철학 그 자체에 대해서도 그들은 사람들의 주의를 우주의 문제로부터 인간의 문제로 돌리게 해, 자신들도 그 해결에 착수했다는 공적을 갖고 있는 것이다.

프로타고라스 이외에 유명한 소피스트로는 고르기아스, 히피아스, 프로디코스 등이 있다.

제9야
데모크리토스

프로타고라스와 마찬가지로 아브데라에서 태어나서 사람들로부터 '지혜(소피아)'라는 별명을 들은 또 한 사람의 인물은, 유물론의 시조로 일컬어지는 데모크리토스(Dēmokritos, 기원전 460년경~370년경)[42]이다. 전하는 바에 따르면 그의 아버지는 페르시아 대왕 크세르크세스를 크게 환대했으므로 그의 교사로 대왕을 섬기던 예언자나 점성가들을 남기고 갔다고 한다. 또 프로타고라스는 원래 짐나르기가 생업이었는데, 데모크리토스는 그가 땔나무를 솜씨있게 잘 묶는 것을 보고 감탄하여 제자로 삼았다는 이야기도 전해진다. 그러나 데모크리토스는 프로타고라스보다 후대 사람이어서 페르시아 전쟁 무렵에는 아직 태어나지 않았던 것 같다.

그것은 그렇다 치고 그는 부모로부터 물려받은 막대한 재산을 학문 수업을 위한 여행에 다 소비해 버렸다고 전해진다.

그의 위작(僞作)이라고 생각되는 단편에 "나는 같은 시대 사람들 중에서 가장 많은 여행을 하고, 가장 많은 탐구를 하고, 가장 많은 나라와 지역들을 돌아보고, 가장 많은 수의 학자들에게서 듣고, 그리고 기하학에서는 이집트의 토지 측량자들에게도 결코 뒤지지 않았다"고 말한 대목이 있다. 이집트뿐만 아니라 에티오피아, 페르시아, 멀리는 인도까지도 여행을 했다고 전하는

---

42) 주 8 참조.

사람도 있다.

그는 이런 여행을 위해 그 많은 돈을 탕진했으므로 고향 아브데라로 돌아가서는 매우 검소한 생활을 했다고 한다. 그러나 그는 여행을 떠나기 전에 아버지에게서 받은 돈 이외의 재산은 가져가지를 않고 그 형제들에게 주어버렸다고 전하는 사람도 있다. 귀향 후 검소한 생활을 했지만 미래에 있을 사건을 예언하여 잘 맞혔기 때문에 그 명성이 높아져서 그 후로는 마치 신과도 같은 존경을 받았다고도 전해진다.

또 전하는 바에 따르면 당시 아브데라 시에는, 상속받은 재산을 탕진한 자의 뼈는 그 시의 땅에 묻어서는 안 된다는 법률이 있었다. 이 사실을 알고 데모크리토스는 고소당할 것을 두려워해 돈을 만들 생각으로 시민들 앞에서 「대우주」라는 그의 저서를 읽어 주었다. 그러자 500탤런트의 사례를 받았을 뿐 아니라 동상까지도 세워지게 되었다는 것이다. 그러나 또 그 책을 읽은 것은 데모크리토스 자신이 아니라 그 친척이었고 사례금도 100탤런트였다고 말하는 자도 있다.

어쨌든 그가 아버지로부터 상속받은 돈도 100탤런트였다고 하므로, 이것으로 그의 걱정도 없어졌다는 말이 되겠다. 그는 100세 이상의 장수를 누린 후에 죽었던 모양으로 국장으로 장례가 치러졌다고 한다.

그의 최후가 다가온 무렵에는 마침 여자들만으로 제사를 드리는 테스모폴리아의 제례법이 실시되고 있으므로, 그의 자매들은 지금 죽으면 여신에게 참배할 수 없다고 마음 아파하고 있었다. 그러자 데모크리토스는 그녀들을 걱정하지 않게 위로한 다음, 날마다 하루도 빠지지 않고 빵을 구워서 자신의 병상으로 가져와 달라고 부탁했다. 부탁한 대로 구워 온 빵을 콧구멍 가까이 가져다가 그 냄새를 맡으며 제례가 끝날 때까지 생명을 유지하고 있다가, 이틀 간의 제례가 끝나자 곧바로 숨을 거두었다고 한다.

그는 "나는 페르시아 대왕이 되기보다는 다만 한 가지라도 사실을 입증해 내기를 희망한다"고 말했는데, 그의 대단한 탐구심에 관해서는 다음과 같은 일화가 전해진다.

그가 오이를 먹으면 그 즙이 꿀처럼 달므로 하녀에게 이것을 어디에서 사 왔느냐고 물었다. 그녀는 아무 데에 있는 밭에서 사 왔노라고 대답했다. 그러자 지금까지 침대 의자에 드러누워 있던 데모크리토스는 벌떡 일어나 그 밭으로 안내하라고 명했다. 그녀는 흠칫 놀라며 "거기 가셔서 어떻게 하자는 것입니까?"라고 물었다. 그는 "나는 이 단맛의 원인을 발견해 내야만 하겠다. 그러려면 이 눈으로 그 곳 땅을 보아야 알 수 있을 것이다" 하고 말했다. 그러자 하녀는 웃으면서 "제발 진정하십시오. 저는 모르고 이 오이를 꿀이 묻어 있던 바구니에 담아 두었던 것입니다"하고 말했다. 그러나 그는 화가 난 듯이 "넌 나를 피로하게 하는구나. 그러나 역시 나는 그 이유를 알아야겠다. 단맛이 오이에 묻어 있으니까 그 원인을 찾아야겠다"하고 말했다.

또 그의 관찰력도 매우 예리했던 듯, 다음과 같은 일화가 전해진다.

의학의 아버지인 히포크라테스가 그를 찾아왔을 때에 그는 젖을 내놓으라고 명했다. 그 젖을 첫눈에 보자 이것은 첫새끼를 낳은 검은 염소의 젖임에 틀림없다고 그는 말했다. 여기에는 그 히포크라테스도 경탄해 마지않았다.
또 히포크라테스와 함께 온 하녀를 보고 데모크리토스는 첫날에는 "안녕! 아가씨?"하고 인사를 했다. 그러나 다음날에는 "안녕하십니까? 부인"하고 인사를 했다. 사실 처녀는 하룻밤 사이에 달라져 있었던 것이다.

또 그는 아테네를 방문했는데 명성 같은 것은 경멸했으므로 사람들에게 인정받고자 노력하지는 않았다. 그리고 자신은 소크라테스를 알았지만 소크라테스는 그를 알지 못했던 모양이라고 말하는 자도 있다.
또 어떤 사람의 말에 따르면 플라톤은 장래 철학자의 왕좌를 놓고 유물론자인 데모크리토스와 다투게 될 것을 두려워하여, 되도록이면 그의 저서를 많이 모아서 태워 버리려고 했지만, 피타고라스 학도들에 의해 데모크리토스의 서적은 세간에 이미 널리 퍼져 있었으므로 그래 보았자 말짱 헛일이라고 말하며 단념케 했다는 것이다.
데모크리토스는 인간사의 허무함을 언제나 웃고 있었다고 하여 '웃음의 철학자'로 불리운다. 혹은 '아브데라인'이 '바보'의 대명사로 되었던 것도 "아브데라 놈들은 바보 같은 짓을 한다"고 언제나 웃으면서 말한 데서 연유된 것인지도 모르겠다.

제10야
소크라테스

프로타고라스와 같은 소피스트들이, 바야흐로 그리스 세계의 중심지가 되어, 피어나는 꽃의 향기와 같다고 표현하고 싶은 아테네에 종종 나타나, "나는 지혜자이다. 무엇이든 모르는 것이 없다. 돈만 내면 가르쳐 주겠다"고 선전을 하고 있을 때에, "나는 아무것도 모른다. 알고 있는 것이라고는 다만 자신이 아무것도 모른다는 사실뿐이다"라고 말하면서, 자기 자신을 소피스트나 지혜자라고 생각하고, 또 사람들로부터도 그렇게 여김을 받는 사람들을, 부자의 저택이나 운동장, 혹은 시장에 붙잡아 두고 끈질기게 문답을 되풀이하여, 마침내는 그 사람들로 하여금 "나도 역시 아무것도 모른다"고 자백하지 않고는 배겨낼 수 없게 만드는 특이한 사나이가 있었다.

그의 용모는 아테네의 조각가들의 작업장에서 흔히 볼 수가 있는 시레노스의 좌상과 꼭 같았다 ——대머리에 사자코, 불룩한 올챙이배, 텁수룩히 털이 나 있는 가슴과 팔다리——이 사나이가 바로 노년의 소크라테스이다.

소크라테스는 기원전 470년에서 469년 사이 아테네 함대가 사라미스 만에서 페르시아의 대함대를 전멸시킨 기념할 만한 해로부터 10년쯤 되는 해에 태어났다. 때는 탈게리온 달(5월 후반~6월 전반)의 6일, 그 동네 사람들은 악마를 쫓는 제사를 지내고 있었다고 한다. 또 델로스 섬에서는 이 날은 조산술(助産術)의 여신인 아르테미스 및 아폴론의 생일이라 하여 큰 제사가 있었다고 한다. 그리고 재미있는 것은 그의 어머니도 산파로서 이름은 파이나레테, 아버지는 조각가로 소프로니스코스라고 불렀다. 그도 젊은 시절에는 아버지를 따라서 조각을 했었는지도 모른다. 아크로폴리스에 있던 옷을 걸치고 있는 칼리스(아름다움의 여신)들의 군상을 그의 작품이라고 말하는 사람도 있다. 그러나 나중에는 어머니의 직업을 이어받았다. 다만 이 아들은 사람의 자식이 아닌 혼의 자식을 다루는 자였다.

플라톤은 소크라테스에게 말했다. "자신도 마찬가지로 어머니의 기술 곧 조산술을 사용하여 말 상대의 사상을 명백하게 도출해 내어 그것이 진짜인지 또 오래갈 수 있는 것인지를 시험한다." 그는 아버지를 힐뜯으려고 그런 것은 아니었을 테지만 "조각가는 대리석 덩어리에 대해서는, 그것을 가능한 한 사람의 모습과 비슷하게 하려고 고심하며 애를 쓰지만, 자기 자신을 돌덩이와 같지 않도록 만들려는 노력은 조금도 하지 않으니 참으로 이상한 일이다"라고 말한 것으로 전해진다.

소크라테스는 소년 시절에 보통 교육을 받고 장성해서 기하학과 천문학, 자연학 등의 고등 교육도 받았다. 그는 늙어서까지도 "모르는 것을 배우는 것은 조금도 부끄러울 것이 없다"고 말하며 리라를 배웠다고 한다. 플라톤에 의하면 음악 교사인 콘노스는 어린이들과 함께 늙은 소크라테스를 제자로 삼고 있었기 때문에, 동문의 아이들로부터 '할아버지 교육자'라는 별명을 얻었다고 한다. 또 춤도 배웠다고 하는 사람도 있다.

그의 용모는 앞에서 본 바와 같이 매우 괴이한 모습이었는데, 신체는 아주 건강했고 또 정신은 극기심으로 가득했다. 플라톤의「향연(饗宴)」에도, 이미 40세에 가까운 소크라테스와 함께 트라케 지방의 포테이다이아에 출전하여, 생명의 위기를 만났다가 그에게 구조되었던 저 알키비아데스(Alkibiadēs, 기원전 450년경~404년)[43]가 소크라테스의 행동을 다음과 같이 기술한다.

우리는 포테이다이아로 함께 출정하여 전우가 되었다. 그런데 첫째로 우리가 겪는 고생에 대해 나뿐만 아니라 다른 모든 자들보다 참을성이 뛰어났다.

---

43) 아테네의 정치가, 군인. 부유한 명문가에 태어났는데 어려서 아버지를 잃고 페리클레스의 후견을 받았고, 소크라테스의 제자가 되었다. 펠로폰네소스 전쟁 중 415년 시칠리아 원정 때 고발을 당해 스파르타로 도망쳤으나 얼마 후 스파르타인들의 신뢰를 잃고, 아테네를 위해 전공을 세워 기원전 407년에 조국으로 귀환했다. 이듬해에 부하의 패전으로 다시 망명, 아테네가 패배 후 죽임을 당했다.

――실제로 전장에서 흔히 있듯이 어딘가에서 차단을 당해 결식(굶기)을 강요당했을 때에, 언제나 다른 사람들은 인내심이 거의 없었다 ――이와는 반대로 잘 먹게 된 때에는 다만 이 사람만이 즐길 수가 있었다. 그 중에서도 특별히 많이 마실 수가 있었다. 자진해서 마시는 일은 없지만 강요당했을 때에는 언제나 모든 사람을 능가했다. 그리고 그 가운데에서도 가장 놀라운 것은, 그 누구한 사람도 소크라테스가 술에 취해 있는 것을 본 적이 없다는 사실이다. 그런데 이 사실을 재음미해 보는 것은 당장이라도 가능하다고 나는 생각한다. 그러나 또 겨울의 추위에 대한 인내에 관해서도――그 고장의 추위는 심하지만――이 사람은 놀랄 만한 점이 많다. 그 중에도 언젠가 그보다 더 추운 날은 없을 것 같은 참으로 지독한 추위가 닥쳐와서 모든 사람들이 군영(軍營) 속에서 꼼짝도 않고 있었고, 혹시 나가는 자가 있더라도 실로 놀랄 정도의 것을 몸에 걸치고 구두를 신고 발을 담요와 양가죽으로 싸거나 하는 실정이었는데도, 이 사람은 평상시에 늘 입고 있던 옷차림 그대로에 외투를 입고 외출했다. 그리고 구두를 신지 않고도 구두를 신은 다른 사람들보다도 더욱 쉽게 얼음 위를 걸었던 것이다. 그러나 병사들은 이 사람이 자기들을 경멸하는 것으로 생각하여 이상한 눈으로 바라보았던 것이다.

이 전쟁이 있은 후 7, 8년이 지나서 소크라테스는 또 데리온의 싸움(기원전 424년)과 암피폴리스의 싸움(기원전 422년)에 출정했다. 그가 얼마나 침착하고 용감한 병사였던가는 플라톤의 저서 「라케스」에서, 데리온 전투에 소크라테스와 마찬가지로 경기갑병(輕機甲兵)으로 출정했던 용장 라케스가 "그때 다른 사람들도 소크라테스처럼만 행동했었더라면 결코 패배하지 않았을 뿐만 아니라 조국의 명성을 드날렸을 것이다"라고 그를 칭찬했을 정도이다. 또 플라톤의 「변명」에서는 자기 스스로 "상관이 내게 지정해 준 장소에서는 포테이다이아에서건, 암피폴리스에서건, 데리온에서건 다른 몇 사람에 못지않게 그 곳을 고수하면서 죽음의 위험에 직면했었다"는 사실을 재판관들 앞에서 호언을 한다.

그러나 소크라테스가 용감했던 것은 비단 전장에서만이 아니다. 그는 자기와 같은 정직한 사람이 정치에 참여하면 반드시 한 생명을 바치더라도 도리어 나라를 위해 전심전력의 봉사를 하지 않을 수 없다고 믿었다. 기원전 406년에 그는 자진해서 공무원이 된 것은 아니지만 추첨 결과 500인 평의원회의 일원이 된 일이 있다. 펠로폰네소스 전쟁 중의 일인데, 이 해에 아테네

해군은 아르기누사이 섬 앞바다의 해전에서 스파르타 군에 대승했지만 부상당한 아군의 군선 승무원들을 구조하지 못했다. 그 때문에 당시의 아테네 해군을 지휘한 장군들을 모두 국회에서 재판하자는 안이 500인 평의원회에서 의결이 되었다. 이것은 명백한 위법이었다. 그리하여 소크라테스는 감연히 이에 반대했다. 최초에는 그와 같은 의견을 가진 자도 다소는 있었지만, 혹은 설득을 당하고 혹은 협박을 받아 자기 의견을 번복해 버렸는데 최후까지 양보하지 않았던 것은 오직 소크라테스뿐이었다.

또 펠로폰네소스 전쟁이 아테네 측의 무조건 항복으로 끝났을 때, 스파르타의 후원 아래 지금까지의 민주 정치가 폐지되고 30인의 손에 의한 참주 정치가 이루어지게 되었다. 이 참주 정치의 수령인 크리티아스(Kritias, 기원전 460년경~403년)[44]는 청년 시절에 소크라테스와 친하게 지냈던 사람이다. 그는 어느 날 소크라테스를 다른 사람들과 함께 관청으로 불러들여 사라미스미 레온이라는 사나이를 사형에 처하기 위해 구인해 올 것을 명했다. 그러나 소크라테스는 그것을 위법이라고 생각했으므로 그 명령에 따르지 않았다. 마침내 이 포악무도한 정부가 쓰러지지 않았더라면 그도 그 흉계에 걸려들었을 것이 틀림없다. 이상의 이야기는 소크라테스가 역시 자기의 재판 때에 공언한 사실이다.

앞에서 소크라테스가 40세에 가까웠던 무렵에 북쪽의 포테이다이아에 출정했었던 이야기를 했는데, 이 출정 전에 그는 유명한 학자로서 이미 알려져 있어 그 주위에는 아테네뿐만 아니라 그 밖의 나라에서 그를 사모해 찾아온 일단의 젊은 사람들을 확보하고 있었던 것 같다. 그 가운데는 카이레폰이라는 정열적인 사나이로서 소크라테스 숭배자가 있었다. 언젠가 델포이의 아폴론 신전에 참배하여 "소크라테스보다 나은 지혜자가 있습니까?"하고 신탁을 물었다. 신은 무녀의 입을 통해 "없다"고 대답했다.

이 사실이 소크라테스에게 알려지자, 자신을 지혜자라고는 전혀 생각하지도 않고 있던 그는 당황했다. 그러나 적어도 신의 계시이기 때문에 설마

---

44) 아테네의 정치가, 저작가. 명문 출신으로 소피스트나 소크라테스에게 배운 후 과두파의 정치가가 되었다. 기원전 415년 헤르메스 상 파괴 사건에 휘말려 무죄가 판명되나 기원전 407년경 추방되어 텟사리아로 망명했다. 기원전 404년 조국이 스파르타에 항복하자 귀환하여 30인 참주의 지도자로서 정적을 사정없이 탄압했다. 시, 비극 외에 경찰국가 제도에 관한 저서도 있다.

거짓말을 할 까닭은 없다고 생각하여 그 계시의 진의가 어디에 있는가를 알고자 오랫동안 고심하며 생각한 끝에 마침내 그것을 알기 위한 한 가지 방법을 강구해 냈다. 그것은 스스로 자신을 지혜자라고 생각하는 사람이나 그런 사람으로 생각되는 유명인을 한 사람 한 사람씩 찾아가서 이야기를 해 보아서 자기보다도 지혜면에서 뛰어난 사람인지 어떤지를 알아본다는 것이었다.

그리하여 그는 먼저 정치가들, 이어서 예술가들, 그리고 기술자들을 차례로 방문했다. 그 결과 소크라테스는, 이 사람들은 한결같이 알아야 할 것은 어느 것 하나도 '알고 있지를 않은데도 알고 있다고 생각하고 있다' 바꾸어 말하면 '모른다는 사실을 진짜로 모르고 있다'는 사실을 알았다. 그러나 소크라테스는 알 만한 값어치가 있는 것을 모르고 있다는 점에서는 자신도 그들과 마찬가지이지만, 그 '모르고 있다'는 사실을 자신은 '알고 있다'고 생각했다. 그러니까 그는 자기만이 모르고 있다는 사실을 알고 있다고 하는 이 사소한 차이에서 그들보다도 지혜자라고 판단하여 신의 계시가 진실임을 깨달았다.

이와 같은 자각을 하고 전장의 사람이 되어 3년에 걸친 긴 포위전 동안에 그 자각의 의미를 더욱더 깊이 생각하여 자신이 가장 지혜자라는 사실을 알기 위한 방법이었던 '인간 음미(人間吟味)'를 바꾸어서 시민들에게 자신들의 '무지'를 자각케 하고, 나아가서 진리와 덕을 갈구하도록 만드는 방법으로 사용함으로써 강적 스파르타와의 싸움에 휘말려든 위급존망의 아테네를 구하지 않으면 안 되었다. 이것이야말로 신탁을 통해서 자신에게 부과한 사명이라고 하는 결론에 도달했음이 틀림없다.

그는 무사히 귀환하자, 그 다음날부터 날마다 거리에 나가서 누구누구 할 것 없이 자기와 대화를 희망하는 자들과 문답을 하여 상대가 무지를 깨닫기에 이르기까지 인간 음미의 작업을 수행해 나갔다. 이와 같은 음미를 받은 자들 대부분은 자신의 무지를 알려 줘도 그 무지로부터 벗어나고자 하는 마음을 일으키지를 않고, 도리어 사람들의 면전에서 자신의 무지를 폭로한 소크라테스를 미워했다.

그러나 소수의 사람들은 그 결과 지식을 획득하고자 발분하여 그를 애모하게 되었다. 또 한가한 부잣집 자제들은 소크라테스의 교묘한 대화에 의해서 사람들의 무지가 폭로되는 것이 재미있어서, 그를 따라다니면서 구경을 하며 그의 논법을 설듣고 자기들도 부모나 노인들에게 그것을 시험해 보다가 곤경을 치르곤 했다. 확실히 이와 같은 사나이는 상식 속에만 갇혀 있는 선량한 시정배들에게는 참견을 잘하는 귀찮은 인물이었을 것이고, 정치가들에게는 매우 위험한 존재였을 것이 분명하다.

그러나 한편, 소크라테스는 이 사명을 위해 가사를 일체 돌보지 않고 외면했으므로 빈털털이와 같은 가난뱅이꼴이 되어 버렸다.

어느 날 소크라테스는 부자 손님을 초대했다. 그의 아내인 크산티페가 대접할 것을 아무것도 내놓지를 못해서 사람들에게 부끄럽다고 말하자, 그는 "염려 말아요, 그들이 이치를 아는 사나이들이라면 그걸 참아 줄 것이고, 만일 시시한 친구들이라면 그런 녀석들에게 그렇게 신경 쓸 필요조차도 없을 테니까"라고 말했다고 한다.

또 명문이요 부자인 알키비아데스는 집을 지으라고 넓은 땅을 제공하려고 했지만 소크라테스는 "나는 신발이 필요하나 만일 자네가 이것으로 신발을 만드십시오 하고 가죽을 준다고 하여 내가 그걸 받았다면 참으로 이상할 거야"라고 말했다든가, 또 그의 가난한 모습을 차마 볼 수가 없어서 카르미데스가 몇 명의 노예를 헌납하며 이들을 부려 수입을 올리도록 하라고 제의했지만, 그는 그것을 굳이 물리쳤다.

또 그의 제자라고 하는 아이스키네스는 "저는 가난해서 아무것도 드릴 것이 없으니까 이 몸을 바칩니다"고 말하자, 소크라테스는 "아니, 어째서? 너는 가장 좋은 것을 주고 있는데 그걸 모르느냐?"고 말했다고 한다.

그의 아내 크산티페는 여러분이 잘 아시는 대로 예로부터 악처의 표본처럼 되어 있다. 그녀에 관해서는 아들인 람프인클레스가 어머니의 잔소리는 누구도 참을 수 없을 것이라고 말했다든가, 안티스테네스(Antisthenēs, 기원전 455년경~360년경)[45]가 과거, 현재, 미래에 걸친 여자들 가운데서 가장 시끄러운 여자라고 말했다는 것이 전해진다.

이런 이야기도 있다.

---

45) 그리스의 철학자. 아테네 출신으로 소피스트들에게 배운 후 소크라테스의 제자가 되어 스승의 사후에는 아테네 근교의 키노사르게스 체육관에 학교를 열었다. 스승의 영향을 많이 받아 행복은 덕에, 덕은 지식에 근거하기 때문에 덕은 가르칠 수 있다고 말하지만 덕의 내용으로는 무욕과 고생을 중시, 국가와 전통적 종교의 무가치를 주장했다. 디오게네스 등에게 영향을 끼쳐 키니코스 학파의 시조로 보기도 한다.

크산티페가 사람들 앞에서 소크라테스를 나무라면서 구정물을 끼얹었을 때에 소크라테스는 말했다. "그것 보구려! 내가 말한 대로 크산티페가 으르렁대고 나면 그 다음엔 소나기가 온다고".

또 알키비아데스가 "부인의 잔소리는 참을 수가 없습니다"고 말하자 소크라테스는 "나는 이젠 완전히 단련이 돼 있지. 우물에서 도르래가 언제나 가랑가랑 소리를 내는 것이나 같지. 자네도 거위가 꽥꽥 우는 건 참아 낼 수 있을 거야"하고 대답했다. 그러자 알키비아데스는 "하지만 거위는 알을 낳아 주고 새끼를 까 길러 주고"라고 말하자 소크라테스는 "아니, 크산티페도 아기를 낳아 준다고"라고 대답했다.

또 언젠가 크산티페가 시장에서 소크라테스의 옷을 잡아 벗기려 하므로 친구들이 손으로 막으면서 왜 그러느냐고 충고했다. 그러자 소크라테스는 "그래야만 되겠지, 맹세코! 여러분이 우리가 싸우는 걸 보고, 소크라테스, 힘을 내라! 야아, 잘한다. 크산티페! 하고 응원하기 때문에"라고 말했다.

또 소크라테스는 "내가 잔소리쟁이와 함께 사는 건, 기수가 준마를 좋아하는 것이나 마찬가지지. 기수는 그 녀석을 잘 길들이고 나면 그 다음은 누워서 떡먹기라고. 나도 크산티페가 잘 길들여 주면 다른 사람들하고 잘해 나갈 수 있을 테니까"라고 말했다.

또 어떤 젊은이가 소크라테스에게 "결혼은 하는 게 좋습니까, 그렇지 않으면 안 하는 편이 좋을까요?"하고 물어 왔을 때에, 그는 "어찌하든지 자네는 후회하게 마련일 거야"라고 말했다고 한다.

그런데 소크라테스의 큰 사명도 그 진의를 이해하지 못하는 사람들에게는 소피스트의 언동과 아무런 차이가 없는 것처럼 생각되었다. 델리온의 패전 이듬해, 아직 펠로폰네소스 전쟁 중의 일인데, 초봄의 디오니소스 축제에서 아리스토파네스(Aristophanēs, 기원전 450년경~385년경)[46]라는 젊은 희극 시인이 「구름」이라는 제목의 희극을 공연하여 또다른 희극 작가와 상을 겨루었다.

---

46) 그리스의 희극 시인. 아테네인 필리포스의 아들로, 44개의 작품명이 알려져 있으나 완전한 형태로 전해지는 것은 11편이다. 「아카르나이의 사람들」「구름」「여인의 평화」「개구리」 등은 고대 희극에 속하여 정치, 시사 문제를 다루어 소피스트의 신사조와 배심법정의 우열성을 비판했고, 또 펠로폰네소스 전쟁의 조기 종결을 희망하는 아테네 농민의 입장에서 평화를 주장했다. 저서 「그리스 희극 전집」(2권)은 대작이다.

그 희극의 줄거리는 다음과 같다.

아테네의 선량한 시민인 스토랩시아데스는 승마에 미친 아들 덕택에 많은 빚을 지고 그 반제일(返濟日)을 앞두고 밤에도 잠을 이루지 못할 정도로 괴로 워한다. 그러다가 문득 이웃에 있는 '사상(思想)의 집'을 생각하게 된다. 그 곳에는 소크라테스와 안색이 나쁜 카이레폰 이하 많은 제자들이 살고 있다. 모두가 속옷도 입지 않고 허술한 한 벌의 외투를 입고 있을 뿐이고, 1년 내내 맨발로 지내면서 하늘을 올려다보거나 쭈그리고 앉아 땅을 들여다보기도 하며 열심히 무언가를 조사한다. 혹은 서로 의논을 하기도 한다. 들리는 바에 의하면 그들은 우리들 인간의 주위에 있는 하늘은 뜬숯을 만드는 항아리이고 그 속의 인간은 뜬숯이라고 말하고, '돈을 내면' 자기가 유리하건 불리하건 상대방을 설복시켜 재판에 이기는 방법을 가르쳐 준다는 것이다. 그리하여 스토랩시아데스는 곁에서 자고 있는 아들을 깨워 소크라테스의 제자로 들어갈 것을 부탁한다. 그런데 아무래도 말을 듣지 않는다. 하는 수 없이 그는 다음날 아침에 직접 '사상의 집'을 방문한다. 마침 소크라테스는 공중에 매달아 놓은 바구니를 타고 태양을 관찰하고 있다. 스토랩시아데스의 소원에 따라 내려온 소크라테스에게 "빚을 갚지 않아도 되는 방법을 가르쳐 주십시오. 그 교수료는 선생이 원하시는 대로 드리겠습니다. 그 돈은 신에게 맹세코 어김없이 지불하 겠습니다"라고 탄원을 한다. 그러자 소크라테스는 신이라는 것은 여러 가지 것을 기르고 또 여러 가지 모습을 하는 구름일 수밖에 없다고 해석을 한다. 이윽고 그도 그것을 믿는다. 그리하여 비로소 제자로 받아들일 것을 승낙한 다. 소크라테스는 두세 가지를 가르쳐 보지만 그는 기억력이 나쁘다. 그도 자기는 선생의 가르침은 도저히 알기 힘들다는 것을 깨닫고 집에 돌아가 다시 한번 아들에게 간절히 부탁을 한다. 이번에는 아들도 승낙을 했다.

마침내 빚을 갚을 기한이 5일 앞으로 다가왔으므로 상대방을 설복시킬 변론 술을 완전히 배워 깨달은 아들을 데리고 돌아온다. 그리하여 빚쟁이가 찾아오 자 스토랩시아데스는 소크라테스와 아들에게서 배운 새 지식을 총동원해 무난 히 빚쟁이를 격퇴시킨다. 그런데 같은 날에 아들하고 말다툼 끝에 실컷 얻어맞 는다. 게다가 그 아들은 배운 변론술로써 아들이 아버지를 때린 것은 정당하다 고 증명을 한다. 그와 같은 논증을 몇 마딘가 들은 그는, 이런 지경을 당한 것은 결국 나쁜 마음을 버리고 '바른'신을 공경해야 한다는 것을 가르쳐 주기 위한 것이었다고 깨닫는다. 그리고 마침내 신을 믿지 않는 소크라테스 따위를 고소하는 것을 귀찮게 생각하여 '사상의 집'에 불을 질러 집째 태워 그들을 죽이려고 한다. 불이 붙은 집 안으로부터 소크라테스와 그의 제자들이 연기

속을 헤치고 뛰쳐 나온다.
　(막이 내림)

　위의 희극은 3등상으로 판정을 받는데, 이 날 소크라테스는 무대에 서서
싱글벙글 웃으면서 자기 배역을 맡은 배우가 자기와 닮았는지 어쩐지를
관람객들에게 비교하게 했다는 것이다. 그러나 웃을 일이 아니다.
　훗날에 소크라테스가 법정에서 변명한 바에 따르면 그에 대한 오해와
중상은 멀리 이 희극에서 발단했던 것이다. 30년 가까이 끈 펠로폰네소스
전쟁이 끝나고 30인 전제 정부가 민주주의자들의 혁명에 의해 전복되고 세상
도 가까스로 평화로워진 기원전 399년 늦은 봄, 그 희극이 상연된 봄부터
세어서 24번째, 이미 소크라테스가 70세라는 소리를 들은 때이다. 무명의
젊은 시인 메레토스가 고소인이 되고, 유력한 민주 정치가이자 실업가이기도
했던 아뉴토스와 변론가인 리콘이 메레토스의 변호인이 되어 소크라테스를
고소했다. 그 고소장에는 이렇게 쓰여 있었다.

　　핏토스 구(區)의 메레토스의 아들 메레토스는 아로페케 구(區)의 소프로니
　　스코스의 아들 소크라테스를 상대로 다음의 고소장을 제출하고 그 사실에
　　상위가 없다는 선서를 했다. 곧 소크라테스는 나라가 인정하는 신들을 믿지
　　않고 괴이한 신을 도입한 죄가 있다. 또 청년들을 타락시킨 죄가 있다. 그 죄에
　　대해 요구하는 형벌은 사형이다.

　추천에 의한 500명의 아테네 시민들로 구성된 재판정에서 고소인과 변호
인은 각각 웅변으로써 그의 유죄를 주장했다. 이에 대해 소크라테스는 솔직
하게 그들의 주장이 멀리 아리스토파네스의 오해에서 비롯된 사실 무근한
것임을 지적하고 변명했다. 때로는 변명이라기보다는 오히려 재판관들을
훈계하는 듯한 말투였다. 그것이 재판관들에게는 잘난 체하는 거만한 태도라
고 느껴졌다. 투표 결과, 60표 차로 유죄가 결정되었다. 이어서 소크라테스가
고소인이 요구한 형벌(사형)에 대해서 이의를 제기하고 자신이 적당하다고
생각하는 형벌을 제시하게 되었다. 소크라테스는 아테네를 위해 신이 계시한
사명을 충실히 수행해 왔다고 믿고, 그 때문에 적수공권이 되어 버린 자신에
게 알맞은 형벌로서, 국가의 다른 공로자들처럼 앞으로 국비로 향응해 줄
것을 요구했다. 그러나 최후로 친구들의 간절한 권유에 따라서 30므나의

벌금을 제시했다. 역시 투표에 부쳐졌는데 이번에는 220표 차로 사형이 결정되었다.

그러자 그의 가장 열렬한 숭배자의 한 사람이었던 아폴로도로스(Apollodoros, 기원전 5세기)[47]라는 사나이는 눈물을 흘리면서 "소크라테스여, 당신이 아무 죄도 없이 사형에 처해지는 것을 보는 것은 정말 견디기 어렵습니다"라고 탄식했다. 그러자 소크라테스는 그의 머리를 부드럽게 쓰다듬어 주면서 "사랑하는 아폴로도로스여, 너는 내가 죄없이 사형에 처해지는 것보다도 오히려 죄가 있어서 사형에 처해지는 것을 보기를 희망하고 있었던가?"고 말하며 씽긋이 웃었다고 한다. 그러나 어떤 전기에는 위의 대화는 아내 크산티페와 주고받은 것으로 되어 있다.

또 재판 때에 방청을 와 있던 플라톤은 소크라테스를 변호할 양으로 단상으로 뛰어올라가서 "아테네 시민 여러분, 나는 일찍이 이 단상에 올라온 자 중에서 가장 젊지만,"이라고 말하자마자 재판관들로부터 "내려와! 내려와!"하고 꾸짖음을 당했다고 한다. 플라톤은 당시 27, 8세의 청년이었다.

사형 집행은 보통 사형이 확정된 다음날 행해졌는데, 이 때는 마침 델로스 섬의 제례가 시작되었으므로 그것이 끝날 때까지 연기되었다. 그 제례 중에는 피를 흘리는 일을 삼가는 것이 관습으로 되어 있었기 때문이다. 그리고 그 기간이 끝나는 것은 아테네로부터 델로스 섬으로 파견된 제선(祭船)이 항구로 되돌아오는 때였다. 제선은 무언가의 사정으로 예상 밖으로 왕복 30일을 요했다. 그 동안 소크라테스는 매일 찾아 주는 친구들을 상대로 여느 때와 조금도 다름이 없이 정말 즐거운 듯이 이야기하면서 사형의 날을 기다렸다. 아마 델로스 섬의 대제일은 아폴론(Apollōn)[48]과 아르테미스(Artemis)[49]의 생일을 축하하는 날이며, 전설이 진실이라면 또한 소크라테스의 생일이기도 한데, 옥중에서 그는

    어서 오소서, 델로스의 주인 아폴론이여!

---

47) 그리스의 화가. 아테네 태생으로 색채의 농담과 음영에 의해서 그림에 입체감을 주는 화법을 창안, 그 기량을 인정받아 음영 화가로 불린다.
48) 그리스 신화에 나오는 올림포스 12신의 하나로 음악, 궁술, 예언, 의술, 목축의 신. 제우스와 레토의 아들로 아르테미스와 쌍둥이로 델로스 섬에서 태어났다.
49) 그리스 신화에 나오는 올림포스 12신의 하나로, 아폴론과 쌍둥이인 여동생. 야수로

　　어서 오소서, 아르테미스여! 품격 높은 아들들이여!

라는 귀절로 시작되는 찬가를 지었다고 한다.

　　한편, 그의 친구들은 그 동안 비밀리에 탈옥 준비를 갖추어서 소크라테스에게 재삼 권면해 보았다. 제선이 항구로 들어오고 있다는 보고를 듣고 늙은 친구인 클리톤은 밤중에 몰래 그를 찾아가 다시 한번 탈옥을 권했다. 아니 권했다기보다 애원을 했다. 그러나 그는 국법에 반하는 부정한 짓을 한 것도 아니고 죽음을 두려워해야 할 하등의 이유도 없다고 말하고 끝내 승낙하지 않았다.

　　마침내 최후의 날이 왔다. 전날 밤부터 아내 크산티페는 어린 자식들——그 밖에도 두 아들이 있었지만——과 함께 소크라테스 곁에서 보냈다. 아침 일찍 찾아온 친구들의 모습을 보자마자 울음을 터뜨리며 "소크라테스, 드디어 이것이 마지막이군요. 친구들이 당신에게, 당신이 친구들에게 이야기를 하는 것도 이제는"이라고 울먹였다(이런 점을 보면 크산티페도 그다지 악처는 아닌 것 같군요). 그래서 소크라테스는 그녀를 집으로 데려가게 했다. 그리고 친구들과 오랜 시간에 걸쳐 '영혼의 불멸'에 관해서 변함없이 침착하게 문답을 했다.

　　봄날의 해는 벌써 서산 끝에 걸려 있었다. 독인삼을 담은 잔이 소크라테스에게 건네졌다. 그는 안색 하나 변하지 않고 능숙한 솜씨로 단숨에 들이켰다. 친구들은 이젠 눈물만 흘리고 앉아 있을 수밖에 없었다. 그 중에는 흐느껴 우는 자도 있었다. 소크라테스는 그들을 위로하며 옥리의 지시에 따라 잠시 동안 방안을 서성이고 있었는데, 다리가 점점 무거워졌으므로 침대에 드러누워 얼굴을 가렸다. 독은 발끝에서부터 위로 위로 서서히 올라왔다. 이미 배 부분까지 차가워졌을 때였다. 그 때 그는 잠깐 얼굴 덮개를 벗기고 "아, 클리톤, 의신(衣神) 아스클레피오스한테 수탉 한 마리 빌린 게 있군. 제발 갚아 주게나, 잊지 말고"라고 말했다. "알았네. 그런데 그 밖에 또 할 말은 없는가?"하고 클리톤이 물었지만 이미 아무 대답도 없었다.

　　이것이 플라톤이 말하는 "사람들 중에서 가장 착하고, 가장 지식이 깊고, 가장 정의로웠던 사람의", 그리고 한 가지 덧붙인다면 "진정한 의미에서

　가득 찬 산이나 숲을 지배하는 아름다운 처녀신.

가장 용감했던 사람의" 최후였다. 전하는 바에 의하면 소크라테스가 바로 독인삼의 잔을 마시려고 할 때에 아폴로도로스가 "부디 이걸 입고 돌아가십시오"하고 훌륭한 죽음의 나들이옷을 선물하자, 소크라테스는 "뭐야? 내가 입은 옷이 입고 살기에는 지장이 없는데 입고 죽기에는 너무 허름하다는 말인가?" 하고 말했다고 한다.

그런데 소크라테스가 죽은 후, 비극 시인인 에우리피데스는 아테네인을 책망하며 "너희들은 뮤즈[50]의 매우 현명한 휘파람새(봄이 옴을 알리는 새)를 죽여 버렸어. 죽여 버렸다고!"하고 탄식했다고 한다. 그러나 에우리피데스는 소크라테스보다 앞서 죽었다고 말하는 사람도 있다. 또 아테네인들은 소크라테스의 사형 후, 이것을 후회하여 소크라테스가 생전에 곧잘 젊은이나 소피스트들을 붙잡고 이야기를 나눈 씨름판이나 체육관을 폐쇄하고 그의 죽음을 가슴 아파했다고 한다. 또 메레토스를 사형에 처하고 그 밖의 고소자들을 추방했다. 추방당한 아뉴토스는 헬라클레이아로 도망쳐 나오자 여기에서도 시민들은 그 날로 추방했다느니, 혹은 아테네 시민은 조각가인 리시포스(Lysippos, 기원전 4세기 후반)[51]에게 소크라테스의 동상을 만들게 하고 이를 폼페이언(보물상자)에 장식하여 그 공을 기렸다고 전해진다.

소크라테스의 이야기는 아직도 많은 자료들이 남아 있지만 너무 길어졌기 때문에 이 정도로 해 두자. 게다가 그는 '청년의 덕'은 무엇인가 하는 질문에 '지나치지 않는 것'이라고 대답했다고 하니까. 나는 유감스럽지만 아무리 보아도 청년은 아니지만, 여러분은 소크라테스가 "장래가 넉넉해서 미지수인 자라"하여 시종 그 대머리를 숙여 인사를 했다는 청년들이니까. 소크라테스에 대해 관심이 많은 분은 「소크라테스의 죽음」을 읽기 바란다.

---

50) 그리스 신화에 나오는 시의 신. 제우스와 무네모쉬네의 딸들로 아홉 명의 여신. 음악, 예술, 극, 시, 천문을 관장함.
51) 그리스의 조각가. 시키온인으로 수많은 청동상을 만들었다. 대표작은 「알렉산드로스 대왕」 「땀먼지를 쏠어 내는 사람(아폭쉬오메노스)」 등. 헬레니즘 미술에 많은 영향을 미쳤다.

제 11 야
아리스티포스

소크라테스에게는 다양한 제자가 있었다. 물론 그는 "자신은 아무것도 모른다"고 자각했기 때문에 결코 선생연하며 "내게는 훌륭한 제자가 있다"는 식으로 말한 적은 없다. 그에게는 모두가 동문의 선비들이다. 자신들은 아무것도 모르는 자라는 사실을 알고, 거기에서부터 뭔가 확실한 것을 알고자 함께 노력하는 사람들이다. 그는 재판정에 서서 "여러분이 만일 누군가로부터 내가 남을 교육한다고 참칭(僭稱)하고, 게다가 이에 대해 사례를 요구한다는 말을 들었다면 그것은 사실 무근이다"라고 단언했다. 그러나 여기서 소크라테스의 제자라 함은 그와 교제하여 영향을 받은 사람들을 말한다. 그런 사람들은 많이 있다. 그런데 그 많은 사람들의 이야기를 다 하고 있으려면, 시간이 너무 많이 걸려서 큰일이니까, 대표적 인물 두세 명만을 다루어 보기로 하겠다. 우선 오늘 저녁에는 여러분이 잘 아시는 쾌락론자인 아리스티포스(Aristippos, 기원전 435년경~356년 이후)[52]로부터 시작해 보자.

아리스티포스는 아프리카의 북부 해안에서 가까운 키레네라는 번화한 도시에서 기원전 435년경에 태어났다. 그렇지만 그는 결코 아프리카의 토인

---

52) 그리스의 철학자. 키레네 태생으로 아테네로 나와 소피스트에게 배운 후 소크라테스와 사귀었다. 각지를 편력했고 '실라쿠사의 디오니시오스 1, 2세의 궁정에도 체재했다. 고국에서 학교를 개설, 키레네 학파의 시조가 된다. 확실한 것은 감각뿐이므로 육체적 쾌락이 행위의 목적으로서 선이요 행복이지만 지식도 필요하다고 주장했다.

은 아니다. 키레네는 기원전 7세기에 그리스인들의 손에 의해 건설된 식민
도시이다. 그는 20세쯤에 그 곳으로부터 봇짐을 지고 멀리 꽃의 도시 아테네
로 올라왔다. 거기에서 소피스트들, 특히 프로타고라스의 가르침을 받은
모양인데 소크라테스와도 친하게 지냈다. 어떤 사정에서였는지 그는 아이기
나에 가고 없어서 소크라테스의 임종의 자리에는 참석치 못했었다고 플라톤
은 말한다. 덧붙여 말하지만 플라톤도 그 자신에 의하면 병 때문에 역시
가지 못했다고 한다. 그 후 시칠리아 섬의 실라쿠사의 참주인 디오니시오스
1세와 그 아들인 2세[53] 밑에 있은 적이 있다. 플라톤과도 두 차례나 그 궁정
에서 만났던 것 같다. 최후에는 고향 키레네로 돌아가 학교를 열었던지, 그의
사상을 받아들인 무리를 키레네 학파라고 부른다. 그 밖에도 여러 도시를
돌아다니며 소피스트처럼 가르쳤던 것으로 생각된다. 아리스토텔레스는
그를 소피스트의 한 사람으로 꼽는다. 그리고 또 소크라테스의 제자들 가운
데서는 소피스트들처럼 돈을 받고 가르친 것은 그가 최초였던 것 같다. 이
때문에 "명색이 소크라테스의 제자이면서 교수료를 받다니, 참으로 괴이한
지고"라고 그를 비난한 동문이 있었다.

　그런 비난을 받자, 그는 시원스런 얼굴로 "뭐, 상관있습니까? 소크라테스
도 사람들이 쌀이나 술을 주면 받으셨는걸. 물론 다 먹은 건 아니고 나머지
는 되돌려 주었지만…… 그것도 스승이야 아테네 최상류급 사람들을 파트롱
으로 가지고 있었기 때문이지. 내 경우에는 돈 주고 산 노예 유튀키데스밖엔
가진 게 없으니까"라고 대답했다. 또 언젠가는 "나는 내가 쓰기 위해 돈을
받는 건 아니다. 무엇을 위해 돈을 써야만 하는가를 가르쳐 주기 위해서지"
라고 대답한 적도 있다고 한다. 또 어떤 사나이가 자기 아들을 데리고 와
제자로 삼아 달라고 하자, 그는 500드라코마의 교수료를 요구했다. 500드라
코마라면 프로타고라스가 요구한 액수 100므나에 비하면 굉장히 싼 값이
다. 1 드라코마는 1므나의 100분의 1이니까 20분의 1에 해당한다. 물론 화폐
가치의 변동은 있었을 것이다. 그러자 그 사나이는 놀라며 "그만한 돈이
있으면 노예 한 사람을 사겠습니다"하고 말했다. 이 말을 들은 그는 의기양

---

53) 디오니시오스 1세는 독재 장군으로 출발, 시칠리아 섬의 칼타고 군대 등과 전쟁을
　되풀이해 국세를 확장했으나 문학, 예술을 애호해 스스로 비극도 썼고, 플라톤 및
　아리스티포스 등을 궁정에 초대하곤 했었다. 아들 2세도 문예를 사랑했으나 정치가
　로서는 무력했다.

양해져서 "그럼 그렇게 하시구려. 그러면 당신은 두 명의 종을 거느리게 되겠군요." 하며 내쏘았다.[54] 또 그가 소크라테스의 곁을 떠나서 디오니시오스 왕에게로 간 것을 비난한 자가 있었다고 한다. 그러자 그는 "내가 소크라테스에게로 간 것은 파이데이아 때문이지만, 디오니시오스 왕을 찾은 것은 파이디아 때문이다"라고 대답했다(이 두 말은 '교양'과 '휴양'이라고 하겠는데, 우연히도 그리스어의 발음이 언어 유희에 어울렸다고나 할까).

또 디오니시오스 왕이 그에게 "무엇 때문에 너는 내게로 왔는가?"라고 물었다. 그는 "제가 가진 것을 드리고 제게 없는 것을 받아내기 위함이옵니다"라고 대답했다. 또 어떤 사람들이 말하는 바에 따르면 더 단도직입적으로 "지혜를 필요로 할 때는 언제나 소크라테스에게로 갔던 것이옵니다. 그러나 지금은 돈이 필요하므로 폐하에게로 찾아왔사옵니다"라고 대답했다고 한다.

또 디오니시오스 왕에게 "부자들은 전혀 철학자의 문을 두드리지 않는데, 철학자는 무슨 일로 부잣집 문을 두드리는가?"하는 질문을 받고, 그는 "철학자는 자기에게 필요한 것을 알고 있습니다만 부자들은 자기에게 꼭 필요한 것을 모르기 때문이옵니다"라고 대답했다고 한다.

또 마찬가지로 어떤 사람이 "나는 철학자들을 부잣집의 저택에서 곧잘 볼 수가 있는데요"하며 너무나도 비아냥거리는 말투로 말했다. 그러자 그는 "의사는 병자들의 집을 찾죠. 그러나 그렇다고 해서 누구라도 의사보다 병자가 되고 싶다고 희망하지는 않을 테죠"라고 응수했다.

또 언젠가 그는 그 친구를 위해 왕에게 어떤 일을 부탁했다. 왕은 도저히 들어주려고 하지를 않았다. 그러자 그는 왕의 발 아래 엎드려 마침내는 승낙을 받아내고 말았다. 이와 같은 비굴한 그의 태도를 비웃는 자가 있었다. 그러자 그는 시치미를 뚝 떼고 말하기를 "비웃음을 살 사람은 내가 아니고 오히려 발에 귀를 가지고 있는 디오니시오스 왕이지"라고 말했다.

또 언젠가 왕에게 각각 그 소망을 아뢰어 아리스티포스는 돈을, 플라톤은 책을 받았다. 이를 본 어떤 사람이 아리스티포스의 괴이한 행동을 힐난했다. 그러자 그는 "내게는 돈이 부족하지만 플라톤에게는 책이 부족하기 때문이다"라고 변명했다고 한다.

---

54) 돈이 아까워서 아들을 가르치지 않으면 그 아들도 종이 된다는 뜻인 듯.

또 언젠가 왕은 술자리에서 모두에게 빨간 옷을 입고 춤을 추라고 명했다. 그 때 플라톤은 "여인의 옷을 차마 입을 수 없어" 라는 에우리피데스의 시구를 인용하여 이를 거절했는데, 아리스티포스는 분부대로 빨간 옷을 입고 바로 춤을 추러 나서면서 마찬가지로 에우리피데스의 시구를 가지고 "주신(酒神)의 잔치에 있어도 어진 여인은 몸을 더럽히지 않나니" 라고 교묘하게 응수했다고 한다.

또 언젠가는 왕에게서 철학을 가르쳐 달라는 강요를 받고 "무엇을 말할 것인가를 내게 배우려고 하시지 않는 폐하께서 언제 말할 것인가를 내게 배워 보시겠다는 건 이상한 일이 아닙니까?"하고 말했다고 한다.

또 어느 날은 왕이 그에게 가래침을 뱉었지만 그는 잘 참고 있었다. 이를 또 비난하는 사람이 있었다. 그러자 그는 "돔을 잡기 위해 어부는 바다의 풍랑을 이겨낸다. 금은보화를 얻기 위해 나도 칵테일의 거품을 참아 내야 않겠는가"라고 대답했다고 한다.

이상의 여러 이야기들은 그의 원활한 성격과 융통성이 많은 태도를 보여주는데 그것은 그의 철학에 힘입은 바가 클 것이라고 생각된다. 철학에서 무엇을 얻었느냐는 질문을 받고 그는 "겁내는 일이 없고 누구라도 사귈 수 있는 능력이다"라고 대답했다고 한다. 그러므로 이 쾌락론자에게도 교양, 특히 철학은 중요한 것이었다. 그는 "교양 없는 자가 되기보다는 오히려 거지인 편이 낫다. 거지에게 부족한 것은 돈이지만 교양 없는 자에게 부족한 것은 인간성이기 때문이다"고 말했다고 한다.

또 수영을 잘한다고 뽐내는 사나이에게 "고작 물고기가 잘하는 짓을 가지고 으스대다니, 너는 부끄럽지도 않는가?"라고도 말했다고 한다.

또 술을 많이 마시고도 취하지 않는다고 뽐내는 애주가에게 "그건 당나귀도 할 수 있다"고 말했다.

또 언젠가는 "현자(賢者)는 우자(愚者)와 어디가 다른가" 하는 질문을 받고 "두 사람을 발가벗겨서 그들을 모르는 사람들에게로 데려가 보라. 그러면 곧 알 것이다"라든가, 혹은 "길들여진 말이 길들여지지 않는 말과 다른 것과 꼭 마찬가지다"라고 대답했다고 한다. 그러나 또 박학다식을 자랑하는 자에게는 "무조건 많이 먹는 사람이, 자기가 필요한 만큼 먹는 사람보다 튼튼하다고 말할 수만은 없다. 그와 마찬가지로 많은 책이 문제가 아니라 유용한 책을 읽는 자가 훌륭한 것이다"라고 말했다고 한다.

또 언젠가 디오니시오스 왕이 소포클레스의 시구를 인용하여

　나그네가 되어 왕의 어전에 있는 자는
　이 모두 왕의 노예거니, 아서라 자유의 몸이 되어야지.

라고 말했다. 이에 아리스티포스는 역시 소포클레스의 시구를 인용하여 응대하기를

　노예가 아니다, 자유의 사람으로 왔다면.

이라고 대답했다고 전한다. 아리스티포스는 '겉보기'야 어쨌든 '내심' 아무것에도 구애됨이 없는 '자유'가 자신에게는 있다는 뜻으로 말한 것이었으리라. 이와 관련해서 여러분은 그가 명기(名妓) 라이스와의 사이에 관해서 말했다고 하는 유명한 말이 연상되지 않는가? 그것은 "나는 라이스를 소유하고 있긴 하지만 내 것은 아니다"고 한 말인데, 그러나 여기에는 다음과 같은 말이 이어진다. "쾌락을 이겨 내고 거기에 지지 않는 것이 가장 옳은 일이지 그것으로부터 멀어지라는 말은 아니기 때문이다."

　또 언젠가 그는 젊은이들을 데리고 요정에 들어갔는데 그 중 한 사람이 얼굴을 붉혔으므로 "들어가는 것이 위험한 건 아니지. 거기에서 빠져 나올 수 없는 것이 문제이다"라고 말했다고 한다.

　그는 또 어떤 사람으로부터 기생과 동거하는 것을 비난받았다. 그러자 그는 소크라테스의 논법을 흉내낸 것은 아닐 테지만 "여태까지 많은 사람들이 살아온 집에 사는 것과, 아직 아무도 산 일이 없는 집에 사는 것과 설마 차이는 없겠지?"하고 물었다. 상대방은 "없죠, 물론!"이라고 대답했다. 그래서 그는 다시 "또 전에 수만 명의 사람들이 항해한 배를 타고 여행하는 것과, 누구 한 사람도 항해한 적이 없는 배로 여행하는 것과 차이는 없을 테지?"하고 물었다. 상대는 또 "없다"고 대답했다. "그럼 많은 사람들과 어우러졌던 여자하고 함께 사는 것과, 아직 누구하고도 어우러져 본 일이 없는 여자와 사는 것과도 차이는 조금도 없을 테지"하고 결론을 내렸다고 한다.

　또 어떤 기생으로부터 당신의 아이를 가졌습니다 하는 소리를 듣고 "알게 뭔가? 네가 그 많은 풀숲을 빠져 나가서 이 가시에 찔렸다고 말하는 것이

나 같지"라고 말해, 궁지를 면했었다고 한다. 과연 쾌락론자인 아리스티포스다운 언행 같지 않은가.

그런데 그는 몹시 사치스런 생활을 하여 이에 대해서도 비난의 목소리를 높였던 자들이 적지 않았던 모양이다. 그러나 그는 "만일 살아 있는 인간이 호화로운 생활을 하는 게 나쁘다면 신들에 대한 제례에서도 그렇게 해서는 안 될 것이다"라고 천연덕스런 얼굴로 말했다.

또 언젠가는 그의 호화로운 식사를 비난한 자가 있었다. 그는 "자네는 그게 서푼이었다면 사지 않았겠는가?"고 물었다. 상대는 "그렇다"라고 대답했다. "그러면 쾌락을 사랑하는 것은 내가 아니라 돈을 아끼는 자넬세그려"라고 그는 말했다.

또 어느 날은 소피스트인 폴리크세노스가 그를 찾아갔는데, 그는 예쁜 기생을 옆에 앉히고 좋은 안주에 값비싼 술을 마시고 있었으므로 이를 비난했다. 아리스티포스는 한참 후에 "오늘은 자네도 나와 함께 어울리지 않겠는가?"라고 그에게 물었다. 폴리크세노스는 "그건 좋지"하고 승락했다. 그러자 그는 "그러면 자네는 어째서 나를 나무랐지? 자네는 남의 행동은 사치스럽게 보이고 자기가 하는 짓은 그렇게 못 느끼나 보군"이라고 말했다.

또 그는 어느 날 디오니시오스 왕의 대신인 시모스가 대리석을 깐 복도가 있는 저택을 안내하며 의기양양한 얼굴을 하고 있었으므로 그의 면상에다 탁 가래침을 뱉었다. 그 대신은 발칵 화를 냈다. 그러자 그는 조용히 말했다. "아, 미안하오. 달리 적당한 곳이 없으니까 어쩔 수 없었소."

어느 날 그는 배를 타고 여행을 하고 있었다. 그는 그 배가 해적선임을 알아차리고 주머니에서 돈을 꺼내어 세기 시작했다. 그러다가 마치 실수라도 한 듯이 그 돈을 바닷물에 떨어뜨리고, 아이쿠! 하고 엎드려 울었다. 훗날 그는 "이 아리스티포스가 돈 때문에 망하느니보다는 돈이 아리스티포스를 위해 없어지는 편이 좋은 일이다"라고 말했다는 것이다.

이것도 역시 그가 바다 여행을 하던 때의 이야기다. 항해 중에 폭풍을 만나자 그는 어찌할 바를 몰랐다. 그 광경을 본 다른 손님이 "우리 같은 보통 사람이 놀라지 않는데 명색이 철학자인 당신이 그렇게 두려워하다니, 그 철학이란 게 가짜가 아니오?"라고 비꼬았다. 그러자 그는 "우리 두 사람은 같은 영혼을 가지고 경쟁하는 건 아니오"라고 대답했다고 한다.

또 어느 날 여러분도 잘 아시는 거지 철학자 디오게네스가 야채를 씻고 있는데 아리스티포스가 그 곳을 지나갔다. 그의 모습을 알아본 거지 철학자는 "만일 자네가 푸성귀 맛을 일찍 알았던들 그 권문세가로 파고들어갈 필요는 없었을 텐데"라고 욕을 했다. 그러자 그는 미소를 지으면서 "자네가 만일 사람과 교제하는 방법을 일찍이 터득했던들 그런 야채 따위 씻지 않아도 되었을 텐데"라고 되받아쳤다고 한다.

또 언젠가 소크라테스에게서 "너는 도대체 어디에서 그렇게 많은 돈을 얻었는가?"라는 질문을 받고 "당신이 약간의 돈을 얻으셨던 곳에서입니다"라고 대답했다고 한다. 그러나 그는 아무리 돈을 많이 벌어도 그 돈에 짓눌려 자기 자신을 잃을 사나이는 아니었던 것이다. 언젠가 돈을 운반하는 그의 하인이 무거운 듯 끙끙거리는 것을 보고, "나머지는 버려 두고 가져갈 만큼만 가져가자"라고 말했다고 한다.

쾌락을 사랑하면서도 쾌락 속에 살지 않는 참으로 자유분방한 사나이가 아닌가. 이 모든 것으로부터의 자유, 거기에서 그는 소크라테스의 제자임을 잘 보여 준다. 플라톤의 제자 한 사람이 그에게 "자네는 훌륭한 옷을 입고도, 또 남루한 옷을 입고도 아무렇지 않게 태연히 걸어 돌아다닐 수 있는 재능을 타고났다"고 칭찬했던 것도 그 때문일 것이다. 그는 어느 때이든, 어느 곳에서든, 또 어떤 환경 속에서라도 쾌락을 끌어낼 수가 있었다고 전해지는데, 실제로 그라면 그랬을 법하다. 그는 자기의 학설에서는 적극적인 쾌락주의를 주장은 했지만 그의 딸 아레테에게는 역시 소크라테스처럼 "도를 지나치지 않는 게 중요해"라고 가르쳤다는 것이다. 이것은 그리스 일곱 현인 이래의 전통적인 그리스인들의 지혜인 것 같다. 덧붙여 말하는데 이 아레테도 여자이면서도 아버지의 직업을 이어받았고 또 그 아들에게도 가르쳤다. 이 아들은 할아버지의 이름을 받아 아리스티포스라고 했으므로 혼동을 피하기 위해서 '어머니에게 배운 아리스티포스'로 구별된다.

그는 사람들로부터 소크라테스가 어떻게 죽었는가 하는 질문을 받고 "내가 스스로 원하고 있는 것처럼"이라고 대답했다고 하는데 아마 그도 죽음을 두려워하지 않고 저세상으로 갔을 것이다.

제12야
안티스테네스

소크라테스의 제자 중에서 어젯밤에 말한 아리스티포스와는 대조적이라고 할 만한 인간이 안티스테네스이다. 그러나 이 두 대조적인 인물은 공통적으로 외부의 세계에 사로잡히지 않는 내면의 자유를 지니고 있었다. 이런 점에서 그들은 같은 소크라테스의 제자임을 보여 준다.

안티스테네스의 아버지는 역시 안티스테네스라고 하는 아테네 시민이었는데, 그의 어머니는 트라케인이었다. 트라케는 노예나 용병(傭兵)의 본고장으로 유명했다. 여러분은 아직도 기억하고 계실 것이라고 생각하는데, 탈레스가 천문 관측에 넋을 잃고 우물에 빠졌을 때 이 '철학의 아버지'를 비웃은 것은 트라케 출신의 여종이었다. 또 원래는 피타고라스의 노예였다가 후에 신흥 종교의 교조가 된 자르모크시스도 역시 트라케 출신이다. 철학적 시인인 크세노파네스는, 트라케인은 자기들의 생김새로 미루어 그 신을 파란 눈에 빨간 털이 있다고 생각한다고 야유했다. 안티스테네스는 버젓한 아테네 시민을 아버지로 하여 아테네에서 태어났어도 어머니가 아테네인이 아니었기 때문에 아테네 시민권을 가질 수가 없었다. 부모가 모두 아테네 시민이 아니면 아테네 시민일 수 없다는 법률이 페리클레스의 시대부터 통용되어 온 것이다. 이런 까닭에 안티스테네스는 어머니가 트라케인이라고 해서 욕을 먹었다. 그러자 그는 "그리스의 신들의 어머니도 역시 푸리기아인이었다"고 말하기도 하고, 또 "나의 부모님은 씨름꾼은 아니었다. 그래도 나는 씨름꾼이지" 하고 말하기도 했다고 한다.

또 소크라테스도 "안티스테네스의 어머니도 트라케인입니다"라고 말한 사람에게, "너는 아테네인 부모 사이에서 태어난 것을 그렇게도 고귀한 것으로 생각하고 있었느냐?"고 반문했다고 한다.

또 그는 안티스테네스가 타나굴라의 전쟁에서 용맹을 떨쳤을 때에 "만일 그의 부모님이 아테네인이었다면 그는 이만큼 용감하지는 않았을 것이야"라고 말했다고 한다. 이것은 소크라테스가 재산이나 출생은 그의 덕행과는 아무런 상관이 없는 것이라는 사실을 아테네인들에게 알게 해 주려 했던 것으로 해석된다. 안티스테네스 자신도 "우리는 흙에서 태어난 자"라고 말하며 뽐내는 아테네인들에게 "그러면 너희들은 뱀이나 구더기보다 조금도 훌륭한 출생이 아니라"고 도리어 경멸했다고 한다. 아테네인들은 그 조상이 인간으로부터 태어난 것이 아니고 대지(흙)로부터 태어났다고 말하며 그 전통을 자랑하고 있었던 것이다.

그는 처음에는 소피스트인 고르기아스의 제자가 되었던 것 같다. 또 다른 소피스트들에게도 강의를 들었던 모양이지만, 후에는 소크라테스의 제자가 되었다. 소크라테스의 임종에도 자리를 함께 했다. 그는 아테네 외항인 페이라이에우스에 살았는데 그 곳으로부터 날마다 5마일쯤 되는 길을 소크라테스에게로 찾아 들고, 계발되는 바가 매우 많았으므로 자기 자신의 제자에게도 마찬가지로 소크라테스의 제자가 될 것을 권유했다는 것이다.

그는 아리스티포스와는 반대로 쾌락을 증오하고 고통을 좋은 것으로 여겼다. 그리고 "나는 쾌락을 느낄 정도라면 차라리 미치광이가 되는 편이 나으리라"고 말했다고 한다.

또 어떤 사람이 "어떤 여자와 결혼하면 좋을까요?"라고 그에게 물어 왔을 때, "만일 여자가 너무 미인이라면 자네 혼자만의 아내가 되기란 어려울 것이고, 만일 또 추녀라면 값이 비싸게 먹히게 될 테지"라고 대답했다고 한다.

또 어느 날 간통한 남자가 목숨만 겨우 건지고 도망쳐 가는 것을 보고 "가엾은 녀석이다. 돈으로 이러한 위기를 모면할 수 있을 텐데"하고 말했다고 한다.

또 그는 "아첨배들에게 시달리느니보다 까마귀에게 엄습을 당하는 편이 낫다. 까마귀는 송장을 뜯어먹지만, 아첨배들은 살아 있는 사람을 뜯어먹으

려 드니까"라고 말했다고 한다. 이 말은 그 나름대로 재미가 있는데, 그리스
어에서는 '까마귀'나 '아첨배'가 다 '코라쿠스'로 들리는 말이라고 한다. 즉
언어 유희로 되어 있는 것이다.

또 언젠가 그는 오르페우스 교(教)라는 이른바 신흥 종교의 비의(秘儀)
를 받으려고 했는데 그 때 사제가 "이 비의를 받은 자는 하데스(저승)에
가서 많은 아름다운 것을 나누어 주는 역을 맡게 될 것이오"라고 말했다.
그러자 그는 "그럼 왜 당신은 죽지 않으시는 겁니까?"하고 말했다고 한다.

또 인간에게 무엇이 가장 행복한 것인가라는 질문을 받고, 그는 행복하게
죽는 것이라고 대답했다.

또 그는 "왜 당신에게 이렇게 제자가 적습니까?"하고 질문하자, "그들을
은(銀) 채찍으로 때려 주니까"라고 대답했다고 하는데, 이것은 그의 교수
방법이 준엄하였다는 것을 의미하는 말이라고 여겨진다. 그는 "왜 그렇게
제자들에게 엄격하십니까?"하는 질문에, "의사가 병자들에게 엄격하게 대하
는 것과 같다"고 말했다고 한다. 그는 마음의 의사로서 일했는지도 모르겠
다.

또 언젠가는 한 친구가 그에게 강의 공책을 잃어버렸다고 불평을 하자
"자네는 그걸 마음에 새겨 두어야 했었네. 종이에 말고 말일세"라고 위로했
었다고 한다. 여러분도 마음에 새겨 넣어야만 하지 않겠는가.

또 그는 나쁜 사람들과 함께 어울린다는 이유로 비난을 받았으므로, "의사
도 하고많은 날을 병자와 함께 있다. 그러나 그 때문에 열병에 걸리는 일은
없다"고 말했다.

또 나쁜 사람들로부터 칭찬을 들었을 때에는 "무슨 나쁜 짓이라도 한 건
아닌가 해서 살고 싶은 마음이 없다"고 말했다.

또 "나라는 보잘것 없는 자와 훌륭한 자의 구별을 할 수 없게 되었을 때
망한다"고 말했다고 한다.

또 어떤 사람이 "사치는 좋은 것이다"라고 말한 때에 "원컨대, 원수의
아들들이 사치스럽게 살도록"하라고 응수했다는 것이다.

또 어느 조각가의 모델이 되어 우스꽝스런 모습을 하고 있는 청년을 보고
그는 이렇게 말했다. "만일 동상이 말을 할 수가 있다면, 그건 무얼 자랑하려
고 하는지 내게 말 좀 해 주구려" "미(美)를"이라고 대답하자, "그럼 자네는
혼이 없는 것과 똑같은 흉내를 내는 일을 기뻐하는 것이 부끄럽다고는 생각

되지 않는가?"라고 말했다.

그런데 안티스테네스는 플라톤과 같은 제자이지만 두 사람 사이는 별로 좋지는 않았던 것 같다. 플라톤이 그를 나쁘게 말한다는 소리를 듣고 "좋은 일을 하고 나쁜 소리를 듣는 것은 왕자다운 일이지"라고 말했다고 하는데, 그러나 그는 곧잘 플라톤을 자만심이 강한 녀석이라고 비웃었다고도 한다.

어느 날 병중에 있는 플라톤을 찾아가 플라톤이 토하고 있던 그릇을 보고 그는 "쳇! 거드름을 피우지 않고 담즙을 토해 내고 있어?"라고 말했다고도 한다.

또 언젠가는 플라톤과 함께 제례 행렬을 구경하러 나가서 기운이 콸콸 넘쳐 보이는 말이 지나가는 것을 보고, 플라톤에게 "자네도 역시 가슴을 쫙 펴고 뽐내고 있는 저 말 같다고 생각되는데"라고 하며 그를 경멸했다고 한다. 그리고 그가 이런 말을 한 것은 플라톤은 언제나 말을 칭찬했기 때문이라고 한다.

또 그는 플라톤의 이데아론을 반박하기를 "오오, 플라톤이여, 나는 이 말을 보기는 하지만 말다운 것을 보지는 못했다"라고 말했다. 그러자 플라톤은 "그것은 자네한테 그걸 볼 수 있는 눈이 없기 때문이지"라고 대답했다고 한다.

플라톤은 현존한 「대화편」에서 안티스테네스의 이름을 들고 있는 것은 단 한번뿐인데 그것도 소크라테스의 임종에 불참했었다는 사실을 말했을 따름이다. 그의 일은 잘 생각하지 않았던지, 그가 비판의 예봉(銳鋒)을 휘두른 학설 가운데는 안티스테네스의 것이라고 생각되는 것이 있을 정도이다. 그의 「소피스테스」에서 '만학자(晩學者)'라고 부른 것은 그를 가리키는 말인 것 같다. 전하는 바에 의하면 두 사람의 관계가 시작된 것은 다음과 같다.

어느 날 안티스테네스가 자신이 쓴 글을 여러 사람 앞에서 읽어 주려고 할 때에 플라톤에게도 참석해 줄 것을 부탁했다. 그러자 플라톤은 그 읽으려고 하는 것이 무엇이냐고 물어 왔으므로 이론(異論)을 제기하는 것은 불가능하다는 취지라고 대답했다. 그 때 플라톤은 "그렇다고 자네는 어째서 하필이면 그러한 문제에 대해 쓰는 거지?"라고 말하고, 그것 자체가 자기 모순을 내포한다는 암시를 주었다. 그래서 안티스테네스는 플라톤을 비난하는 대화편을 하나 써서 거기에 「큰 엉덩이」라는 제목을 붙였다. 이것이 두 사람 관계의 시작인데 그 이후 평생 동안 계속되었다는 것이다.

그런데 그는 "철학으로부터 무얼 얻은 바가 있었는가?"라는 질문에 "자기 자신과 교제하는 능력이다"라고 대답했다고 하는데, 이 대답을 앞의 아리스티포스의 "겁내는 일 없이 누구하고라도 사귀는 능력이다"라고 한 대답과 비교해 보면, 두 사람의 성격이나 철학의 차이점이 역력히 드러나 참 재미가 있다. 그로서는 외부의 것만이 아니라 자기의 감정에도 지배받지 않는다는 것이 가장 중요한 일이었던 것 같다.

그는 "쇠가 녹에 침식을 당하듯이 질투심이 많은 자는 자기 감정에 잡아먹히게 된다"고 말했다고 한다.

또 "욕을 먹을 때에는 돌에 맞는 때보다도 인내심이 중요하다"고 말했다고 한다. 또 "여러분의 원수를 주의하라. 그들은 여러분의 실수를 맨 먼저 발견하기 때문이다"라고 말했다고 한다.

그러나 언젠가 그는, 소크라테스가 애용하던 트리봉을 그도 언제나 입고 있었는데, 그 찢어진 곳이 사람들 눈에 띄도록 하였으므로, 소크라테스는 그 트리봉으로부터 네 허영심이 다 비쳐 보인다고 말했다는 것이다. 좀 자랑기가 있었는지도 모른다. 트리봉이라는 것은 가난뱅이들이 입는 하잘것없는 외투를 말한다. 그러나 그의 트리봉은 보통 것의 2배로 되어 있어서 단지 이것만을 입었다는 것이다.

또 언젠가는 술자리에서 노래 한 가락을 부탁받고 "그럼 자네가 반주를 좀 해 주게나"라고 말하여 그 자리를 빠져 나왔다고 한다.

또 언젠가는 아테네 시민의 민주주의를 비아냥거려 말하기를, "너희들의 당나귀를 투표에 의해 말(馬)로 임명하는 게 어떻겠나? 그건 아주 낯선 사람들을 민선에 의해 장군직에 임명하는 것과 꼭 같을 테니까 말야"라고 했다고 한다. 그 당시는 특수 기능을 필요로 하지 않는 관직은 대개 추첨으로 시민들에게 할당했었는데, 장군직은 시민들의 선거에 의해 결정되었다. 아무리 민주주의가 발달했다고 해서 이런 것까지 추첨으로 뽑는다는 것은 있을 수 없는 일이기 때문이다. 그러나 그가 이와 같은 말을 한 것은 소크라테스와 마찬가지로 '덕'을 지니는 것만이 지배자가 되는 자격이라고 생각했기 때문이다.

그런데 앞에서 소크라테스가 죽은 후 그 고소자였던 메레토스가 사형을 당하고 그를 지지하던 아뉴토스가 추방에 처해졌다는 이야기를 했는데, 그 원인은 안티스테네스에게 있었다는 것이다.

그는 소크라테스의 명성을 사모하여 퐁토스로부터 찾아온 청년들과 만나서 그들을 아뉴토스에게로 안내해 가서 빈정거리며 이 사람은 소크라테스보다도 현명하다고 말했다. 그러자 이를 괘씸하게 여긴 그 주위 사람들이 아뉴토스를 추방했다는 것이다.

또 언젠가 디오게네스가 단도를 가지고 그가 병으로 괴로워하고 있는 곳에 찾아왔다. 그러자 안티스테네스는 "누가 이 고통으로부터 나를 구원해 줄 것인가?"라고 말했다. 디오게네스는 단도를 내보이면서 "이것이오"라고 말했다. 그러자 그는 눈이 휘둥그래지면서 "누가 고통으로부터라고 했지, 생명으로부터라고 했느냐?"고 하더란다. 그래도 생명은 아까웠던 모양이다. 디오게네스는 그의 유명한 제자이다. 그에 관해서는 또 뒤에 이야기하기로 하자.

덧붙여서 말하면 이 안티스테네스에 속하는 한 학파를 키니코스 학파라고 부르는데 이 '키니코스'라는 그리스어는 '개의'라든가, '개와 같은'이라는 말을 의미한다. 이 별로 달갑지 않은 이름을 받은 것은 내면의 덕만을 중시하고 관습이나 의례를 경시하여, 초라한 옷차림을 하고 사람들을 향해서 당장 물어뜯을 듯이 비난을 퍼부었기 때문이었다. 그렇지 않으면 안티스테네스가 아테네 교외의 키노사르게스 곧 '흰 개'라고 불리우는 체육관에서 제자들을 가르쳤기 때문인지 잘 알 수는 없다. 그 자신도 '틀림없는 개'라는 별명을 얻었다. 그러나 그의 저작 목록이라는 것을 보면 광범위한 분야에 걸쳐 많은 종류의 저작이 실려 있다. 이것들이 정말로 모두 그의 저작이라고 한다면 그는 그의 제자 디오게네스의 모습에서 유추되는 비렁뱅이 총각은 아니었는 지도 모른다. 조소(嘲笑) 시인으로 유명한 티몬은 그를 가리켜 "뭐든 간섭하려 드는 다변가"라고 부른다.

제13야
플라톤

    소크라테스의 제자 중에서 가장 유명하며, 가장 위대하며, 또 그 스승의 이름을 잘 드러낸 것은 두말할 나위도 없이 플라톤이다. 오늘 밤에는 그의 이야기를 해 보자. 약간 길어질 것이고 이미 들어서 아는 내용도 있을지 모르겠지만 좀 참고 들어 보시구려.

    펠로폰네소스 전쟁이 시작되고 몇 년 되지 않았을 때였다. 아테네 군의 형세는 좋지가 않았다. 게다가 아테네에서는 페스트(흑사병)가 창궐하여 하루에도 몇 사람씩 죽어 갔다. 이미 아테네를 떠맡고 있던 페리클레스도 이 전염병에 혼이 난 지 2년째, 시칠리아의 레온티노이로부터 소피스트이자 웅변가인 고르기아스가 도움을 구하고자 아테네에 와서, 그 화려한 변설로써 시민들을 매료시키던 해다. 플라톤이 처음으로 이 세상의 빛을 본 것은 마침 이렇게 음침하고 게다가 어수선하기 짝이 없던 시대였다. 즉 기원전 427년의 일이다. 날짜는 단정하기 어려우나 어떤 전기에 의하면 타르겔리온 달(5월 후반~6월 초반)의 제7일째가 플라톤의 생일이어서, 그의 스승인 소크라테스의 제6일째의 생일과 함께 아카데미아의 제자들이 경축하는 관례가 있었다고 한다. 이 7일째 날은 꼭 아폴론의 탄생일이 되는 것이다. 그러니까 이 플라톤의 생일은 그가 매우 아폴론적인 인물이기 때문에 훗날에 그의 숭배자들이 생각해 낸 것인지도 모른다.

    그의 아버지는 아리스톤이라는 사람이었고 어머니는 펠리크티오네라고 했다. 아테네인들 사이에서는 이러한 소문도 있었다고 한다. 아리스톤이 결혼 적령기에 달해 있던 약혼녀 펠리크티오네를 범하려고 했으나 뜻을 이루지 못했다. 그 뜻을 단념하자 그 순간 아폴론의 모습이 나타났다. 그래서 그는 펠리크티오네가 플라톤을 낳을 때까지 그녀에게 손을 대지 않았다는 것이다. 마치 예수 그리스도의 이야기와 꼭 닮지 않았는가.

어머니에게는 현인 솔론의 근친인 도로피테스의 피가 흐르고 있었다. 저 유명한 30인 전제정치가 중의 한 사람이고 소피스트적 교양이 깊었던 크리티아스는 어머니의 사촌에 해당하며, 또 정치가인 카르미데스는 오빠였다. 크리티아스의 이야기는 앞의 소크라테스 이야기에서도 나왔었는데, 벌써 잊지는 않았겠지. 아버지도 아티케의 왕 코도로스의 후예였다. 따라서 플라톤은 귀족 명문 출신이라는 말이 된다. 동시에 그 집은 유복했던 것으로 추측된다. 그러나 후대의 저작가 중에는 플라톤이 가난해서 여행 비용을 대느라고 이집트에서 기름을 팔아 돈을 벌어야만 되었다든가, 혹은 용병으로 근무하고자 하였으나 소크라테스가 만류했다든가 하는 이야기를 전하는 사람도 있다.

그의 형제로는 아데이만토스와 그라우콘, 포토네 등 세 사람이 있다. 이 마지막의 포토네는 플라톤의 뒤를 이어 아카데미아의 제2대 학장이 된 스페우시포스의 어머니이다. 그 밖에 또 한 사람, 아버지가 다른 안티폰이라는 아우가 있다. 아데이만토스는 「소크라테스의 변명」에서 보면 그의 형인 것 같다.

플라톤의 출생지는 아테네로 되어 있는데 어떤 사람에 의하면 아이기나 섬이라고 한다.

다음으로 그의 교육에 관해서 살펴보자. 읽고 쓰기는 디오니시오스에게서 배웠다. 체육에서는 아리스톤이 스승이었다. 이스트모스의 경기에는 장사로서도 출전을 할 정도였다는 것이다. 이 스승에게서 그는 플라톤이라는 이름을 받았다고 한다. 이것은 '넓다'는 의미인데 그가 옹골차서 체격이 좋았으므로 그렇게 불렀을 것이라고 말한다. 앞의 이름은 할아버지의 이름을 따라 아리스토클레스로 불렀다. 또 어떤 전기에 의하면 이 플라톤이라는 이름은 그의 문체가 광범위하게 걸쳐 있었기 때문이라든가, 혹은 또 그의 이마가 넓었던 탓이라고도 한다.

또한 그는 음악과 회화 공부도 했고 작시는 디튜람보스[55] 서정시, 비극의 순을 따라서 공부했다고 한다. 그의 시가 몇 편인가 남아 있기 때문에 그의 연애시라는 것을 두세 편 옮겨 들려 드릴까 한다. 그러나 물론 위작인지도 모른다.

성학자(星學者) 아스테르에게

나의 아스테르여
너는 하늘의 별을 우러러본다.
나는 아아, 하늘이 되고 싶구나
헤아릴 수 없이 많은 별눈으로
너를 보기 위해서

아가톤에게

아가톤에게 키스를 할 때
나의 영혼은 입술 위에 있었다.
귀여운 나의 영혼은
그 아이의 입술로
옮겨 앉으려고
거기에 왔던 것이다.

크산티페에게

나는 사과
나를 해방시켜 주시는 분은
그이를 지극히 사모하는 분
고개를 젓지 마소, 크산티페여.
나나 그이나 썩어 없어지는
몸이 아니던가.

---

55) Dithyrambos. 고대 그리스에서 주신(酒神) 디오니소스에게 바친 합창대 노래의 한 형식. 주로 신화를 이야기 형식으로 부른다. 아리온이 예술적으로 확립하였으며, 페이시스트라토스에 의하여 디오니소스 제(祭)의 경기의 한 행사로 첨가되면서부터 번영하였다.

플라톤이 극작가로서 수준급의 솜씨를 갖고 있었다는 것은, 그 대화편에서 쉽사리 발견할 수 있는데, 그는 청년 시절에 비극을 썼다는 말이 전해진다. 그는 자작의 극시(劇詩)를 가지고 경연에 나서려고 생각하고 있을 때, 디오니소스의 극장 앞에서 소크라테스를 만나 그의 주의를 받고 곧 그 원고를 불 속에 던져 버리고 그 후로는 소크라테스의 제자가 되었다고 한다. 그때가 20세였다는 것이다.

또 어느 날 밤 소크라테스는, 자기 무릎 위에 앉아 있던 한 마리의 백조 새끼에게 금방 날개가 돋아나더니 순식간에 한 마디 예쁜 소리를 내어 울고는 날아가 버리는 꿈을 꾸었다. 그러자 그 다음날에 플라톤이 그의 제자로 입문해 왔다. 그래서 소크라테스는 이 사나이가 어젯밤 꿈에 본 백조라고 말했다고 한다. 백조는 아폴론 신에게 바쳐졌던 '신성한 새'였다. 마치 올빼미가 아테네 신에게 바쳐진 새인 것과 같은 것이다.

아리스토텔레스는 플라톤이 소크라테스의 제자로 들어가기 전에 헤라클레이토스에 속해 있던 클라튜로스에게서 배웠다고 말했다.

플라톤은 소크라테스처럼 세 차례 출전한 것으로 알려져 있다. 한번은 코린토스에, 한번은 데리온에, 또 한번은 티나글리에, 그리고 데리온 전투에서는 훈장을 받았다는 것이다. 그것이 사실이라 하더라도 어느 전쟁 때의 일이었는지는 잘 알 수가 없다. 그러나 플라톤이 20세 내외라면 마침 펠로폰네소스 전쟁의 종반 무렵에 해당하기 때문에 국가의 위기를 구하고자 전쟁마당에 나섰었는지도 모른다. 그리고 패전의 고뇌가 그 다감한 가슴에 절실히 다가왔을 것이다. 그 후에도 전쟁은 자주 있었으니까 어쩌면 또 소집을 당했었는지도 모른다.

소크라테스에게서 플라톤이 받은 영향이 얼마나 컸던가는 상상하기가 어렵지는 않으나, 전해진 바에 의하면 플라톤의 죽음이 다가왔을 때 첫째는 인간으로서, 둘째는 그리스인으로 태어난 것, 셋째는 그의 탄생이 마침 소크라테스의 시대였다는 사실에 대해서 자신의 운명이 행복되다고 생각했다는 것이다.

소크라테스가 사형을 당한 것은 플라톤이 27세 때였다. 그 재판 때에는 그 자신이 말하는 바에 따르면 방청을 하러 가서 소크라테스가 제안한 벌금의 보증인 중 한 사람이 되었다. 그러나 사형 집행 당일에는 스승의 곁에 없었다. 「파이돈」에서 스스로 "플라톤은 병이 있었다고 '생각한다'"고 했다. 스승이 처형된 후 다른 제자들과 함께 역시 동문이었던 메가라의 유클리데스에게로 갔다. 그 유클리데스는 펠로폰네소스 전쟁이 시작되기 전 해인 기원전 432년 아테네인들이 메가라에 대해 아테네 및 그 동맹 국가들과의 친교를 금지하고 그 위반자를 사형에 처하기로 했던 때에도, 소크라테스와의 친교를 지속하기 위해서 이따금씩 어둠을 이용하여 여장을 하고 아테네로 잠입해 들어가는 모험을 했다고 하며, 또 소크라테스의 임종에도 함께 했었다고 전해진다. 그러므로 그는 플라톤보다도 연상이고 또 소크라테스의 고참급 제자인 셈이 된다. 소크라테스의 제자들이 아테네를 외면해 버린 것은 그 스승과 똑같은 운명이 자기 자신에도 미칠 것을 두려워했기 때문인 것으로 전해진다. 스승의 죽음과 더불어 플라톤의 편력 시대가 시작되었던 것이다.

그 후 그는 수행자 테오도르스를 방문하고자 아프리카의 키레네로 가서 다시금 피타고라스 학파의 철학자인 필로라오스와 율리토스를 찾아 남부 이탈리아로, 다시 예언자를 찾아 이집트로 갔었다. 그리고 이 이집트 여행에서는 에우리피데스가 길동무였다고 전해진다. 또한 멀리 마고이——이것은 페르시아의 이른바 신관(神官)과 같은 것이다——에게 뭔가를 듣기 위해 페르시아로 갈 예정이었는데 아시아에서의 전쟁 때문에 방해를 받아 아테네로 돌아왔다고 한다. 그러나 이들의 여행에 대해서는 많은 전승에서 상위가 발견되므로 확실한 얘기는 하기 어렵다. 다만 그 자신의 말로 미루어 확실하다고 생각되는 것은 남부 이탈리아와 시칠리아의 여행뿐이다. 이 여행 때에 피타고라스 학파의 필로라오스의 저서를 비싼 값에 사들여 그것을 훗날에 「티마이오스」를 쓸 때 살짝 베껴 썼다는 사실이나, 시칠리아의 참주인 디오니시오스의 의제(義弟)인 디온을 졸라 대어 100므나에 팔았다는 이야기가 전해진다.

한편 필로라오스의 작품은, 사실은 피타고라스의 작품으로 문외 불출(門外不出)의 것이었는데도 돈이 아쉬워 교조의 계를 범하고 팔아치운 것이라고 한다. 혹은 또 그가 시칠리아를 방문한 때에 사로잡혀 있던 피타고라스 학도를 참주인 디오니시오스에게 부탁해서 방면해 준 사례로 받았다는 말도 있다.

그는 남부 이탈리아로부터 바다를 건너 시칠리아 섬으로 갔다. 시칠리아의 맛있는 음식을 먹으러 갔다고 비난하는 자도 있으며, 불을 뿜어 내는 아이토네 화산인 에트나 화산을 구경하러 갔다고 말하는 사람도 있다. 혹은 디오니시오스 왕의 요청으로 갔었다고 말하는 사람도 있다. 그것은 어찌됐든, 이 땅에서 그는 참주의 의제로 당시 20세밖에 안 된 디온과 깊은 우정을 맺었다. 혹은 사랑에 빠져 있었다고도 한다. 그 이후 플라톤은 그가 뜻밖의 죽음을 당하기까지 조금도 변함없는 교제를 계속했다. 이 일에 관해서는 또 다음에 이야기하자.

그러나 이 공명정대하고 솔직한 철학자는 오만한 참주와는 사이좋게 지낼 수만은 없었다. 전하는 바에 의하면 이 참주와 참주 정치에 관해 대화를 하면서 "오로지 우월자인 참주의 이익만이 최고의 목적이 아니다. 다만 그가 덕에서도 월등한 자라면 얘기는 다르지만"이라고 주장하여 그와 다투었다. 참주인 디오니시오스는 화가 나서 "네 이론은 늙은이 냄새가 난다"고 말했다. 이에 대항해서 플라톤은 "당신의 이론은 어쩐지 참주 냄새가 난다"고 응수했다. 그 때문에 디오니시오스는 분을 참지 못하고 처음에는 그를 죽이려고 했으나 디온이나 아리스토메네스의 만류로 그 계획을 중단하고, 마침 그 때 스파르타의 사절로 그 고장에 있던 폴리스에게 부탁하여 노예로 팔기로 했다. 그는 플라톤을 아이기나의 노예 시장으로 데리고 나가 매물로 내놓았다. 그 때 아이기나와 아테네는 전쟁 중이었으므로 카르만드로스는 "아테네인들 중 최초로 이 섬에 상륙한 자는 재판에 부치지 않고 바로 사형에 처한다"는 법률에 따라 플라톤에게 사형을 선고했다. 그러자 어떤 사나이가 플라톤인 줄은 알지도 못하고 농담으로 이 죄인은 철학자라고 말했으므로 석방이 되었다고 한다.

또 어떤 전기에서는 플라톤이 법정에 끌려 나갔는데 한 마디 대답도 하려 하지 않고 태연자약하게 선고를 기다리고 있었다. 그러나 법정은 사형을 선고하지 않고 전쟁 포로처럼 노예로 팔기로 했다고 한다.

다행히 그 곳에 키레네의 안니켈레스가 그 자리에 있다가 플라톤을 20므나——어떤 사람의 말에 의하면 30므나이지만——에 사 가지고 자유의 몸을 만들어 아테네의 동료들에게로 보냈다. 이 안니켈레스는 아리스티포스 학파에 속하는 쾌락론자라는 설도 있다. 아테네의 동료들은 곧 그 돈을 마련해 안니켈레스에게로 보내 주었다. 그러나 그는 "그 사람들만이 플라톤을 걱정해 주는 사람이 아니다"고 말하여 끝까지 받지 않았다고 한다. 또 어떤 전기에서는 디온이 그 돈을 안니켈레스에게 보내 주었지만 그는 그것을 받아들이지 않고 플라톤을 위해 아카데미아에 있던 작은 동산을 사 주었다는 것이다.

한편 플라톤을 팔아넘긴 폴리스는 이 철학자를 학대함으로써 하느님의 분노를 사 아테네의 장군 카부리아스에게 격파를 당하고 후에 대지진 때, 배와 함께 파도에 삼켜져 헬리케에서 익사했다고 한다. 또 디오니시오스도 마음이 편치는 않았지만, 폴리스가 죽었다는 비보를 듣고 플라톤에게 편지를 보내 제발 자기를 나쁘게 생각지는 말아 달라고 간청했다. 그랬더니 플라톤은 바빠서 디오니시오스의 일 따위를 생각할 짬도 없다고 회답해 왔다.

그리고 플라톤은 아테네로 돌아오자 곧 아카데미아에서 학교를 열었다. 이 장소는 신웅(神雄) 아카데모스에서 연유되어 붙여진 숲 속에 있는 성 밖의 체육장이었다. 그 곳은 아테네 시의 북서쪽에 있는 디필론 문(門)으로부터 약간 떨어진 곳에 있을 것이다. 6스타디온이니까 발걸음으로 세어 3,600에서 3,700보가 되는 곳일 것이다. 이 학교는 기원후 525년 로마 황제 유스티니아누스에 의해서 폐쇄 명령을 받을 때까지 900년 이상이나 계속되었다.

오늘날 대학이나 학술 연구소를 가리켜 아카데미라고 부르는 일이 있는데, 이것은 플라톤의 학교 이름에서 따온 것이다. 이 곳에서 플라톤은 우리가 공부하는 것과 같은 철학 이외에 법률학이나 수학이나 성학(星學)이나 자연과학 등을 그 제자이자 친구이기도 한 사람들과 함께 연구하거나 교수를 했다. 때로는 스승 소크라테스처럼 대화의 형식을, 때로는 연속적인 강의 형식을 사용했다. 플라톤이 한번 아테네의 항구 도시인 페이라이에우스에서 강연을 열었을 때 아테네나 시골에서 많은 사람들이 몰려왔지만 선(善)의 학설을 말하기에 이르렀을 때, 군중들은 모두 자리를 떠 버렸다고도 한다.

플라톤은 단순히 학문만을 가르친 것은 아니다. 그 제자들의 인격 교육에도 중점을 두었던 것이다. 그가 학교의 보호신인 뮤즈의 축제를 겸해서 한 달에 한 차례씩 제자들과 식사를 했다고 하는 것도 이 때문일 것이다. 그는 수업료를 받지 않았음이 분명하다. 그것은 그가 소크라테스에게 반했던 제자였다는 사실이나 소피스트를 돈벌이주의의 소상인이라고 비난한 사실에서 쉽사리 상상할 수가 있다. 그러나 부유한 제자나 친구들로부터의 호의의 선물까지 물리칠 수는 없었을 것이다.

플라톤은 젊은 시절에는 그 가문에 걸맞게 대부분의 청년들과 마찬가지로

정치가가 되려는 꿈을 가지고 있었다. 그리고 그럴 기회도 있었다. 그러나
당시의 정치가들의 수법을 보고 그는 그들 사이에 끼어서 정치를 해야겠다
는 흥미를 잃어 가고 있었다. 그리고 뜻밖에 스승 소크라테스가 부당하게
처형되고 나서는 그 희망을 완전히 버리고 말았다. 그러나 정치 그것 자체에
대한 흥미를 잃은 것은 아니었다.

그는 끊임없이 어떻게 하면 현재의 국가 조직을 개선할 수 있을 것인가,
어떠한 국가가 최상의 것인가 하는 문제를 곰곰이 생각했다. 그리고 이것은
여러분도 알고 있겠지만 "만일 철학자가 국가에서 왕이 되든가, 아니면 이른
바 현재의 왕이나 권력자들이 진정으로, 또한 충분히 철학을 하든가 하여,
국가 권력과 철학이 하나로 맞아떨어지지 않으면 국가나 인류는 화를 면할
수가 없다"고 하는 확신을 가지기에 이르렀다. 그러므로 그 제자들을 교육하
면서도 이 확신을 가졌음이 분명하다. 혹은 막상 때가 오는 날이면 이 제자
들을 거느리고 스스로 나서서 정치를 해 보겠다는 희망을 가지고 있었는지
도 모른다. 어쨌든 훗날에 그의 문하로부터 훌륭한 정치가와 입법가가 나오
게 된다.

어떤 전기에서는, 아르카디아인들과 테바이인들이 저 유명한 류크트라
전쟁 후에 메가로폴리스를 건설하면서 플라톤을 입법가로 초빙했지만, 그는
그들이 소유의 평등을 바라지 않는다는 사실을 알고 이에 응하지 않았다는
것이다. 그러나 마침내 시기가 도래한 것처럼 보였다. 첫번째의 시칠리아
여행을 한 후 약 20년이 되자, 사랑하는 제자인 디온은 편지로, 디오니시오스
1세가 죽고 그 뒤를 이은 젊은 디오니시오스 2세는 철학에 대한 깊은 관심을
가지고 있으므로 당신의 이상을 실현하는 데 가장 좋은 기회이니, 빨리 서둘
러 나와 주었으면 한다는 내용의 뜻을 전해 왔다. 플라톤은 젊은 사람의
변덕이나 뒤에 남아 있게 될 제자들의 일을 걱정하면서도 디온과의 우정을
생각해서 평상시의 자신의 주장들을 되돌아보고, 성공했을 경우의 영향 등도
고려하여 마침내 마음을 정하고 60여 세의 노구를 이끌고 시칠리아로 나갔
다.

이른바 플루타르코스(Plutarchos, 46년경~120년경)[56]의 「영웅전」에 의하면

---

56) 로마 제정 시대의 그리스계의 저작가. 카이로네이아의 부유한 집에서 자라, 아테네
에서 배우고 로마, 이집트 등을 두루 여행했다. 로마의 지배에는 긍정적이었으나

그가 배에서 내렸을 때에 벌써 왕이 내보낸 호사한 차가 대기하고 있었다. 젊은 왕은 자기의 통치 시대에 큰 행운이 찾아올 것이 틀림없다고 생각해 신께 특별한 희생을 드렸다. 여태까지의 사치스런 향연은 삼가고 궁정의 모습은 완연하게 달라졌으며 왕은 만사에 친절했다. 그런 일들은 국민들에게 내일의 행복을 예상케 했다. 모든 사람들에게 학문이나 철학에 대한 열정을 불러일으켜, 왕궁은 깔려 있는 모래 위에다 기하(幾何)의 도형을 그리는 자가 많기 때문에 그 모래 먼지로 가득 채워질 정도가 되었다. 며칠 지나서 연례 행사인 국제(國祭)가 궁중에서 거행되었다. 신관(神官)이 언제나처럼 "수만 대에 걸쳐 참주의 치세(治世)가 조금도 흔들림 없게 해 주시기를!" 하고 기도할 때, 곁에 있던 왕은 "그만두지 않겠나? 나를 저주하는 말을!" 하고 말했다고 한다.

그런데 그러는 중에 디온의 반대파들이 그에 대해 여러 가지 좋지 않은 헛소문을 퍼뜨리기 시작했다. 젊은 왕도 힘든 공부에 질려 있었다. 디온에게 일종의 질투마저 느끼게 되었다. 마침 이러한 때에 디온이 카르케돈의 전권 위원회 앞으로 디오니시오스와 평화에 관해 상의하려 하는 한 자신을 빼놓아서는 절대로 성공할 가망이 없다는 취지의 편지가, 디온의 반대파의 수령인 피리스토스의 손에 의해 쓰여져 왕에게 전달되었다. 왕은 그것을 보고 화가 나 디온을 국외로 추방했다. 그 때문에 디온의 일당은 화가 미칠까 두려워서 전전긍긍했다. 그러나 실라쿠사의 시민들은 디온을 동정하여 소동을 일으키지 않을 수 없다는 기미였다. 왕도 이를 염려하여 여러 가지로 설득하여 선무 작업을 폈다.

플라톤은 성 안으로 옮겨졌다. 왕은 플라톤을 둘러싼 디온 일당이 반란을 일으키는 것을 두려워했기 때문이며, 또한 플라톤의 귀국을 방해하기 위함이었다. 그러나 그럭저럭 하는 중에 시칠리아와 남이탈리아의 루카니아 사이에 전쟁이 시작되었으므로, 플라톤의 문제를 외면할 수만은 없어 드디어 플라톤의 귀국 희망을 들어주었다. 이 때 왕은 전쟁이 끝나면 그와 함께 디온을 불러들일 것을 플라톤에게 약속했다.

속독, 기억력 등의 강점을 활용해 전기(傳記), 윤리, 철학, 심리, 종교, 자연과학 등 각 분야에 걸친 저작 활동을 했다. 유명한 「대비 열전」은 「영웅전」이라고도 불리우며, 그리스 로마에서 유사한 생애를 보낸 인물들을 대비, 일화나 도덕적 측면에 중점을 두었다. 플루타르코라고도 한다.

귀국 후 플라톤은 아카데미아에서 제자 교육과 대화편의 저술에 전념하면서 5년의 세월을 보냈다. 나라에서 쫓겨난 디온도 아테네에서 플라톤이나 그 밖의 제자들과 깊은 우정을 맺었다. 또 때로는 여러 도시를 방문하여 저명 인사나 정치가 등과 담화를 즐기면서 많은 사람의 존경과 사랑을 한몸에 받았다. 그것이 디오니시오스 왕의 마음을 불안하게 했다. 그래서 그를 불러들이는 일이 점점 위험하다고 느껴졌다. 그러나 또 다른 한편으로는 플라톤과의 교유를 새로이 하고 싶은 마음도 더해만 갔다. 그의 철학에 대한 관심은 플라톤을 잃고 나서 더욱 깊어 갔던 것이다. 아마 아리스티포스나 아이스키네스나 그 밖에 다른 궁정에 모였던 문인 논객들이 각각 왕의 철학에 관한 흥미를 다시 북돋아 주었을 것이다. 그와 동시에 이 방면에 이름을 내밀기에는 아직 자기의 지식은 불충분하다는 사실도 느끼게 했을 것이다.

이리하여 왕은 편지를 보내어 디온에게는 귀국을 1년만 기다려 줬으면 한다고 말하고 플라톤에게는 빨리 와 주었으면 좋겠다고 말했다. 디온도 플라톤에게 먼저 들어갈 것을 끈질기게 권했다. 왕이 철학에 굉장히 열심이라는 소문도 들려 왔다. 그러나 플라톤은 사양했다. 왕은 어떻게 해서든 플라톤을 불러오고 싶었다. 다행히 플라톤과 친교가 있는 남부 이탈리아 탈라스의 아르키타스(Archytas, 기원전 430년~365년)[57]가 왕을 찾아왔었다. 왕은 그에게 조정에 나서 줄 것을 간청했다.

왕은 플라톤의 마음을 사기 위해서 3층의 노젓는 운송선을 보냈다. 이것은 옛날의 군함으로서 최고의 예우를 해 준 것이다. 특사로 간 것은 아르키타스의 친구인 아르케데모스와 그 밖에 플라톤의 친지들이었다. 그들은 입을 모아 왕이 철학 분야에 두드러진 발전을 했다고 말했다. 그들이 가지고 온 디오니시오스의 친서에는 자기의 소원만 들어준다면 디온의 문제는 당신이 원하는 대로 하겠다고도 쓰여 있었다. 그 밖에 아르키타스와 탈라스의 옛친구들이 쓴 편지도 있었다. 역시 왕의 철학에 대한 열성을 칭찬했다. 그리고 만일 지금 당신이 가 주지 않으면 당신으로 말미암아 맺어진 우리들과 왕과의 교제를 단절시키고 만다는 사실마저 덧붙였다.

---

57) 그리스의 철학자, 수학자, 기술자, 정치가. 탈라스 태생으로 피타고라스 학파에 속하고, 하늘을 나는 목제 새를 만들고, 입방체의 배적 문제를 풀었고 또 처음으로 조화 수열을 등차수열, 등비수열로 구별했다. 훌륭한 군사령관이기도 했다.

편지를 읽고 난 플라톤은 이런 입장, 저런 사정을 생각해 보자, 이번에만은 딱 잘라 거절할 수가 없었다. 여러 가지로 마음에 거리끼는 점이 없지는 않았지만 그는 마침내 결심을 하고 '세번째 스킬라의 해협' 곧 메세네스 해협으로 갔던 것이다.

그를 기꺼이 맞아 준 것은 디오니시오스뿐만이 아니었다. 시칠리아 섬전체의 희망은 첫째가 이 노철학자가 도착하는 데 있었다. 그들은 플라톤이 필리스토스를, 그리고 철학이 참주 정치를 압도해 이기기를 원했던 것이다. 여자들이나 어린이들까지도 플라톤에게 가능한 한의 호의를 보였을 정도이다. 환영의 인사도 축연도 끝났다. 플라톤은 차근차근 디온에 관해서도 얘기하고, 또 디오니시오스의 철학 수준의 발전이나 열성에 대해 시험해 보고자 생각했지만 디오니시오스는 구실을 만들어 친하게 이야기할 기회를 주지 않았다.

그 무렵 플라톤의 한 친구가 일식을 예언하여 왕으로부터 많은 돈을 받아 냈다. 그러자 그 땅에 있던 아리스티포스가 멸시하는 다른 철학자에게 "나도 전혀 생각지 못하는 일들을 예언할 수가 있다"라고 말했다. "그게 무언가?" 고 묻자, 아리스티포스는 "음, 그러니까 나는 가까운 장래에 플라톤과 디오니시오스 사이가 나빠질 것을 예언한다"고 대답했다는 얘기가 전해지는데, 그 예언대로 되었다고나 할까, 얼마 후에 플라톤과 왕은 또 다시 틀어지고 말았다. 디오니시오스는 디온에게의 송금을 금지할 뿐만 아니라 그의 재산을 몰수해 버렸던 것이다. 플라톤은 그 때까지 궁정 안에서 살았는데 옮겨져 플라톤에 적의를 품고 있던 용병들에게 맡겨졌다. 플라톤은 신변의 위험을 느끼고 탈라스의 아르키타스에게로 심부름꾼을 보냈다. 아르키타스는 놀라며 즉각 노가 30개 달린 비각선(飛脚船)과 사절을 보내어 디오니시오스에게 플라톤의 신병 인도를 요구해 데리고 돌아왔다. 디오니시오스는 이별에 임하여 플라톤에게 "이번에야말로 당신의 친구들한테로 가서 나를 매도하겠군요?"하고 말하자, 플라톤은 "나는, 아카데미아에서는 학문에 관한 일을 빼놓고 당신을 화제로 삼아야만 되는 일은 결코 없을 것이오"라고 대답했다고 한다. 기원전 360년의 봄날의 일이다.

플라톤은 잠시 동안 탈라스에 체재한 후 올림피아로 갔다. 8월의 제례 행사 때 마침 디온이 거기 와 있었다. 플라톤으로부터 그 동안의 사정 이야기를 듣고 디온은 흥분하여 복수를 결심하고 플라톤에게도 협력을 당부했지만 그는 이미 그들의 연배가 아니라는 것과, 또 싸움을 좋아하지 않는다는 뜻을 말하고 거절했다.

그 후 몇 년이 되지 않아서 디온은 부하들을 이끌고 시베리아로 건너가 디오니시오스를 추방하고 민주 정치를 시행했는데, 얼마 후 그 자신은 아카데미아에서의 동문이며 혁명의 동지이기도 했던 아테네의 칼리포스의 칼에 찔려 비명에 죽었다. 그 전말에 대해서는, 재미가 있으므로 상세히 들려 드리려고 생각했었으나 밤도 많이 깊었으니까 플라톤 「서간집」의 해설 부분을 읽어 보기 바란다. 물론 시간을 내어 본문까지를 다 읽는다면 아마 플라톤이 기뻐할 것이다.

그리고 플라톤은 아테네로 다시 돌아온 후에는 정치에는 손을 대지 않았다. 이미 70세에 가까운 나이였지만 그래도 제자들을 가르치거나 책을 쓰면서 북쪽에서 융성한 마케도니아 때문에 시끄러워진 세상을 멀리하고 조용히 지냈다. 키케로(Cicero, 기원전 106년~43년)[58]는 "플라톤은 글을 쓰면서 죽었다"고 말했다. 또 어느 전기에서는 결혼식장에서 쓰러졌다고 했다. 또 어떤 전기에 의하면 그의 최후의 장면은 이렇게 되어 있다.

페르시아의 영토 바빌로니아의 가르다이아 지방으로부터 손님이 찾아와 있었다. 그 때 어떤 트라케 여인이 음악을 연주하고 있었는데 도중에 실수를 했다. 그러자 플라톤은 병에 시달리고 있었음에도 불구하고 그걸 딱 알아내고 손가락 끝으로 손짓을 보냈다. 손님은 그것을 보고 "플라톤은 굉장한 그리스인이다"라고 감탄했다. 신열은 밤이 되면서 더욱더 높아져서 날이 새기 전에 숨을 거두었다.

때는 기원전 347년, 나이는 80세였다. 당시의 영웅 마케도니아 왕 필리포스는 그의 죽음에 경의를 표했다는 이야기다. 그의 유해는 모든 제자들의 전송

---

58) 로마의 정치가, 웅변가, 저작가. 기사 계급 출신이며 변론가로서 베레스 재판에서 그의 시칠리아 총독 재임 중에 범한 비리를 탄핵해 명성을 얻었다. 집정관 때 카테리나 음모를 고발했다. 처음에는 폼페이우스와 가까웠으나 제1차 삼두 정치에 의한 실력자의 독재 이래 원로원에 의한 공화정 옹호 편에 서서 한때 로마에서 추방되기도 했는데, 카이사르가 암살당한 후 안토니우스를 맹비난, 그의 부하에게 암살당했다. 스토아 학파 등의 영향을 받아 「우정에 대해」 「의무에 대해」 등의 철학적 저서도 남겼다.

을 받으면서 아카데미아에 장사되었다. 한 페르시아인은 아카데미아에 플라톤의 상을 세우고 "오론토바데스의 아들, 페르시아인 미토라데테스, 실라니온이 만든 플라톤의 초상을 뮤즈 신에게 바친다"라고 새겨 넣었다고 전해진다.

플라톤의 유언장이라는 것도 남아 있다. 간단하지만 시간이 늦어지기 때문에 필요한 부분만을 읽어 보겠다.

플라톤은 다음의 것을 남겨 물려준다. 이피스티아다이 땅. 이 땅은 어떤 사람에게도 팔아 넘겨서는 안 된다. 될 수 있는 한 어린이 아데이만토스의 것이 되어야만 할 것이다. 내가 칼리마코스로부터 사들인 땅. 은 30므나, 무게 165드라코마의 은제 접시, 무게 45드라코마의 컵, 금반지 및 귀고리, 합쳐서 무게 4드라코마와 3오보로스. 석공 유클리데스에게 3므나를 빌려준 것과 여종 아르테미스를 자유의 몸으로 해 준다. 종 4명을 남긴다. 재산 목록에 기록된 가구, 이 사본은 데메토리오스가 소유하라. 부채는 없다. 후견인은 누구 누구.

위의 유언장에서 유산 상속인으로 지정된 어린이 아데이만토스는 플라톤의 형 아데이만토스의 손자에 해당하는 자로 추측된다. 그러므로 플라톤이 80세의 고령으로 죽기까지에는, 이미 그 근친들은 거의 죽고 없었다는 말이 된다. 그의 가구 중에는 자기를 위해 만들게 했다는 알람 시계가 있었다고 한다. 플라톤은 너무 오래 잠자는 것을 심신에 해롭다고 여겨 싫어했던 모양이다. 여러분도 오늘 밤은 늦었으니까 내일 아침에 늦잠을 자는 것은 어쩔 수 없다손 치더라도 건강에 필요한 이상은 자지 않는 것이 좋겠다. 또 두세 편, 그에게 보내 온 시라는 것을 맛보고 플라톤의 이야기를 끝내기로 하자.

그 비문의 하나.

건전한 사려(思慮), 바른 성격이 남보다 뛰어나
신과도 같은 아리스토클레스
이 땅에 잠들다.
지혜 때문에 절찬을 받는 자
그를 놔 두고 달리 누가 있으랴

질투도 그 몸에 미치지 못하리.

그리고 아리스토텔레스의 작품이라는 비문이다.

> 케크로푸스의 유명한 땅에 올라와
> 황송한 맘으로 그는 거룩한 사랑의 제단을 쌓았다
> 이 스승 중의 스승을 기리면서
> 못된 무리의 칭송마저 옳지 못함은 이 스승이라.
> 남이야 어떻든 이 스승만은 남보다 앞장서서
> 몸으로 말로 분명하게
> 착한 사람은 복있는 사람이라고 가르쳤느니
> 요즘 세상에는 이 가르침을 지킬 수 있는 이
> 다시 없으리.

마지막으로 디오게네스 라에르티오스가 보낸 것이다.

> 인간 세상에 보내고 싶구나.
> 보에보스는 아스클레피오스와 플라톤을
> 한 사람은 인간의 영혼을,
> 다른 한 사람은 육체를 구원하겠다고
> 결혼 잔치보다 하늘나라에
> 그 스스로가 쌓아 놓은 천성을 향해 가누나

사실 플라톤은 그가 말한 것처럼 '마음의 의사'라고 해도 옳을 것이다. 그는 또 시성(詩聖) 호메로스와 나란히 "이 두 개의 영혼은 참으로 아름다운 하모니"였다고 일컬어진다. 이 아름다운 영혼을 감싸기에 알맞게 플라톤의 얼굴도 신체도 역시 아름답고 튼튼했다. 그러나 그의 어깨는 올라간 어깨여서 그의 추종자들은 그것을 모방했다고 한다. 목소리는 가늘고, 또 매우 조심스러워서 크게 웃는 일은 없었다고 한다.

그럼 이것으로 오늘 저녁은 끝내기로 하자.

제14야
아리스토텔레스

플라톤의 제자 중에서 누가 가장 훌륭한가를 묻는다면, 철학을 약간이라도 아는 사람은 누구나가 그것은 아리스토텔레스라고 대답할 것이다. 오늘 저녁은 그의 이야기를 해 보자. 어젯밤처럼 얘기가 길어질지도 모르고 또 들어 봤댔자 크게 도움은 안 될지도 모르지만 참고 들어 주시구려. 그가 "끊임없이 실용적인 것만을 추구하는 것은 지조가 있는 자나 자유인에게는 이 이상 더없이 어울리지 않은 일이다"라고 말했고, 또 "교육의 뿌리는 쓰지만 그 열매는 달다"라고 말한 터이니까 말이다.

아리스토텔레스는 기원전 384년경 마케도니아에서 가까운 카르키디케 반도의 마케도니아에서 가까운 스타게이로스, 후에 스타게일라라고 불려 온 한적한 전원 도시에서 태어났다. 그래서 그를 가리켜 라틴어로 '스타길라인'이라고 부르는 것이다. 이 도시는 원래 에게 해의 안드로스 섬의 그리스인들에 의해 식민이 되었고, 후에 에우보이아 섬의 카르키스로부터도 충원되었다. 아버지는 니코마코스라고 하였고 어머니는 파이스티스라고 했다. 전하는 바에 의하면 아버지 쪽에는 의사의 조신(祖神)인 아스레피오스의 피가 흘렀다. 어머니 쪽은 카르키스에서 온 이주민이었다. 그에게는 남매가 있었다고 한다. 그가 탄생하던 무렵 스타게일라는 이미 마케도니아의 지배하에 있었다. 그리고 아버지는 마케도니아 왕 아민타스 3세의 시의이자 친구였다. 아리스토텔레스의 유소년 시절에 관해서는 상세한 것은 알 수가 없다. 그러나 아버지가 시의였기 때문에 그의 가족들도 함께 마케도니아의 수도인 펠라에 있었을 것이 틀림없다. 따라서 그도 그 일원으로 그 고장에 있었을 것이다. 불행하게도 양친은 그가 아주 어렸을 적에 죽고 그 후는 친척인 푸록세노스에 의해 양육되었다. 이 사람은 소아시아의 아타르네우스의 사람이지만 그를 어디에서 키웠는지는 명백하지가 않다.

기원전 367년 17, 8세의 아리스토텔레스는 '그리스의 학교' 아테네로 짐보따리를 짊어지고 올라왔다. 367년이라고 하면 플라톤은 마침 두번째 시칠리아 여행 중이어서 아테네에 없었는지도 모른다. 처음에는 아테네에 있는 또 하나의 유명한 학교인 이소크라테스(Isokratēs, 기원전 436년~338년)[59]의 '웅변 학교'에 입학했지만 얼마 후에 플라톤이 돌아왔으므로 아카데미아에 입학했다는 이야기가 전해진다. 그 후 그는 스승 플라톤이 죽을 때까지 20년간이라는 오랜 세월을 그의 문하에 머물러 있었다. 그는 공부를 게을리하는 일이 없었다. 스승 플라톤도 "크세노크라테스에게는 박차가 필요하지만 아리스토텔레스에게는 오히려 고삐가 필요하다"고 말했다고 한다. 크세노크라테스(Xenokratēs, 기원전 396년~314년)[60]라고 하면 동문의 제자로 후에 아카데미아의 3대 학장이 된 사나이다. 또 아리스토텔레스의 집을 '독서가의 집'이라고도 불렀다고 한다. 그러나 그의 학습 시절의 이야기에 관해서는 확실한 내용은 잘 알 길이 없다. 그만큼 상상 속에 묻어 두기에 알맞은 시절이었던 것 같다. 어떤 이는 그가 처음에는 돌팔이 의사가 되어 입에 풀칠을 했었다고도 한다. 또 어떤 이는 그가 부모에게서 물려받은 재산을 방탕으로 다 탕진해 버려 궁한 나머지 군사가 되었지만, 그것도 적성에 맞지 않았던지 의사로 직업을 바꾸었다. 그러나 그것 역시 재미가 없어서 드디어 플라톤의 문하에 들어갔다고 한다.

---

59) 아테네의 변론가, 정치평론가. 소피스트에게서 배운 후 키오스 섬에서 수사학을 배웠다. 기원전 392년경 아테네에 학교를 열어 많은 제자들을 양성했다. 서간, 법정 변론 외에 많은 논문을 연설문 형식으로 써, 모든 도시 국가가 화해하고 페르시아 제국과 싸워야 한다고 계속 주장, 그 실현을 디오니시오스 1세, 마지막으로 필리포스 2세에 기대했다. 잘 다듬어진 그의 문체는 아티카 산문의 극치를 보여 준다.

60) 그리스의 철학자. 카르케돈인으로 플라톤에게 배우고 기원전 339년부터 평생 아카데미아의 제3대 학장을 지냈다. 피타고라스 학파의 영향을 받으면서도 스승의 학설에 충실히 따르며 지(智)와 덕(德), 덕과 행복의 일치 등 도덕을 가르치는 데 주력했다.

또 플라톤과 아리스토텔레스와의 관계에 대해 여러 가지 이야기가 전해지는데, 어느 것 하나도 믿을 만한 것은 없다. 아리스토텔레스는 플라톤이 죽었을 때에 머리맡에 있지를 않았기 때문에 '배은망덕한 제자'라고 말하는 자도 있다. 또 플라톤은 아리스토텔레스가 멋쟁이고, 주제넘게 행동을 했고, 입버릇이 나빴기 때문에 좋게 생각하지 않았다고 말하는 자도 있다. 또 아리스토텔레스는 플라톤의 생존 중에 스승을 등지고 자기의 학교를 세웠으므로 플라톤은 "아리스토텔레스는 망아지가 자기를 낳아 준 어미를 차는 것처럼 나를 차 버렸다"고 말했다는 것이다.

또 아리스토텔레스는 그가 아테네의 사절로서 마케도니아 왕 필리포스에게 가고 없는 동안에, 크세노크라테스가 아카데미아의 학장이 되어 공석을 메우고 있었으므로 학교를 떠났다고 말하는 사람도 있다. 또 아리스토텔레스는 플라톤이 이미 80세나 되어 정신이 약간 시원찮았던 어느 날, 수제자인 크세노크라테스는 마침 부재 중이고 스페우시포스도 병이 나 있을 때에 많은 제자들을 이끌고 아카데미아로 가서 플라톤과 논쟁을 시작해, 이 노인을 궁지로 몰아 마침내 플라톤을 아카데미아의 넓은 홀에서 쫓아 버렸다. 석 달 후에 크세노크라테스가 돌아와서 이 얘기를 듣고 스페우시포스에게 그 비겁함을 힐문하고 아리스토텔레스에게는 그 아카데미아 강의를 다시 플라톤에게 넘겨 주라고 강요했다는 이야기도 전해진다. 또 플라톤의 시칠리아 여행 중에 아카데미아에 대립하여 외국인들만을 모아 학교를 세웠다는 말도 전해진다.

그러나 플라톤과 아리스토텔레스의 사이는 오히려 꽤 친했을 것이다. 플라톤은 아리스토텔레스의 현명함을 사랑하여 그를 가리켜 '학교의 정신'이라고 불렀다고 전해진다. 또 플라톤이 「파이돈」을 강독한 때에 그것을 마지막까지 들은 것은 아리스토텔레스가 플라톤에게 바쳤던 존경의 정도를 잘 표현해 주는 말이다. 그러나 무엇보다도 그의 스승에 대한 존경심을 웅변해 주는 것은 어젯밤에 본 아리스토텔레스가 쓴 비문이다. 게다가 그의 저서를 보면 플라톤이 죽은 후 그래도 꽤 오랜 뒤까지도 플라톤 학도의 일원으로서의 자리를 굳건히 지키고 있다.

그의 학문상의 입장은 이미 그 스승으로부터도 그 학파로부터도 멀리 떨어져 있었지만 그래도 아리스토텔레스는 그들에 대한 존경과 애정을 잊지 **않았다. 그는 "곧 낡아지는 것은 무엇인가?"라는 질문에 "감사"라고 대답했**

다고 하는데, 그러나 그는 결코 감사의 마음을 잃지 않았다. 자칫하면 마른 막대처럼 여기기 일쑤인 스승의 학설을 비판할 때에조차 이 대철학자는 무척이나 마음의 괴로움을 호소했다. 지금의 우리에게는 약이 될지도 모르기 때문에 여기서 「니코마코스 윤리학」의 한 구절을 옮겨 들려 드리겠다.

> 보편적 선이란 어떤 의미에서 하는 말인가, 이것을 잘 생각해 보고 조금이라도 수상쩍다고 생각되는 곳은 샅샅이 들추어 내는 것은 아마 더 좋은 일일 것이다. 그렇지만 '에이도스(Eidos)[61]'를 주장하기 시작한 것은 내 친한 사람들이니까 그 때문에 이와 같은 탐구가 괴로워지는데…… 그러나 진리를 구하기 위해서라면 자기의 것까지도 부숴뜨리는 것이 더욱 좋은 일이며, 또 생각컨대 그렇게 하지 않으면 안 될 것이다. 특히 우리는 철학자이기 때문에 왜냐하면 우리는 서로가 친하지만 그 친구보다도 진리를 존중하는 편이 더한층 경건한 일이기 때문이다.

그런데 아리스토텔레스가 아카데미아에 오랫동안 머물러 있었으며 또 아카데미아가 확장되어 감에 따라 플라톤 혼자의 손으로는 감당해 나가기 어려워져서 교사를 몇 사람인가를 필요로 했기 때문에, 이 '학교의 정신'이라고 불리운 수재도 나중에는 교사로서 교단에 섰던 것으로 추측된다. 실상 변론술에는 그러했던 것 같다. 키케로에 의하면 그는 "침묵을 지키라고 이소크라테스에게 말해 두는 것은 수치이다"라고 말해, 당시의 유명한 변론술의 대가를 상대로 하여 그의 변론술을 완성했다는 것이다. 플라톤이 죽은 후 아리스토텔레스는 동학인 크세노크라테스와 함께 소아시아의 북부 지방 토로아스의 아스소스를 향해 멀리 여행을 떠났다. 이 여행도 역시 아리스토텔레스가 플라톤이나 그 제자들과 사이가 좋지 않았음을 증명한다. 그렇지 않았다면 큰 별이 땅에 떨어져 지금쯤 스스로 가장 빛을 발휘할 수 있는 좋은 기회에 어떻게 아테네를 떠날 수가 있었을까?

아스소스에는 플라톤 학도인 에라토스, 코리스코스 두 사람과 헤르미아스가 살고 있었다. 후자는 노예의 처지로부터 몸을 일으켜 아스소스 및 아타르네우스의 군주가 된 자이고, 앞의 두 사람은 그의 충고자로서 플라톤보다

---

61) 형상(形相)의 뜻. 플라톤은 이데아와 같은 뜻으로 쓰고, 아리스토텔레스는 질료에 대한 정신적인 형상의 뜻으로 썼다.

앞서 추천된 자이다. 아리스토텔레스 등이 아테네를 떠났던 것은, 이 플라톤의 숭배자였던 군주의 초빙에 의한 것이기도 하지만 또 아카데미아를 이은 플라톤의 생질인 스페우시포스를 플라톤 정신의 후계자로 인정할 수가 없었기 때문이기도 할 것이다. 그런 까닭에 고향을 잃게 한 플라톤 정신 때문에 그 땅에서 새로이 고향을 찾으려는 희망도 아리스토텔레스에게는 있었을 것이다. 이 땅에서 아리스토텔레스는 바야흐로 진짜 독립된 교사로서 활동할 수가 있었다. 그 동안에 그의 입장도 점점 확고해졌음이 틀림없다.

여기에서 그는 헤르미아스의 조카로 그의 양녀이던 퓨티아스와 결혼했다. 당시 그는 40세에 가까운 나이였다. 그녀에 대한 깊은 애정은 그의 유언장에 잘 표현되었다. 어떤 사람에 의하면 이 퓨티아스는 헤르미아스의 첩이었는데 그는 그녀와 사랑에 빠져 헤르미아스의 양해를 얻어 결혼을 했고, 너무 기쁜 나머지 마치 아테네인들이 여신 데메테르에게 바치는 것 같은 희생을 그녀에게 바쳤다는 것이다. 퓨티아스와의 결혼의 시기에 관해서는 헤르미아스가 살아 있을 때였다고 전하는 자도 있고, 그가 죽은 후라고 하는 자도 있다.

아스소스에서는 3년쯤 체재했었다. 그 동안에는 제자들도 상당히 모아졌을 것이다. 후에 아리스토텔레스의 학교인 리케이온의 2대째의 학장이 된 테오프라스토스도 맞은편의 레스보스 섬의 에레소스 태생이며 플라톤의 문하생이기도 했기 때문에, 이 땅에서도 관계를 가졌던 자라고 추측된다. 3년 동안의 체재 후, 테오프라스토스(Theophrastos, 기원전 372년~288년)[62]의 권면에 의해서였는지, 어쨌든 레스보스 섬의 뮤칠레네로 이사를 갔다.

그러나 1, 2년 후(기원전 343년)에 이 땅에서 그는 당시에 번영하던 마케도니아의 궁정으로부터 당시 13세의 황태자 곧 훗날의 알렉산드로스 대왕(Alexandros I)[63]의 스승으로 초빙되었다. 이것은 아마 헤르미아스의 적극적인 노력의 결과일 것이다. 헤르미아스는 알렉산드로스의 아버지인 필리포스 왕과 특히 외교 사건 때문에 친밀한 관계에 있었던 것이다. 그리고 또 아리스토텔레스의 아버지 니코마코스의 마케도니아 왕조와의 관계도 이 초빙에

---

62) 주 25 참조.
63) 마케도니아의 왕으로 기원전 494년~454년 재위. 페르시아 전쟁 때 페르시아에 굴복했지만 정보 제공으로 그리스를 도왔고 왕국의 강화 확대와 그리스화에 노력했다.

는 한몫을 단단히 했을 것이다. 혹은 거의 동년배인 필리포스는 유소년 시절, 아버지를 따라서 궁중 안에 들어가 함께 놀았던 적이 있었는지도 모른다. 어쨌든 이 초빙을 수락하고 그는 마케도니아의 수도 펠라로 여행을 떠났다. 아마 그 장도에 올라서 그의 뇌리에는 전에 시칠리아로 간 그 스승 플라톤의 모습과 포부가 그려졌을 것이다.

아리스토텔레스가 이 젊은 황태자에게 어떠한 교육과 영향을 끼쳤는가에 관해서는 유감스럽게도 거의 아무것도 전해지지 않았다고밖에 말할 수 없지만 그 영향은 매우 컸을 것이다. 훗날의 알렉산드로스가 동정(東征)을 할 때, 트로이아의 성터에 서서 아테네 신전에 희생을 바치고 자신의 갑옷을 헌납하고 아킬레우스의 무덤에 참배하여 옛날의 영웅을 그리워했다고 하는데, 아마 이 이야기는 아리스토텔레스가 그에게 가르친 호메로스의 이야기에 감동한 데에 근거한 것인지도 모른다. 그는 황태자를 위해 「일리아스」의 교정을 보았다는 이야기가 전해진다. 한편 아리스토텔레스 자신도 이 강대한 군주의 궁정으로부터 얻은 바가 상당히 있었음에 틀림이 없다. 그는 알렉산드로스에게 부탁하여 부왕 필리포스에게 파괴당한 고향 스타게이로스를 다시 재건하여 그 시민들을 위해 법률을 제정했다고 한다. 또 알렉산드로스에게서 연구비를 받았다고도 한다.

그러나 그가 아테네를 떠날 때 왕에게 추천했던 그의 친척 칼리스테네스(Kallisthenēs, 기원전 370년~327년)[64]가 왕을 배반했기 때문에 왕의 역정을 사, 왕은 아리스토텔레스를 괴롭히려고 아낙시메네스를 칭찬하고 크세노크라테스에게 보내기도 했다는 이야기가 전해진다. 여기 아낙시메네스는 옛날의 밀레토스의 철학자가 아니라 람푸사코스 출신인 당시의 변론가를 말한다. 아마 대철학자와 젊은 영웅과의 의견과 성격의 차이, 칼리스테네스의 사건 등으로 스승과 제자의 마음은 점점 멀어진 것은 아니었을까. 칼리스테네스가 아리스토텔레스의 충고를 듣지 않고 너무나도 스스럼없이 알렉산드로스와 이 얘기를 하면서 호메로스의 「일리아스」에서 "내 아들이여, 너는 아아, 네가 말한 것으로 인해 단명하리라"는 말을 인용하여 비난했다고 한다. 현실은 그대로 들어맞아 그는 알렉산드로스 암살 음모에 연루된 것이

---

64) 그리스의 역사가, 철학자. 올린토스인으로 큰아버지인 아리스토텔레스 아래서 자라 알렉산드로스 대왕(3세)의 동정에 수행, 대왕을 전 그리스적인 영웅이라 일컬은 업적록을 썼지만, 대왕에 대한 배례 요구에 반대해 처형당했다.

탄로나 소 우리 속에 갇혀 시내를 한 바퀴 돈 후 마지막에 사자 먹이로 던져졌다는 것이다.

제자인 알렉산드로스가 왕위에 오름과 동시에 그의 역할은 끝났다. 물론 이 즉위 이전에도 황태자의 섭정을 맡게 되면서 군사상이나 정치상의 활동이 다양해짐에 따라 어쨌든 그의 교육은 중단될 수밖에 없게 되어 있었다.

즉위(기원전 337~336년) 다음에 플라톤이 죽은 지 12년째 되던 해에 아리스토텔레스는 다시금 그리던 아테네로 돌아왔다. 그러나 모교인 아카데미아로 돌아가지는 않았다. 그리로 돌아가기에는 그의 정신은 아카데미아로부터 너무나 동떨어져 있었을 것이다. 그는 따로 리케이온이라고 불리우는 곳에다 학교를 개설했다. 이 곳은 아테네의 동북쪽에 해당하는 아폴론 리케이오스의 신역(神域)이었다. 그의 학교 이름인 리케이온은 플라톤의 아카데미아가 오늘날까지도 살아 있는 것처럼 프랑스의 고등학교의 호칭인 리세에 살아 있다. 이 신역에서 그는 제자와 함께 산책길을 소요하면서 가르침을 남겼다. 산책로는 그리스어로 페리파토스라고 한다. 여기서 그의 학파는 페리파토스 학파라고 불리게 되었다. 그러나 그 후 제자의 수가 불어나기 시작하면서부터 아리스토텔레스는 앉아서 가르쳤다고 한다. 그는 아테네에서는 타국인이었기 때문에 이 땅에서 토지를 자기 명의로 소유하는 것이 금지되어 있었지만 어떤 명목하에 필요한 땅을 손에 넣었던 것으로 생각된다.

이 학교에서 아리스토텔레스는 제자를 가르치기도 하고 제자들과 더불어 연구하며 참으로 눈부신 학문과 교수 활동을 계속했다. 그 동안 그의 제자인 알렉산드로스도 동방에서 역시 군사, 정치 활동을 계속했다. 이 12년 동안만큼 세계사에 뜻깊은 세월은 거의 유례가 없었을 것이다. 그런데 뜻밖에도 아직도 앞길이 창창한 젊은 대왕이 아시아 땅에서 급사했다. 그러나 그것보다도 더욱 뜻밖의 일은 아리스토텔레스가 교사인 유리메톤에 의해서 독신(瀆神) 죄목으로 고소를 당한 것이다. 그가 일찍이 비운의 최후를 마친 헤르미아스의 상을 델포이에 세우고 거기에 부친 비문인 '덕의 찬가'가 신을 모독했다는 것이었다. 그럼 그걸 읽어 보고 넘어가자.

오, 덕이여, 덧없는 사람의 아들들로서는 얻기 어려운 덕이여.
당신은 생명을 다투어 구하는 비할 데 없이 아름다운 노획물.
당신의 아름다운 그 모습 때문에, 아아 소녀(덕을 말함)여

생명을 잃는 것도 수많은 고초를 겪는 것도
헬라스에서는 영광스런 운명이다.
당신은 사람들의 마음에 불사의 용기를 던져 주는
황금보다도, 부모보다도, 편안한 잠보다도 나은 용기를
당신을 위해 제우스의 아들 헤라클레스도, 레다의 아들들도
수많은 곤란을 참아냈다.
당신의 힘을 얻고자.
당신의 자취를 그리워하면서
아킬레우스도, 아이아스도 저승(하데스)으로 내려갔다.
그리고 또 아타르네우스의 귀여운 아이도
당신의 사랑스런 모습 때문에 햇볕을 빼앗겼다.
그러니까 그의 행위는 노래로 부르게 하라!
무네모슈네의 딸들 뮤즈의 여신이여
그를 불멸의 자라고 하시구려!
손님의 수호신 제우스의 권위와 흔들림 없는 우정의 은혜를
찬양하면서.

이 찬가 속에서 '아타르네우스의 사랑하는 아들'이라고 불리운 것은 헤르미아스를 말한다. 여러분은 이것을 듣고 어디가 신을 모독하는 조항에 해당한다고 생각했는지. 고소자들의 변명으로는 헤르미아스와 같은 자를 신과 비교한 것이 잘못이었다고 말했던 것 같다. 그러나 편견 없이 이를 보는 자로서는 도무지 이해할 수 없는 점이다. 그도 그럴 것이 독신이라 함은 단순히 표면상의 이유이고, 사실은 알렉산드로스 대왕의 죽음에 의해서 갑자기 증강되어 온(反)마케도니아 열기가 아리스토텔레스를 그 좋은 표적의 하나로 선택했던 것이다. 거기에는 아리스토텔레스의 혈통, 그와 마케도니아 왕조에 대한 관계, 알렉산드로스 대왕의 섭정에서 그리스에서의 당시 반란의 토벌자였던 안티파트로스(Antipatros, 기원전 397년~319년)[65]와의 친밀한 우정, 그의 정치상의 의견 등등은 꽤 훌륭한 것으로 보였다.

그는 이 소송의 위험을 피하기 위해 학원(學園)을 사랑하는 제자인 테오프

---

65) 마케도니아의 장군. 필리포스 2세를 도와 알렉산드로스 대왕(3세)의 동정 중 마케도니아와 그리스를 맡아 기원전 330년 메가로폴리스에서 아기스 3세를 파하고 후년 323~322년의 라미아 전쟁에서는 아테네 이하의 반 마케도니아 연합군을 대파했다.

라스토스에게 맡기고 "아테네 시민들에게 다시금 철학을 모독하게 하는 기회를 주고 싶지 않다"고 말하고 기원전 323년 늦여름에 해협을 건너 에우보이아의 서해안 카르키스로 도피했다. 이 지방에는 외갓집이 있었다. 그곳에서 잠시 동안 망명의 몸을 의탁할 예정이었을 테지만 하늘은 1년의 세월도 여유를 주지 않았다. 망명한 이듬해 한여름, 고질인 위병 때문에 드디어 이 땅에서 눈을 감았다. 그 때 나이 62세였다. 유골은 고향인 스타게이로스로 운반되었다고 전해진다.

오늘 저녁도 꽤 늦어진 것 같군요. 처음에는 아리스토텔레스의 유언장을 읽어 주어, 여러분으로 하여금 아리스토텔레스의 유족에 대한 노파와 같은 세심한 마음씀과 노비들에 대한 따뜻한 인정과 친구들에 대한 두터운 신뢰와 양부(養父)에 대한 깊은 감사 곧 그의 인간적인 측면을 통상의 분석적이고 용의주도한 필법과 함께 맛보여 줄 참이었는데 오늘 저녁은 사양해야겠구나.

마지막으로 두세 마디만 덧붙여 말하고 오늘 저녁은 그만 끝내기로 하자.

그의 외모에 관해서는 작은 몸집에 야위고 눈이 작았다고 한다. 또 떠듬떠듬 말했었다고 한다. 또 사람들 눈에 잘 띄는 훌륭한 옷을 입고, 반지를 끼고, 단정하게 조발을 하고 있었다고 하여 비난을 들었다. 또 그는 굉장한 미식가여서 마케도니아의 궁정에 갔던 것도 그 때문이며, 알렉산드로스에게 아첨을 잘하여 그가 죽은 후에는 75개, 또는 300개의 은접시가 남아 있었다느니, 따끈한 올리브 기름으로 목욕을 했을 정도로 사치스러웠다느니, 또 목욕에 사용한 기름을 사람들에게 다시 팔아먹을 정도로 노랭이였다느니, 두번이나 장가를 갔고 자기의 제자에게 반했었다느니, 갖가지의 비난이 반대파들의 입을 통해서 나왔다. 그것들이 어느 정도까지 사실인지, 또 모두가 사실이라 할지라도 그 이유가 그들이 말하는 것과 같았는지는 문제로 남는다.

그는 "거짓말을 하는 자는 어떤 이득이 있는가" 하는 질문을 받고 "사실을 말한다 하더라도 믿기지 않을 것이다"하고 대답했다.

또 언젠가 그는 악한 인간에게 시혜를 했다고 해서 비난을 받았다. 그러자, 그는 "내가 불쌍히 여긴 것은 그 성격이 아니고 인간이다"라고 대답했다. 성격은 그리스어로 '트로포스', 인간은 '안드로포스'이다. 곧 언어 유희로 되어 있다.

또 "교양은 좋은 환경에서는 장식품이고 슬픈 환경에서는 피난처이다"라고 말했다.

또 "어린이를 교육한 교사는 단순히 그들에게 생명을 준 부모보다도 존경할 만하다. 한쪽은 단순한 생명을 준 데 불과하지만 다른 한쪽은 좋은 생명을 주었기 때문이다"라고 말했다.

또 희망의 정의를 내려 달라는 요구에 "눈을 뜨고 있는 자의 꿈이다"라고 대답했다.

또 "왜 우리는 미인하고라면 오랜 시간 함께 있고 싶어지는 것일까요?"라는 질문을 받고, 그는 "그건 장님의 질문이지"라고 말했다. 그리고 "미모는 어떤 추천장보다도 유효하다"고도 말했다.

마지막으로 또 한 가지, 어떤 사나이가 한시도 쉴 사이 없이 떠벌리고 난 다음에 "폐가 되지나 않았는지요?"라고 그에게 물어 왔다. 그러자 그는 "아니 천만에 말씀! 나는 한 마디도 듣지 않고 있었으니까"라고 대답했다고 한다. 그럼 이만 안녕!

제15야
시노페의 디오게네스

이제는 슬슬 학교도 본격적으로 시작될 무렵이 되었으니까 내 얘기도 우선 오늘 밤에는 끝막음을 하기로 하자.

나머지 철학자들의 이야기는 여러분에게 흥미가 있으면 또 기회를 봐서 이야기하기로 하고 마지막으로 '나무통 속의 철학자'로 유명한 시노페의 디오게네스를 다루어 보자. 그에 관해서는 여러분도 이미 여러 가지의 이상하고 재미있는 얘기를 들었을지도 모른다. 그리고 오늘 밤은 첫째 플라톤의 수법을 흉내내어 가능한 한 "어떤 전기에 따르면 ……라고 전한다"라든가, "……라고 한다"라든가, "어떤 사람의 말에 따르면 ……라고 전해진다"라든가, "……라고 말한다"라든가 하는 말을 생략하기로 한다. 이런 말들은 들으면 번거롭고 그 때문에 재미도 덜해질 테니까 말이다. 물론 플라톤의 수법을 흉내낸다고 해도 그와 다투기 위해 어깨겨루기를 하려는 것은 아니다. 나 자신의 이야기가 서툴다는 것은 나 자신이 더 잘 알고 있다.

오늘날의 흑해 남쪽 연안에 퐁토스 유크세이노스라고 불리우던 시노페라는 그리스인의 식민 도시가 있었는데, 이 도시에 상당히 번창한 한 채의 환전상(換錢商)이 있었다. 주인은 히케시스라는 사람이었다. 그의 아들은 아직 어렸지만 만사에 빈틈이 없어 부모의 한쪽 팔이 되어 가업을 돕고 있었다. 그런데 어쩐 일인지 어느 날 이 환전상 주인은 시노페 시 당국으로부터 위탁받은 공금을 다시 주조하여 가짜 돈을 만들었다. 이 계교는 얼마 안

가서 드러났고 아버지는 체포되어 옥중에서 죽었다. 그 아들까지도 추방을 당했다. 부자가 공모해서 한 짓이라는 소문도 있었으며, 사실은 장본인이 그 아들이라는 소문도 나돌았다. 그리고 이 아들이 바로 여러분에게 낯익은 디오게네스이다.

고향에서 쫓겨난 그는 아테네로 찾아왔다. 여기에서 그는 안티스테네스의 문을 두드렸다. 안티스테네스는 제자를 삼는 것을 좋아하지 않았다. 그는 억지로 간청했다. 안티스테네스 역시 완강하게 거절했으나 그가 너무도 끈질기게 매달렸으므로, 어느 날은 떨쳐 버릴 양으로 지팡이를 들어 휘둘렀다. 그런 일에 겁을 먹고 순순히 물러설 디오게네스는 아니었다. 조용히 머리를 늘여 빼고 앉아, "선생님, 제발 때려 주십시오. 그러면 뭔가 알게 될 것 같습니다. 그 지팡이는 선생님의 귀한 가르침을 받기 전에 나를 쫓아 버릴 수 있을 만큼 튼튼하지는 못할 것입니다." 이렇게까지 나오는데야 그 안티스테네스도 감복하여 마침내 입문을 허락할 수밖에 없었다.

스승의 덕의 가르침은 무일푼으로 쫓겨난 처지에는 아주 쉬운 것이었다. 사람이 행복해지기 위해서는 덕만 있으면 그것으로 충분하다. 금전은 물론이요, 명예도, 지위도, 가문도 필요없다. 이러한 스승의 가르침을 그는 몸소 실천했다. 이 점에서는 스승을 훨씬 능가하는 데가 있었다. 그는 버르장머리 없게도 그 스승 안티스테네스를 "자신의 목소리를 듣지 못하는 나팔"이라고 불렀다.

그는 어느 날 쥐가 돌아다니고 있는 것을 보고 생각했다. 쥐는 특별히 침상도 찾지 않는다. 어둠도 두려워하지 않는다. 맛있는 것도 찾지 않는다. 이것이 또 인간의 길에서도 마땅히 있어야만 한다. 이렇게 깨달은 그 이후 그는 되도록이면 간소하고, 욕심없고 자유로운 생활을 하려고 노력했다. 옷은 단 한 벌, 보통 길이의 2배로 하여 밤에는 그것으로 둘둘 감고 잤다. 신전이나 의사당의 주랑(柱廊)을 가리키며 "친절하게도 아테네인들은 나를 위해 훌륭한 거처를 준비해 주었다"고 말했다. 등에는 큰 자루를 짊어졌다. 피로하면 아무 데서나 그것을 베개삼아 자기도 했다. 혹은 그 위에 앉아서 누구에게건 차별없이 거리낌 없이 얘기를 하는 일마저 있었다. 배가 고프면 어디에서건 그 자루 속에서 먹을 것을 꺼내 먹었다. 살코기마저도 생으로 먹었다. 혼잡한 시장 속에서도 태연히 밥을 먹었다. 이를 나무라는 자가 있으면 그는 태연하게 "시장에서 시장기를 느꼈기 때문이지"라고 대답했다. 언젠가는 다소 진지한 얼굴이 되어 "만일 밥을 먹는 일이 무례한 짓이 아니라면 시장에서 먹어도 무례한 짓은 아닐 것이다. 그런데 밥을 먹는 일은 무례한 짓은 아니다. 그러므로 시장에서 먹어도 무례한 행위는 아니다"라고 말한 일도 있었다.

다만 그것만이 아니었다. 흥분을 하게 되면 시장의 군중들의 면전에서라도 "위장을 쓰다듬어 배고픔을 참아 낼 수 있는 것과 마찬가지로 요녀석도 신경을 쓰지 않아도 된다면 좋을 텐데."라고 말하면서 거뜬히 흠란한 짓마저 해치웠다.

어느 날 아이들이 손으로 물을 떠서 마시고 있는 것을 보고 "간단한 생활 양상이란 게 어린이들만큼도 못했었구나" 하고 자탄하면서 자루 속에서 물그릇을 꺼내 귀찮다는 듯 던져 버렸다. 또 자기의 접시를 깨뜨린 아이가 빵 구멍에다 누에콩을 박고 있는 것을 보고 밥공기마저도 내버렸다.

참새가 보금자리를 찾듯이 그도 거처를 찾았다. 어떤 사람에게 자기를 위해 오두막집을 지어 달라고 부탁하는 편지를 보냈다. 그러나 그 사람이 주저했으므로 메트로온에 있던 술통을 자기 거처로 삼았다. 여름날에는 그 술통을 태워 버릴 것만 같은 뜨거운 모래 위를 굴리며 돌아다녔다. 겨울날에는 눈이 하얗게 덮인 조상(彫像)을 팔로 끌어안았다. 눈 위에도 맨발로 걸어 다녔다. 육체의 난행과 고행으로써 의지를 단련하고자 했던 것이다.

어느 날 크로테로스라는 사나이가 그를 초빙했다. 디오게네스는 "크로테로스의 집에서 대접을 잘 받느니보다 아테네에서 소금을 핥고 있는 편이 낫다"고 거절했다.

그는 비렁뱅이짓도 했다. 때로는 신전의 공물마저 훔친 일도 있었다. 구걸을 할 때에는 "만일 그대가 남에게 뭔가 준 일이 있다면 내게도 주구려. 아직 그런 적이 없다면 내게 개시삼아 줘 보구려"라고 곧잘 말했던 것이다. 때로는 줄 것 같으면서 좀체로 주지 않는 자도 있었다. 그러면 그는 "내가 부탁하는 것은 오늘의 빵이지 장례식 비용이 아니야"라고 호통을 쳐 댔다. 때로는 시원스럽게 후히 베풀어 주는 자도 있었다. 사람들이 그 사람을 칭찬하면, 그는 "그것을 받아들일 만한 값어치가 있는 나를 칭찬하지 않는가?"라고 말한 일도 있었다. 언젠가는 몹시 성격이 까다로운 사나이에게 구걸을 요청했다. 그 사나이는 "만일 그대가 나를 설득한다면 주지"라고 말했다. 그러자 그는 "만일 나에게 그대를 설득할 재간이 있다면 그대가 목을 늘이도록 설득할 것이다"라고 대답했다.

또 어떤 자는 "그대는 다른 사람에게는 겨우 1오보로스밖에 빌리지 않았는데 어째서 내게는 1므나나 달라고 하는가?"라고 비난했다. 그러자 디오게네스는 태연히 이렇게 대답했다. "다른 사람에게는 또 빌릴 일이 있으리라 생각하지만 그대에게선 또 얻어내는 것이 하느님의 뜻에 걸맞지 않는 일이기 때문에"라고.

또 언젠가는 "왜 사람들은 거지에게는 은혜를 베풀지만 철학자에게는 그렇지 않는가?" 하는 질문을 받고 "그들은 언젠가는 절름발이나 장님이 될지도 모른다고 생각하지만 철학자가 되는 일이 있으리라고는 꿈 속에도 생각지 않기 때문이지"라고 대답했다.

어느 날엔가 그는 조상(彫像)의 기증을 구걸했다. 상대는 놀라며 "무엇 때문에 그런 것까지 다 받고자 하는가?" 하고 물었다. 그러자 그는 형세가 불리함을 간파했는지 "거절당하는 연습을 하기 위해서다"라고 대답했다.

그는 때때로 대낮에 등불을 켜들고 거리를 돌아다니는 일이 있었다. 사람들이 그 모습을 보고 무엇을 하고 있는가를 묻자, "인간을 찾고 있는 거라오"라고 말하면서 상대방의 코끝에다 그 등불을 들이대곤 했다. 그는 덕망이 있는 자만이 인간이라고 부를 가치가 있다고 생각했던 것이다.

언젠가 공중 목욕탕에서 돌아오는 길에 "많은 사람들이 있습니까?"라고 어떤 사람이 물었다. 그는 "아니오"라고 대답하고 지나갔다. 또 다른 사람이 "많습니까?"고 물었다. 그러자 이번에는 "그렇다"고 대답했다. 여기에서도 역시 인간이라 할 만한 자는 없고, 그가 본 바로는 많은 동물이나 노예가 있을 따름이었다.

어느 땐가는 올림피아 경기에서의 승리자가 "남들에게 이겼다"고 의기양양한 얼굴로 이야기를 하고 있었다. 디오게네스는 그에게로 다가가서 말했다. "사람에게 이긴 것은 나다. 자네가 이긴 건 노예지"라고.

그는 마음내키는 대로 여러 도시들을 돌아다녔던 것으로 보인다. 언젠가 그리스의 어딘가에서 좋은 사람을 보았느냐고 물어 온 사람이 있었다. "응, 그리스 어디에도 선한 사람은 없었다. 다만 스파르타에서 착한 소년을 보았을 뿐이다"라고 그는 대답했다.

그는 곧잘 "의사나 철학자나 조타수가 일하는 것을 보면 동물 중에서 인간만큼 현명한 자는 없다고 생각하지만, 점쟁이라든가 해몽가라든가, 명성이나 부를 자랑하는 자를 보면 인간만큼 어리석은 건 없다고 생각한다"고 말했다.

어떤 사람에게 "모두가 자네를 비웃고 있다"는 주의를 받았다. 그러자 디오게네스는 "당나귀들이 그들을 비웃고 있다. 그러나 그들에게는 당나귀들의 말하는 것 따윈 마이동풍이지. 그들이 비웃는 소린 내게도 그와 마찬가지다"라고 시치미를 뗐다.

때로는 추방자라고 비난받는 일도 있었다. 그러자 그는 "그만들 두게나. 추방을 당했기 때문에 나는 철학자가 되었다네"라고 대답했다. 또 "나야말로 그들에게 금족령(禁足令)을 내렸다네"라고 대답한 일도 있었다.

때로는 위폐범이라는 비난을 받은 일도 있었다. 그러자 "그 때는 마치 나도 지금의 자네와 같은 사나이였던 시절이었지. 그러나 지금의 나와 같이 인간의 맨 밑바닥이 될 수는 없을 걸세"라고 그는 말했다.

때로는 그에게 제자 입문을 요청해 오는 자도 있었다. 한 사나이가 그 아들을 데리고 와서 자랑을 잔뜩 늘어놓으면서 "이 아이는 참으로 영특하고 똑똑한 아이입니다" 하고 소개하자, 그는 "그렇다면 자네는 어째서 나를 필요로 하는 것인가?"라고 되물었다.

또 어떤 젊은이가 "앞으로 제자로 삼아 주십시오"라고 부탁했다. 그러자 디오게네스는 한 마리의 다랑어를 그에게 주면서 "이것을 가지고 내 뒤를 따라오게나"라고 말했다. 젊은이는 창피하게 생각한 나머지 다랑어를 내던져 버리고 도망쳤다. 그 후 디오게네스는 길에서 그 젊은이와 만났다. 그러자 그는 웃으면서 "어이, 젊은이, 자네와 나의 우정은 다랑어 한 마리 때문에 깨졌었지"라고 말했다.

또 어떤 젊은이가 얼굴을 붉히고 있는 것을 보고 그는 다정하게 "용기를 내게나! 이런 것이 덕의 색깔이라네"라고 말해 준 일도 있었다.

어느 때는 "어째서 스포츠맨들 가운데는 저렇게 어리석은 녀석이 많지요?"라고 물어 온 자가 있었다. 그러자 그는 "녀석들은 쇠고기나 돼지고기의 덩어리이니까"라고 대답했다.

어느 날 그가 거리를 걷다가 근사한 가마를 타고 오는 한 여인을 만났다. 그는 옆 사람을 돌아보며 "저 가마는 저와 같은 동물을 넣기에는 알맞지 않아요"라고 말했다.

이어서 사자털가죽 옷을 입고 어깨를 으쓱거리면서 한 사나이가 지나갔다. 이를 본 디오게네스는 큰 소리로 "어이, 용기의 옷을 더럽히는 일일랑은 빨리 그만두게나!"라고 호소했다.

그리고 또 여자처럼 화장을 하고 모양을 낸 젊은이가 다가와서 그에게 무언가를 물었다. 그러자 그는 "발가벗고 남자인지 여자인지를 보여 주라. 그렇지 않으면 나는 못 가르쳐 주겠다"고 말했다.

그는 큰 소리로 사람의 도리를 설파하기 시작했다. 사람들이 모여들지 않았다. 그러자 그는 갑자기 입술을 뾰족하게 오므리고 날카로운 휘파람 소리를 냈다. 무슨 일인가 하고 많은 사람들이 모여와서 그의 주위를 에워쌌다. "바보들 같으니라구!"라고 일갈하였다. "너희들은 실없는 소리를 듣기 위해서는 진실로 서둘러 모여들지만, 참된 이야기를 하면 마치 황소걸음처럼 되잖는가!"

그리고 나서 그는 지팡이를 짚고 조용히 다시 걸어나갔다. 가게에서 도락자(道樂者)인 의사가 예쁜 처녀의 눈을 치료하고 있었다. 그는 그 의사에게 "정신차려요! 처녀의 눈을 치료해 주다가 처녀를 망쳐 놓지 말고"라고 소리를 지르며 지나갔다.

어떤 곳에서 사치스런 한 사나이가 노예에게 자기 신발을 신기게 하고 있었다. 그 광경을 보고 그는 "자네는 아직도 충분히 행복하다고는 말할 수 없겠군. 코까지 닦아 주어야만 할 테니. 그러나 그리되면 자네의 손이 말을 안 듣게 되고야 말걸"하고 말했다.

어떤 곳에서는 열심으로 목욕재계를 하고 있는 한 사나이가 있었다. 그는 "가엾은 사나이군 그래. 목욕재계를 하더라도 글씨가 틀리는 건 피할 수 없을 거 아냐? 그와 마찬가지지. 자네가 이런 짓을 한대도 이 세상의 죄나 더러움을 면하게 될 순 없지. 자넨 그걸 모르는가 보군 그래"라고 말했다. 그러자 그 자리에 함께 있던 리시아스라는 약사가 "그대는 신들을 믿는가?"고 물었다. 그는 "나는 그대를 신들의 적이라고 믿고 있지. 그런데 어째서 신들을 믿지 않겠는가?"라고 대답했다.

그는 꿈자리가 좋았다느니 나빴다느니 하며, 기뻐하거나 슬퍼하거나 하는 자를 보고 "너는 잠자리에서 깨어나게 해 준 데에는 조금도 주의를 기울이지 않고 잠자면서 꾼 꿈에는 그렇게도 신경을 쓰는군"하면서 잘 타일러 주었다.

또 언젠가는 사모토라케로 갔다. 그 곳 신전에는 산같이 많은 공물이 쌓여 있었다. 참배자들은 이를 보고 경탄해 마지않았다. 그 소식을 듣고 디오게네스는 "만일 구원받지 못한 자가 공물을 바쳤더라면 이 정도로 많아지지는 않았을 것이다"라고 말했다.

어느 사이엔가 그에게는 '개'라는 별명이 붙여졌다. 그 까닭을 직접 그에게 묻는 사나이가 있었다. 그러자 그는 이렇게 설명했다. "내게 뭔가를 주는 자에게는 꼬리를 치지만 내게 아무것도 주지 않는 자에겐 짖어대고, 못된 녀석에게는 물려고 덤벼들기 때문이지"라고. 또 어떤 종류의 개인가라는 질문에 "나는 모든 사람들이 칭찬하지만 그 사람들 누구하고도 함께 사냥하러 따라가지 않는 개"라고 설명했다.

그가 어느 날 아침 시장에서 식사를 하고 있자니 그의 주위에 사람들이 모여들어 "개다! 개여"하고 외쳐 댔다. 그러자 그는 천연덕스러운 얼굴로 "개는 되레 너희들이지. 사람 주위에 버텨 서서 사람이 밥먹는 걸 구경하고 있다니"라고 말했다.

또 어느 연회에서 사람들이 마치 개에게 하듯이 그에게 고기 뼈다귀를 던져 주었다. 그러자 그는 일어나서 그 자리를 뜨면서 개처럼 그들에게 소변을 내갈겼다.

그는 이와 같이 무례하고 오만한 사나이기는 했으나 그래도 그는 사람들에게 사랑을 받았던 것 같다. 어느 짓궂은 젊은이가 디오게네스의 거처인 그 술통을 부숴 버렸을 때에 사람들은 그를 위해 또 술통 하나를 보내 주고 그 못된 젊은이에게는 채찍으로 벌을 주었다.

또 그는 놀라운 설득의 재능을 가지고 있었다. 아이기나 섬의 어떤 사나이가 한 아들을 아테네에 유학을 시켰다. 그리하여 그 아들은 디오게네스의 제자가 되어 언제까지고 돌아오지 않았다. 아버지는 걱정이 되어 아들을 찾고자 그의 형을 또 아테네로 보냈다. 그러나 그 형도 디오게네스에게 매혹당하고 말았다. 그래서 이번에는 아버지가 직접 아테네로 찾아갔다. 그렇지만 그도 디오게네스에게 설득당해 철학 연구에 종사하게 되었다.

그는 누구에게고 사정없이 독설을 퍼부어 댔는데, 플라톤에 대한 증오는 스승 안티스테네스로부터 그의 학설과 함께 물려받았던 모양이다. 플라톤이 "인간이란 두 다리가 있고 깃털이 없는 동물이다"고 정의를 내려 많은 칭찬을 듣고 있었다. 어느 날 디오게네스는 털을 다 뜯어 낸 닭을 쳐들고 플라톤이 강의하고 있는 곳으로 "이것이 플라톤의 말하는 인간이다"라고 말하면서 들어갔다. 그 결과 플라톤은 다시 그의 정의에 "반반한 손톱 발톱을 가진"
이라는 말을 덧붙였다.

어느 날 디오게네스는, 잘 장만한 연회석상에서 플라톤이 올리브에 손을
대지 않고 있는 것을 보고 "현자인 그대가 시칠리아로 갔던 것은 이와 같은
진수성찬 때문이었는데, 지금 그것이 목전에 이렇게 차려져 있는데도 드시지
않는 건 어인 일인가?"라고 물었다. 그러자 플라톤은 "아니, 뭐라고? 디오게
네스. 나는 거기에서도 대부분의 날들을 올리브라든가 이와 같은 것들로
지냈는걸"하고 대답했다. 그러자 디오게네스는 "그럼 무엇 때문에 멀리는
실라쿠사까지 가야만 했었을까? 아니면 그 때 아티케에 올리브가 없었다는
이야기인가?"하고 따지듯이 말했다.

또 어느 날 디오게네스가 말린 무화과를 먹으면서 걷고 있는데 플라톤과
마주쳤다. 그래서 그는 "조금 들어 보겠는가?"고 말하며 그것을 내밀었다.
플라톤은 받아먹었다. 이를 보고 있던 그는 "아, 난 조금 먹어 보라고 말했지
다 먹어 버리라고는 안 했네"라고 힐난을 했다.

또 어느 날 플라톤이 디오니시오스 왕으로부터 온 친구들을 초대해서
얘기하고 있는 자리에 디오게네스가 나타나더니 그 근사한 카펫에 걸려
넘어졌다. 그러자 그의 입에서는 "나는 플라톤의 자만(自慢)에 걸려 넘어졌
다"는 말이 튀어나왔다. 플라톤은 그 소리를 듣고 "또 다른 하나의 자만에
자넨 걸려 넘어졌던 걸세"라고 받아넘겼다.

어느 날 디오게네스가 머리에서부터 물을 흠뻑 뒤집어 쓰고 비맞은 제비
새끼처럼 흥건히 젖은 채 서 있었다. 곁에 있는 사람들이 딱하게 여기려는데
그 자리에 나타난 플라톤은 "진정으로 그를 딱하게 여긴다면 당신은 이 곳을
빨리 떠나야만 될 게 아닌가"고 말했다. 디오게네스의 허영심을 암시하는
말이었다.

플라톤은 사람들로부터 "디오게네스는 어떤 인간이라고 생각하십니까?"
라는 질문을 받고 "그 사람은 마치광이 소크라테스지"라고 대답했다.

디오게네스에게도 저작물이 있었던 것 같다. 어떤 사나이가 디오게네스에
게 그가 쓴 책을 빌려 달라고 부탁했다. 그러자 그는 "어리석은 사나이군.
자네는 그린 물고기보다도 진짜 물고기를 선택하는 주제에, 교육을 받는다고
해서 진짜 사물은 그냥 지나치고, 쓰여진 대로 하겠는가"라고 힐책을 했다.

그는 철학으로부터 무엇을 얻었는가라는 질문을 받고 "다른 것은 어쨌

든, 어떤 운명에 대해서도 마음가짐이 되어 있다는 것이지"라고 대답했다.

또 "어떤 술이 가장 맛이 좋은가?"라는 질문에 그는 "실컷 마실 수 있는 술"이라고 대답했다.

또 어떤 이가 "저는 철학을 하기에 적당치 않은 사나이입니다"고 말했다. 그러자 그는 "착하게 사는 문제를 생각하지 않으려면 도대체 무엇 때문에 사는 거지?"라고 나무랐다.

그는 또 식사를 하기에 적당한 시간은 언제인가라는 질문을 받고 "부자라면 원하는 때, 가난한 사람이면 먹을 수 있을 때"라고 대답했다.

"죽음은 나쁜 일인가, 어떤가?"라는 질문에는 "그게 어째서 나쁜 일이겠는가. 그것이 우리 가까이에 있을 때에는 이미 우린 그것을 느끼지 못하는 것이다"라고 대답했다.

"물렸을 때에 가장 나쁜 것은 어떤 동물인가?"라는 질문을 받고 "들짐승 중에서는 스파이지, 가축 중에서라면 아첨배이고"라고 대답했다.

또 그는 어떤 대머리 사나이에게 욕을 먹었을 때에 "아니, 나는 욕을 먹는 것 따위 개의치 않아요! 옳지, 참 나는 자네의 그 머리털을 칭찬해요, 그들은 모두 나쁜 머리에 작별을 고했으니까 말야"라고 말했다.

그는 카이로네이아의 전쟁(기원전 338년~337년) 후에 체포되어 마케도니아 왕 필리포스 앞에 끌려 나갔다. 왕은 친절하게 "너는 어떤 자인가?"라고 물었다. 디오게네스는 조금도 겁내지 않고 "나 말인가? 나는 너의 끝없는 탐욕을 탐색하는 스파이다"라고 대답했다. 이 대답에 왕은 크게 감탄하여 그를 방면해 주었다.

언젠가 그는 "어디 시민인가?"라는 질문을 받았다. 그는 "세계의 시민이다"라고 대답했다. 그리스어로는 코스모폴리테스이다. '코스모폴리탄'이라는 말은 그에게서 시작되었을 것이다. 그에게는 인간이 만든 좁은 국가의 경계선 따위는 문제가 아니었던 것이다. 덕이 있는 지성인은 누구나 모두 그의 동포였다.

어느 날 이 코스모폴리탄은 아이기나 섬으로 향하는 선상에 있었다. 아이기나 섬은 플라톤이 노예 시장에 매물로 나왔던 그 섬이다. 그 때 불행하게도 스키르파라스라는 사나이를 두목으로 한 일단의 해적들에게 체포되었다. 그리하여 크레테 섬의 노예 시장으로 끌려 나가 '매물'의 신세가 되었다. 경매인이 "너는 무얼 할 줄 아느냐?"라고 물었다. 노예로 팔려 가려 하는 그가 뜻밖에도 "남을 지배하는 것이다"라고 대답했다. 그리고 "만일 누군가 자신을 위해 주인을 사고자 하는 자가 있다면 알려 다오"라고 부탁하고 앉아 버렸다. 거기에서는 앉는 것이 금지되었지만, 그는 "뭐, 상관있을려고. 생선은 어떤 형태로 내놓아도 사갈 사람이 생기는 걸"하고 생각하며 태연한 얼굴로 있었다. 그뿐만이 아니라 "우리는 항아리나 접시를 살 때에는 그 소리를 들어 시험해 보고 사는데, 사람을 살 때는 그저 보는 것만으로 만족하는 건 참으로 이상한 일이다"라고 생각하며 일부러 이상한 짓을 해 보였다.

그 곳에 진홍색의 레이스를 붙인 훌륭한 옷을 입은 크세니아데스라는 사나이가 나타났다. 그를 보자 디오게네스는 "나를 이 사나이에게 팔아 주오. 저이에게는 주인이 필요하오"라고 말했다. 크세니아데스가 화도 내지 않고 그를 사 주자, 디오게네스는 그에게 "나는 노예이긴 하지만 그대는 나를 따라야만 하오. 그대는 의사나 키잡이가 노예라면 그대는 그들이 하자는 대로 할 것이오"라고 말했다.

크세니아데스는 에우리피데스의 '강은 거꾸로 흐른다'는 시구를 중얼거리면서도 쾌히 승낙했다. 그리고 고향인 코린토스로 데리고 돌아와 아들들의 교육이나 집안일을 일체 그에게 맡겼다. 집은 만사가 잘 되어 가서 크세니아데스는 아는 사람들을 만나면 "우리 집에는 복의 신이 날아들어왔다"고 자랑할 정도였다. 아들에 대한 그의 교육은 그 나름대로 엄격했지만 그래도 아이들은 그를 존경했다. 디오게네스의 친구들은 그의 처지를 가엾게 여겨 자유의 몸으로 만들어 주어야겠다고 생각했다. 그러나 그는 그 친절한 친구들을 보고 이렇게 말했다. "그대들은 어수룩한 사나이군. 사자는 자기를 길러 주는 자의 노예는 아니지. 노예는 도리어 그 사자를 기르는 자라고 해야 할 거야. 공포는 노예의 특징이라고. 그런데도 그 짐승은 인간에게 공포를 주는 것이다." 이리하여 그는 죽는 날까지 크세니아데스의 노예로서 만족해했다.

알렉산드로스 대왕과 그의 유명한 대화도 이 무렵의 일이다.

알렉산드로스 대왕은 그리스를 정벌하고 코린토스에 있었다. 그리스의 대부분의 정치가나 학자들은 왕에게 인사를 올리기 위해 알현을 했다. 대왕은 디오게네스도 알현할 것을 희망했다. 그렇지만 그는 대왕에게 조금도 경의를 표하려고 하지 않았다. 여전히 조용히 코린토스 교외의 클라네이온에 머물러 있었다. 대왕은 이 완고한 사나이에게 흥미를 느꼈던지, 스스로 그에게로 찾아 나갔다. 디오게네스는 양지에 느긋하게 드러누워서 일광욕을 즐기고 있는 터였다.

많은 사람들이 다가오는 기미를 느끼고 그는 약간 머리를 쳐들고 대왕 쪽을 흘긴 곁눈으로 쳐다보았지만, 다시 그대로 누워 있었다. 대왕은 자기가 먼저 입을 열어 "나는 대왕 알렉산드로스이다"라고 점잖게 말했다. 그러자 디오게네스는 "나는 개 디오게네스이다"라고 조용히 대답했다.

"너는 나를 두려워하지 않는가?"

"그대는 선한 자인가?"

"그렇다."

"그렇다면 선한 자를 뭣 때문에 두려워하겠는가?"

왕은 마지막으로 이렇게 말했다.

"소망이 있다면 말해 보라."

디오게네스는 한 손을 쳐들어 대왕을 떼밀어 내듯이 하면서 "햇볕을 가리지 말아 달라"고 말했다. 이 말은 너무도 뜻밖의 것이었던만큼 대왕에게는 강한 인상을 주었다. 대왕은 이 말 속에서 한 노예 디오게네스의 위대성과 자부심을 발견했다. 시종 무관들은 그의 오만함에 화가 나서 모욕을 가하려고 했다. 그러나 대왕은 그들을 막으면서 아주 감개무량한 듯, "내가 만일 알렉산드로스가 아니었더라면 나는 디오게네스가 되는 걸 원했을 것이다"라고 말했다.

디오게네스는 90세가 가까워졌다. 어느 날 생낙지를 먹고 배탈이 났다. 또 어떤 전기에 의하면 낙지를 개들에게 나누어 줄 때에 개에게 물린 것이 화근이 되어 병이 되었다고도 한다. 마지막이 가까웠다. 주인 크세니아데스는 "어떻게 매장해 드릴까요?"라고 물었다. "얼굴을 밑으로 해서"라고 그는 힘없이 대답했다. "어째서요?"라고 다시 주인은 물었다. 그러자 그는 "얼마 안 있어 아래가 위로 바뀔 테니까"라고 대답했다. 이것은 당시 그리스인들에게는 북이(北夷)인 마케도니아인들이 그리스인들을 정복해 위아래가 뒤집혀지려고 하던 것에 대한 풍자였다.

또 어떤 이에 의하면 디오게네스는 스스로 숨을 멈추어 죽어 갔다는 것이다. 그는 코린토스 근교의 클라네이온에 살고 있었는데, 어느 날인가 그의 제자나 친구들이 여느 날처럼 그에게로 찾아가자 그는 아직도 옷을 몸에 감고 드러누워 있었다. 그는 낮잠이나 늦잠을 자는 성격은 아닌데 아직도 자고 있는 것일까 생각했다. 그러나 도무지 일어나려는 기미가 안 보였으므로 그의 옷을 벗겨 보았다. 그러자 그는 죽어 있었다. 그의 유해 처리를 놓고 그들 사이에 다툼이 생겨났다. 종국은 서로 치고 받게 되었는데 거기에 그들의 부모나 훌륭한 어른들이 찾아왔다. 이 사람들의 지시에 따라 이스토모스로 통하는 문 옆에 묻히게 되었다. 그들은 그 위에 돌기둥을 세우고 그의 별명에 걸맞게 대리석으로 된 개를 장식했다. 그 후 고향인 시노페 시에서도 전에는 위폐범이었던 디오게네스를 위해 기념비를 세워서 그를 칭송했다. 그 비면에는 다음과 같은 시가 새겨져 있었다.

　　때 지나면 구리도 녹이 슨다.
　　때 지나도 썩지 않음은 그대의 명예.
　　그대만이 지는 꽃의 덧없는 아이들에게
　　나는 새의 가벼운 생명을 가르쳐 준다.

　그가 죽던 날은 기이하게도 알렉산드로스 대왕이 아시아에서 급사한 날과 같은 날이었다고 한다. 디오게네스는 그 유언장에 들짐승이 자기를 먹을 수 있도록 묻지 말고 내버려 달라든가, 혹은 도랑에다 내버려 구더기밥이 되게 해 달라든가 말했다고 한다. 그러나 또 어떤 사람에 의하면 형제들에게 폐가 되지 않도록 이스소스 강에 던져 넣어 달라고 한 것이 마지막 말이었다고 한다.

　좀더 멋있는 표현을 쓴다면 노미스마의 개주자(改鑄者) 디오게네스는 어디까지나 노미스마의 개주자였다. 생각컨대 최초의 노미스마는 화폐라는 의미에서이고, 나중 것은 풍습, 혹은 가치라는 의미에서이다.

　오늘 밤도 꽤 늦어진 것 같군. 그럼 이것으로 나의 밤 이야기도 끝내기로 하자. 내게 더 지혜가 있다면, 니체가 말했듯이 세 가지 일화를 이야기함으로써 한 사람의 인간성을 선명하게 그려낼 수도 있었을 테지만, 그만 장황한 이야기가 되어 버려 미안하다. 또 다음 주부터는 먼저 기분을 전환하여 대대적으로 공부하자. 나도 디오게네스는 아니지만, 그렇게 노상 휘파람만 불고 있을 수도 없으니까. 그럼 안녕!

제Ⅱ부
철학자의 근심

제1야
여자 철학자 히파르키아

그럼 오늘 저녁에는 앞의 이야기 때와는 달리, 장래 여학자가 될지도 모르는 여학생도 있으니까, 키니코스 학파의 철학자 중에서도 특히 유명한 히파르키아를 중심으로 이야기를 해 보기로 하자. 이 히파르키아라는 그리스 이름은 '말을 제어하는 여자'라는 의미이다. 이 여인은 다음의 이야기를 보아도 상상할 수 있듯이, 젊은 시절에는 상당히 '난폭한 말'처럼 다루기 힘든 여자였던 것 같다. 그러나 마침내 철학에 의해서——조금 지나친 표현일지는 모르지만——어쨌든 잘 길들여져 훌륭한 명마가 되었다. 원래 그리스에는 말과 관련이 있는 이름을 가진 사람 가운데에는 기사(騎士) 계급 곧 전쟁때에 자기가 기르던 말을 타고 출전할 수 있는 부유한 귀족 계급에 속하는 자가 많다. I부 「철학자의 웃음」에서의 소크라테스의 이야기에 나왔던 희극작가인 아리스토파네스의 「구름」이라는 희극에 이런 이야기가 있다.

시골의 부유한 농사꾼과 그 사나이에게 시집간 귀족 출신 여자와의 사이에 장남이 태어났다. 두 사람은 그 아들의 이름 때문에 부부 싸움을 한다. 허영심이 강한 아내는 밤색 털의 말을 의미하는 크산티포스나, 아름다운 말을 뜻하는 칼리포스처럼 말과 관계 있는 듣기 좋은 이름을 붙이자고 고집을 했고, 남편은 예로부터의 풍습에 따라서 할아버지의 이름을 받아 페이도니데스——이것은 물건을 아끼는 사나이, 절약가라는 뜻인데——라고 붙이자고 버텼다. 꽤 논쟁을 한 끝에 양자 모두에서 한 토막씩 떼어 '페이디피데스'라는 이름을 붙이기로 낙착을 보았다. 이것은 '말을 아끼는 사나이'라는 의미가 된다. 부부는 각각 그 이름에 희망을 걸고 성장해 가는 모습을 즐겼는데, 그 후 당당한 젊은이가 되자 말에 미쳐서 부모의 재산을 다 써 버렸을 뿐만 아니라 부모에게 막대한 빚까지 지워 주고 만다. 빚쟁이는 날마다 독촉이 성화 같다. 어떻게 빠져 나갈 좋은 방법이 없을까 궁리한 끝에 문득 생각해 낸 것이 소크라테스의 일이었다. 그는 돈만 내면, 옳은가 그른가는 접어두고 변론으로 상대방을 이기는 기술을 가르쳐 준다고 한다. 이리하여 그는 소크라테스의 제자로 입문하게 된다.

글쎄, 이런 내용이 그 희극의 첫머리 부분이다. 그 뒷 부분은 앞에서 얘기 했으니까 기억하는 사람도 있을 것이다. 처음 참석한 자는 이 「철학자의 웃음」을 빌려 드릴 테니까 읽어 보기 바란다. 또 더욱 상세히 알고 싶은 사람 은 소크라테스에 관한 책을 읽어 보면 좋을 것이다. 이는 소크라테스를 잘 알기 위한 자료도 될 것이다. 그런데 앞의 책 이름은 밝히지를 않았지만 어떤 이름을 붙이더라도 그 이름 붙이는 자는 제각각 고심을 하게 마련이 다. 여러분의 이름도 역시 부모님이나 그 누군가의 고심의 작품이라고 생각 한다. 그 때의 고심 이야기를 다음 기회에 들어 보시라. 분명히 재미있는 일이 있을 것이다. 이름을 붙인 어버이의 이상이나 꿈이나 두려움, 그리고 또 그 이면에는 그 시대의 이상이나 유행 등이 사람의 이름에는 나타나는 일이 많은 법이다. 아니, 왠지 오늘 저녁은 처음부터 마치 성명을 판단해 주는 점쟁이처럼 이름에 관한 이야기를 하게 되었는데, 그럼 지금부터 본론 으로 돌아가기로 하자.

그런데 히파르키아라 함은 그 이름이 보여 주듯이, 역시 명문가의 깊숙한 방에서 자란 아가씨였던 것이다. 집은 트라키아 만(彎)에 인접한 마로네이아 라는 곳에 있으며 일찍이 알렉산드로스 대왕의 아버지 필리포스가 그 집에 묵었던 일이 있다고 한다. 그 형제 중에 마찬가지로 키니코스 학파의 철학을 신봉하게 된 메트로클레스라는 사나이가 있는데 이 사나이에 관해서는 다음 에 이야기하기로 하자.

히파르키아는 키니코스 학파의 철학자 크라테스의 이야기를 듣고, 그 생활 모습을 보고, 그에게 반해 버렸다. 무엇보다도 명문의 딸이기 때문에 혼담은 쏟아져 들어왔지만 가슴은 마냥 크라테스 생각으로 가득 차 있어서 그런 이야기에는 도무지 귀를 기울이려고도 하지 않았다. 구혼자들의 재산이나 가문이나 인간됨을 아무리 이야기해 주어도 마이동풍이라, 아무런 효과도 없다. 결국은 크라테스와 결혼을 시켜 주지 않으면 죽어 버리고 말겠다고 부모를 협박하는 지경이었다. 여기에는 부모도 두손을 들었던지 하는 수 없이 그 크라테스에게 도움을 요청, 제발 딸을 단념시켜 달라고 탄원을 하기에 이르렀다.

크라테스는 승락을 하고 그녀의 집으로 향했다. 그는 입에 침이 마르도록 여러 가지로 설명해 주었지만 그녀는 아무래도 단념하려고 하지 않는다. 그래서 마침내 크라테스는 벌떡 일어서서 그녀의 눈앞에서 인정 사정 없이 갑자기 옷을 훌훌 벗어 벌거숭이가 되어 버렸다. 그리고는 발가벗은 자기 몸을 가리키면서 "이게 신랑이다"라고 말하고, 또 그 옷을 집어들고 "이게 내 재산이다"라고 말하고는, 유유히 "자, 이것들을 보고 마음을 정하시오. 그리고 또 나와 같은 일을 하며 살아가지 않으려면 내 배필은 될 수 없소"라는 말을 덧붙였다.

그러나 아가씨는 그래도 그 크라테스를 남편으로 선택, 그 후는 남편 크라테스와 마찬가지로 키니코스 학파의 철학자들이 애용한 트리봉이라는 간소한 옷을 몸에 걸치고 언제나 남편과 함께 돌아다니면서, 또 공공연히 남편과 사귀며, 연회에도 함께 나가곤 했다. 당시 그리스의 부인들은 집 안에만 틀어박혀서 길쌈을 하거나 요리를 하는 것이 보통이었기 때문에 그녀의 행동이 보통 사람들에게는 참으로 기상천외의 일로 여겨졌을 것은 뻔한 일이다.

그런데 어느 날 리시마코스라는 사나이의 초대를 받고 이 원앙 부부는 어깨를 나란히 하고 연회에 모습을 나타냈다. 그 자리에는 '무신론자'라는 소리를 듣기에 이른 테오도로스도 와 있었다. 얘기가 나온 김에 말한다면 이 테오도로스라는 말은 '신이 주신 사나이'라는 의미이다. 그런데 그런 이름을 붙여 준 부모의 기대에 반하여 무신론자가 되었다고 하니까 좀 아이러니컬한 데가 있다. 그는 키니코스 학파와는 정반대의 입장에 선 쾌락주의자였다. 그 자리에서는 여러 가지 얘기들이 오갔을 터이나 다음과 같은 내용이 전해진다.

히파르키아는 테오도로스를 보고 말했다. "테오도로스가 해서 부정하다고 말할 수 없는 일은, 히파르키아가 해도 역시 부정하다고는 말할 수 없다. 그런데 테오도로스가 자기 자신을 치는 것은 부정한 것은 아니다. 따라서 히파르키아가 테오도로스를 쳐도 역시 부정한 것은 아니다."

그러나 테오도로스는 그 말에는 한 마디도 응답을 않고 갑자기 그녀의 옷을 잡아 벗겨 버렸다. 그렇지만 히파르키아는 보통 여자들처럼 기겁을 하거나 비명을 지르지도 않고 마음의 흐트러짐도 보이지 않았다.

이 침착한 여인의 태도를 보자, 테오도로스는 "이거야 '베틀이나 북을 다 내버린 여자'가 아닌가?"라고 에우리피데스의 비극에 나오는 말을 인용했다. 그러자 히파르키아는 "네, 옳아요, 테오도로스. 그래요, 저는. 그러나 제가 베틀 앞에 앉아서 낭비했을 시간을 교양을 위해 써 왔다면, 당신은 내가 나 자신에 대해 잘못 생각한 것이라고 생각하시겠습니까?"라고 반문했다.

이 두 사람의 논쟁은 여기에서 끝난다. 어떤가? 히파르키아는 학문을 하는 여성들을 위해 대단한 기염을 토해 주었다고 생각되지 않는가? 그녀보다 앞서 학문을 했던 여자가 그리스에 없었던 것도 아니다. 예를 들면 이 앞의 이야기에서 약간 언급한 쾌락주의자인 아리스티포스의 딸 아레테가 그러했을 것이다. 그러나 그녀에 관해서는 그 아들에게 아버지로부터 물려받은 가르침을 전수했다는 이야기가 전해질 뿐, 그 밖에는 아무것도 알 수 없다. 또 플라톤의 학교 아카데미아나 쾌락주의자인 에피쿠로스의 학원(學園)에도 철학을 하는 여자가 있었던 모양이지만 자세한 것은 역시 알 수가 없다. 그러니까 아마 여자로서 철학자다운 철학자라면 먼저 이 히파르키아를 들지 않으면 안 되겠다.

"A군, 실례지만 자네는 여성으로서 철학을 하고 그리스어를 공부하고 있는데 히파르키아의 말에 대해 어찌 생각하는가?"

"히파르키아의 말이라뇨, 선생님? 그건 어떤 걸 말씀하십니까? 앞의 것 말입니까, 뒤의 것 말입니까?"

"그렇군 참. 두 가지가 있었지? 나는 뒤의 것을 생각하고 있었는데……그런 질문을 하는 걸 보니, 앞의 말에 대해서도 감상이 있겠네그려? 그럼 그쪽 것부터 먼저 들려 주게나"

"저는 그건 궤변이라고 생각합니다."

"어째서지?"

"테오도로스가 자기 자신을, 즉 테오도로스를 때리는 것이 옳다고 하여 테오도로스와 다른 히파르키아가 테오도로스를 때리는 것이 옳다고 할 수는 없는걸요. 기껏해야 히파르키아가 자기 자신을 곧 히파르키아를 때리는 것이 옳다고 말할 수 있을 따름이죠."

"응, 확실히 그 점은 궤변이군. 지금에야 생각이 났는데 앞에서 말한 아리스토파네스의 「구름」에서, 그 말에 미쳐 부모를 울린 페이디피데스가 소크라테스에게 변론술을 배우고 난 뒤 아버지와 입씨름 끝에 애비를 때려 놓고 그 정당함을 증명하는 것이, 역시 이와 같은 궤변이었다. 아버지가 아들의 그 행복을 위해서 두들겨 패는 것이 옳다면, 아들이 아버지의 행복을 위해서 두들겨 패는 것도 옳을 것이다. 행복을 생각하는 것과 두들겨 패는 것과는 같으니까. 이 궤변은 어떤 점에서 성립되는지 A군뿐 아니라, 여러분이 모두 숙제로 생각해 보도록. 그것을 생각하는 데에 참고가 되는 것이 플라톤의 「클리톤」에 나온다. 여기에서도 아버지가 아들을 때린 경우의 문제에 대해 언급한다. 그런데 앞의 히파르키아의 말에 관해서는 이 정도로 해 두고 뒤쪽의 말에 대해 A군의 감상을 들어 보기로 하자."

"예, 그건 히파르키아와 꼭 동감입니다. 그러나 선생님, 테오도로스가 에우리피데스의 그 말을 인용한 것은 어떤 생각, 어떤 기분에서였을까요?"

글쎄, 그것은 나도 똑똑히는 알지 못한다. 그러나 그 말은 에우리피데스의 「밧카이」 곧 바카스, 바로 그 술의 신으로 통하는 디오니소스에게 홀려서 미치광이가 된 여자들이라는 제목의 비극에서, 테바이의 건설자인 카도모스의 딸 아굴라웨가 한 말이다. 이 비극은 카도모스의 딸 세메레와 주신(主神) 제우스와의 사이에서 태어난 디오니소스를, 카도모스의 손자로 테바이 때의 왕이었던 펜테우스를 비롯해, 이 왕의 어머니이며 또 세메레의 자매가 되는 아굴라웨나 그 밖의 자매들이 새로운 신으로 인정하려고 하지 않으므로, 디오니소스는 이를 벌주기 위해서 이들 부인들이나 테바이 시의 그 밖의 여자들을 키타이론 산에 미치광이들과 섞어 불러 모으고, 그것을 엿보러 온 펜테우스를 어머니인 아굴라웨와 그 밖의 여자들의 눈에 어린 사자로 오인케 하여 죽이도록 한다는 줄거리다. 아굴라웨는 사자 새끼로만 믿었던 자기 자식의 목을 끌어안고 미친 듯이 산에서 내려와 집으로 돌아와서 아버지인 카도모스와 만나 의기양양하게 뽐내는 듯한 표정으로 "아버지, 아버지는 크게 자랑할 수가 있겠는 걸요, 세상에서도 보기 드문 훌륭한 딸들을 낳으신 것을. 제가 말씀드린 것은 아버지의 모든 딸들을 말합니다만, 특히 이 소녀의 일을, 베틀과 북을 내버리고 더 위대한 일, 맨손으로 짐승을 때려잡는 일에 나선 이 소녀의 일을 말입니다"라고 말한다.

또 「일리아스」에는, 언제 죽을지 모르는 아군의 고전장으로 나가는 헥토르가 그의 아내 안드로마케와 아쉬운 작별을 하면서 아내에게 자기 본연의 일인 베틀과 북으로 돌아가라고 명령한다. 그러니까 테오도로스도 히파르키아를 보통 여자들이 하는 자기의 일보다도 더 위대한 일 곧 철학으로 나간 여자라고 감탄한 것처럼 보이기도 하는데 앞뒤의 문맥으로 미루어 보면 바카스의 신에 홀린 미친 여자라고 비웃는 마음에서 말한 것이 아닌가 생각된다.

그것은 히파르키아도 아마 눈치를 챘을 것이다. 그러나 그녀는 현명하게도 그 문자가 주는 느낌만을 좇아서, 여자이기 때문에 철학을 해서는 안 되는 이유가 있는가. 남자가 해서 좋은 일이라면 여자가 해도 좋지 않을까. 남녀의 성별에도 불구하고 철학을 한다는 것은 인간으로서 당연한 일이 아닐까 하고, 따지는 기분으로 "그렇습니다, 나는" 하고 대답했던 것이리라. 그런데 나는 아까 그녀는 "현명하게도"라고 말했는데 밧카이와 같은 미친 여자라는 사실은, 적어도 철학에 손댈 정도의 여자에게는 결코 비웃을 일이 아니라 오히려 칭찬해야 할 일이라고 생각했기 때문이다. 여자만이 아니다. 남자라도 철학과 손을 잡은 자는 역시 그와 같은 미친 사나이인 것이 바람직하다. 그렇다고 해서 아굴라웨와 같은 미치광이는 곤란하다. 그것은 플라톤의 「향연」에서 말하는 바와 같은 '철학자의 광기와 열광'이어야만 한다. 여기서 '열광'이라고 한 말은 '밧케이아'라는 그리스어의 번역어인데, 상세하게 말하면 마치 바카스에게 홀린 듯한 광기라는 말이다. 그것은 진리를 추구하고 진리에 따르려고 하는 미치광이 비슷한 열정이다.

플라톤의 「클리톤」의 끝 부분에서 탈옥을 권면하러 온 클리톤에게 소크라테스는 탈옥의 옳지 못한 까닭을 논리 정연하게 설명해 준 다음, 자기 자신을 '클리반테스의 열광'에 빠진 자에 비유하여 올바른 이론 이외에는 귀를 기울이지 않겠다는 결심을 말한다. 이 클리반테스라는 것도 바카스에게 홀린 사람들과 똑같은 종류의 사람들을 가리킨다. 그러나 그러한 열광은 많은 사람들이 가질 수 있는 것은 아니며 가령 한때는 가질 수 있을지라도 오래오래 가지고 있기란 여간 어려운 일이 아니다. 마찬가지로 플라톤은 「파이돈」에서

나르테크스를 손에 넣는 자는 많지만
바카스들은 적다

라고 하는 오르페우스 교에 나오는 시를 인용하여, 이 바카스라는 것은 진정한 의미에서의 철학자, 올바른 방법으로 철학을 추구하는 자의 의미로 해석한다. 나르테크스는 원래 회향나무(茴香木)를 말하는데, 디오니소스의 신자들 곧 오르페우스 교도들은 그것을 적당한 길이로 잘라 그 끝에다 솔방울을 장식하여 상춘등(常春藤)이나 포도 줄기를 감아서 그 제례 때 가지고 걷는 것을 연중 행사로 삼았던 것이다. 그러나 그것은 또 교사가 사용한 채찍도 의미했다. 그러니까 이 속담은 철학 서적을 읽어 대거나 철학의 교편을 잡는 자는 많이 있지만 진짜 철학자는 적다는 것을 풍자하는 셈이 될 것이다.

이야기가 옆길로 많이 빗나갔다. 오늘 밤에는 시간이 조금밖에 남지 않았으니 이쯤에서 중단하기로 하자.

제2야
크라테스와 메트로클레스

오늘 저녁에는 지독하게도 무더우니까 맥주를 한 잔씩 들자구. 호주머니 사정으로 많이는 낼 수가 없으니까. 자, 그럼 사양 마시고 다들 비우라고. 나도 한 잔 마시고 어제 저녁에 이어 키니코스 학파의 철학자들 이야기를 하지.

"그럼 듣겠습니다. 그러나 선생님, 키니코스 학파의 철학자들은 술을 마셨습니까?"

"그걸 물어서 어쩌겠다는 건가? T군, 설마 그들이 마시지 않았기 때문에 자네도 그들을 본받아 마시지 않을 생각은 아닐 테지?"

"아뇨, 그럴 리야 있겠습니까마는 맥주를 보니 의문이 나서 여쭤본 겁니다"

"응 그런가? 그렇다면 좋지만."

하긴 틀림없이 마시지 않았다고 생각되는데. 그들은 일종의 금욕주의자였기 때문이다. 예를 들면 히파르키아의 남편이 된 크라테스에 관해서는 이런 이야기가 있다. 어느 날 데메트리오스(Dēmētrios, 기원전 350년경~297년경)[1]

---

1) 그리스의 정치가, 저작가. 아티카의 팔레론에서 태어나 아리스토텔레스에게서 배웠다. 기원전 317년~310년 아테네를 지배한 후 데메트리오스 1세에 쫓겨 이집트로 망명했으나 프톨레마이오스 2세에게 추방되어 죽었다. 수사학, 철학, 사학, 문헌학 등 저작이 많다.

가 그에게 몇 개의 빵과 몇 병의 포도주를 보내 왔을 때, 그는 "샘이 빵까지 뿜어냈나 보지"라고 말했다는 것이다. 그의 이 말은 그다지 분명하지는 않지만, 아마 만일 샘이 물과 함께 빵도 지하에서 뿜어내기만 한다면 데메트리오스는 빵을 보낼 생각은 안 했을 것이고, 그렇게 생각지 않았으면 또 그것과 함께 포도주를 보내려고 생각하지도 않았으리라는 의미일 것이다. 다시 말하면 그에게는 술과 빵만 있으면 그것으로 족하다는 사실을 돌려서 말한 것이리라.

그런데 이 빵과 포도주를 보낸 데메트리오스는, 앞의 이야기에서 잠깐 나온 안티파트로스의 아들인데, 안티파트로스는 알렉산드로스 대왕의 섭정이었으며, 철학자인 아리스토텔레스와 친했다. 데메트리오스는 훗날에 마케도니아 왕을 지낸 카산드로스(Kassandros, 기원전 358년경~247년경)[2]와 친해져 기원전 317년부터 10년 동안에 걸쳐 당시에 이미 마케도니아의 지배하에 있던 아테네의 통치를 위임받은 훌륭한 입법가이자 정치가이며 학자이기도 했다. 아리스토텔레스가 창설한 리케이온에서 철학을 공부한 일도 있고, 그런 교양 덕택이었던지 그의 통치 기간에, 내리막길에 있던 아테네의 문화는 한때 되살아났다. 그러나 그 10년째에 카산드로스의 적이었던 역시 같은 이름의 데메트리오스 1세(기원전 336년경~283년경)[3]라는 사람이 아테네로 침공해 온 때 이웃 나라인 테바이로 망명했다. 이 곳은 우리가 지금 문제로 삼고 있는 크라테스(Kratēs, 기원전 336년경~286년경)[4]의 출생지였다. 이 크라테스는 대부분을 아테네에서 보냈지만, 비렁뱅이처럼 여러 나라를 방랑하고 돌아다녔기 때문에 어디에서의 일인지 잘 알 수는 없지만, 망명객이 된 데메트리오스를 친절하게 위로해 주었다. 그것은 데메트리오스가 이 크라테스와

---

2) 마케도니아의 왕. 재위는 기원전 316년~297년. 안티파트로스의 아들. 알렉산드로스 3세와 아버지가 죽은 후 기원전 319년~316년에 섭정 포류펠리콘을 마케도니아로부터 몰아내고, 기원전 310년에 안티고노스 1세를 입소스에서 무찔러 죽이고 마케도니아 지배권을 장악했다.

3) 통칭 Polior Ketes(攻城者)라는 마케도니아의 왕. 기원전 294년~283년 재위. 안티고노스 1세의 아들로 아버지를 도와 각지에서 싸우고 그리스를 확보했지만, 기원전 288년 마케도니아에서 쫓겨 소아시아에서 셀레우코스 1세에게 항복하고 감옥에서 죽었다.

4) 그리스의 키니코스 학파 철학자. 테바이 출생. 디오게네스의 제자이며 스스로 '디오게네스의 시민'이라고 일컬었다. 그는 무명(無名)과 가난을 결코 멸망당하지 않는 조국으로 보고, 여자 철학자 히파르키아와 함께 개처럼 인생을 살았다고 한다.

친해지는 것을 방해한 그의 이전의 화려한 활동을 저주하기에 이르렀을 **정도로** 진심이 담긴 것이었다고 한다.

얘기가 나온 김에 덧붙이는데, 이 데메트리오스는 후에 이집트의 알렉산드 **리아로** 건너가 프톨레마이오스 왕들의 종교 정책이나 학문 정책에 좋은 **충언자가** 되었다. 그 헌책(獻策)으로 세계 최초의 국비에 의한 학술 연구 **소,** 도서관, 동물원, 천문대 등등이 건립되었던 것이다. 이런 것들은 모두 **아리스토텔레스의** 학교를 표본으로 삼았을 테지만, 그 규모에 이르러서는 **전혀** 비교되지 않는다. 완비된 이러한 시설에서 당시의 학자들은 왕으로부터 **충분한** 의식 생활의 물자를 제공받고 학문 연구에만 전념할 수가 있었다. 이 때문에 바야흐로 알렉산드리아는 아테네를 대신해 세계 학문의 중심지가 되었다. 그리고 이들 시설과 제도는 또 중세에 생겨난 대학과 연구소 등의 **본보기가** 되었다. 이렇게 생각해 보면 데메트리오스의 광명도 세계적인 의의 를 지닌다. 저 유명한 과학사가인 서턴은 "알렉산드리아의 무세이언은 인류 발전에서 새 출발의 상징으로 보아도 좋을 것이다"라고 말한다.

그러나 크라테스는 처음부터 물과 빵으로 만족하던 비렁뱅이는 아니다. 그의 집도 부자여서 그 집에는, 마치 히파르키아의 집에 필리포스가 묵었던 적이 있는 것처럼, 그의 아들인 알렉산드로스 대왕이 묵은 일이 있다고 한 다. 그런데 언젠가 어떤 비극에서 테레폰이라는 사나이가 작은 바구니를 들고 참으로 비참한 모습을 하고 있는 장면을 보고 키니코스 학파의 철학에 몹시 감동하여 그의 재산을 모조리 팔아, 그것은 200탤런트나 되었는데, 그것 을 모든 시민들에게 나누어 주었다는 것이다. 다행히 크라테스에게 돌려 보내 온 「가계부」라는 시가 남아 있다. 이것은 모든 사람들의 대단한 화제가 되었다고 한다.

> 요리사에게 10므나, 의사에게 1드라코마
> 아첨배에게 5탤런트, 충고자에게 연기(煙氣)를
> 매음부에게 1탤런트, 철학자에겐 3오보로스

이것은 일반 시민의 돈 쓰는 방법을 키니코스 학파의 신랄한 야유로써 풍자한 것이다. 여기에는 그리스에서 대개 통용된 돈의 단위가 사용되었다. 1탤런트가 60므나, 1므나가 100드라코마, 1드라코마가 6오보로스라는 관계가 된다. 그리고 이 시에는 나오지 않지만 최저 단위로서 1오보로스의 8분의 1에 해당하는 '카르쿠스'라는 것도 있다.

이것은 시대가 조금 앞선 아테네의 이야기인데, 법관의 일당이 3오보로스, 민회(民會) 참석자의 일당이 1드라코마였다. 그러니까 그 당시에서는 3오보로스로서 최저 생활은 어떻게든 보장되었을 것이다. 또 저 알렉산드로스 대왕이 아시아 원정에 나서기 전, 마케도니아의 재정은 어려워서 그 군대를 양성하기 위해 겨우 80탤런트를 사용할 수밖에 없었으며 전시 차관으로서 300탤런트를 조달해야만 되었다는 것이다. 이러한 금액에 의해서 그가 확보한 군사는 마케도니아 군의 보병 30,000명, 기병 5,000명이었다고 하니까 크라테스가 시민에게 분배한 부가 얼마나 막대한 것이었는지 상상이 갈 것이다.

또 이것은 이 앞의 얘기에서도 조금 비쳤지만 디오게네스가 돈 씀씀이가 헤픈 한 도락자(道樂者)에게 1므나를 달라고 하자, 그 사나이는 자네는 다른 사람들에게는 1오보로스밖에 요구하지 않으면서 내게는 1므나나 요구하는 것은 어떤 까닭인가고 물었다. 그러자 디오게네스는 다른 사람들로부터는 다시 받을 것이 기대되지만 자네한테서 다시 받는다는 것은 신들의 뜻에 달려 있기 때문이라고 대답했다고 한다.

앞의 크라테스의 시의 마지막에 '철학자에게 3오보로스'라고 한 것은 아마 이와 같은 경우의 베풂을 가리키는 것일 것이다.

이상하게 돈 이야기만 하게 되었는데, 이러한 것도 알아 두면 얘기가 구체적으로 될 것이라고 생각했기 때문이다.

그리고 또 어떤 전기에 의하면, 크라테스는 디오게네스에게 설득당해서 그의 논밭을 양치는 목장으로 개방하고, 그가 가진 돈을 모조리 바닷물 속에 던져 버렸다는 것이다. 또 어떤 전기에 의하면, 그는 어느 은행가에게 돈을 맡겨 놓고 "만일 자녀들이 보통 사람이 되었다면 그들에게 그것을 주고, 철학자가 되었다면 그것을 사람들에게 나누어 주라. 그들이 철학을 하는데에는 한푼도 필요가 없을 테니까"라고 말했다고 한다. 이것으로써 키니코스 학파의 철학이라든가 교양이라고 하는 것이 어떤 것인지를 대강 알았을 것이다. 그것은 학교의 강의에서도 말했던 것처럼, 내심의 자유를 획득하기 위해 외면적인 것을 무시하고 그것으로부터 벗어나는 수행을 하는 것을 말한다. 그래서 돈이 그 수업에 지장이 된다고 생각했던 것이다.

이것은 맥주 한 잔의 알콜 기운으로 단숨에 계속해서 떠벌여 댄 것이었
군. 그럼 여기서 잠깐 쉬자구. 여러분은 그 동안에 질문할 것을 생각해 주게
나.

"그러면 선생님, 질문을 하나 하겠는데요, 크라테스는 히파르키아와 결혼
을 왜 했을까요? 선생님은 분명히, 키니코스 학파의 디오게네스가 결혼 제도
를 부정하고 여자의 공유를 주장하며 남녀 간의 교제는 상호의 자유 의사에
의해 이루어져야 하며, 그리고 그들 사이에 태어난 아이도 공유해야 한다고
주장했다고 하셨습니다. 만일 그렇다고 한다면 크라테스는 그 스승의 가르침
을 배반한 셈이 되지 않습니까?"

잘 기억하고 있군. 그리고 그것은 또 적당한 질문이라고 생각한다. 과연
디오게네스는 결혼 제도를 부정했다. 그 점에서 확실히 크라테스는 스승을
향해 활을 당긴 셈이 될 것이다. 그러나 그것은 그러한 제도가 개인을 속박
하고 마음 속의 자유를 빼앗는 것이라고 해서였다. 그리고 디오게네스가
알고 있던 결혼관이 사실 그와 같은 것이었다. 그러나 여기 한 사람의 '아주
새로운 여인'이 나타났다. 물론 그 여인은 히파르키아다. 그녀는 강렬한 애정
으로 남편의 주의 주장에 공명하고 그의 행동에 동조했던 것이다. 따라서
그녀는 로마의 스토아 학파의 에픽테토스가 말한 것처럼, 말하자면 한 사람
의 크라테스로서 다만 성이 다른 것뿐이다.

디오게네스는 모든 여성의 공유를 주장하고, 그 가운데서 자기에게 설득당
한 여성과의 합의에서 이루어진 교접이 들개의 교접처럼 자연스러운 것으로
정당하다고 생각했다. 그런데 평범한 여자 가운데 더러운 비렁뱅이에게 설득
되는, 그런 여자가 과연 있겠는가? 적어도 당시에는 없었음이 확실하다.
그러니까 일반에게 공공연히 하는 것이 허용되고 있다 하여도 디오게네스마
저도 억제할 수 없는 성욕을 시장의 공중들의 면전에서 부자연스런 자위
행위로써 충족시키지 않을 수 없었던 것이다. 그런데 크라테스로서는 여자를
설득하는 번거로움도, 자신을 더럽히는 부자연스러운 행위도 히파르키아를
얻어 피할 수가 있었던 것이다. 그러므로 크라테스는 스승 디오게네스의
주장에는 외면했지만 그 주장의 정신을 바르게 살렸던 것이라고 말하지
않을 수 없겠다.

키니코스 학파에서는 한편, 욕망과의 싸움, 금욕이 강조되었는데, 그 금욕
은 원래 금욕 그 자체가 목적이 아니라, 욕망을 만족시키기 위해 인간이

필연적으로 끌려들어가지 않을 수 없는 속박으로부터 벗어나는 수단이었던 것이다. 그러한 속박으로서 결혼 제도뿐만 아니라 그 밖의 사회 제도와 국가 조직 등 결국 일체의 문화가 배척되었던 것이다. 그러니까 욕망이 그와 같은 속박을 초래하는 일 없이도 충족된다면 굳이 피하려 하지 않았고, 또 아무리 해도 피할 수 없는 욕망이라면 보다 작은 속박을 초래하는 방법이 선택되었던 것이다.

크라테스는 히파르키아와의 사이에 파시클레스라는 아들을 두었는데, 그 아들이 군무를 마치고 당당한 장부로 성장하자 기생집으로 데리고 가서, 이러한 결혼 방법이 가헌(家憲)이다. 그러나 간통을 하는 자의 결혼은 비극적이다. 그것은 그 대가로 추방이나 죽임을 당하기 때문이다. 또 가무(歌舞)를 하는 자의 결혼은 희극적이다. 그것은 낭비와 숙취로부터 광기를 만들어 내기 때문이라고 하며 훈계했다는 것이다. 결국 가장 번거롭지 않게 욕망을 충족시키는 방법을 아들에게 가르쳐 주었던 것이리라. 이상적인 방법으로는 그 기생집에 가는 번거로움도 없는 욕망의 억제를 권면했을 것이다. 이것으로 여러분은 크라테스가 결혼한 이유를 알았을 것이다. 하긴 그 이유가 그의 이유가 되었는지 어땠는지는 확실하지는 않지만…….

"네, 알겠습니다."

"그럼, 여러분도 앞으로 결혼을 하게 되면 히파르키아처럼 여러분에게 공명하고 동조하는 여자를 골라서 금실이 좋은 생애를 보내는 것이 좋으리라. 불행히도 골라잡은 상대가 크산티페——이 말은 밤색의 암말 곧 구렁말이라는 뜻인데——와 같은 사나운 들말이라는 사실을 알게 되면, 처음부터 비관하여 체념하지 말고, 소크라테스처럼 그 말을 제어하는 것을 한 가지 수업이라고 명심하고 우선 최선을 기울여 봄직하다. 이 앞에서도 얘기했듯이 소크라테스가 앙알대는 여인과 함께 있는 것은 기수가 힘센 말을 좋아하는 것과 같지. 기수는 그 녀석을 잘 길들여 놓기만 하면 그 다음은 누워서 떡먹기지. 크산티페가 잘 길들여지면 다른 사람들과 잘 지내게 되리라고 생각한다고 말했다고 한다. 그러나 힘센 말을 제어할 수 있기 위해서는 여러분들 자신이 먼저 훌륭한 기수가 되지 않으면 안 된다."

"그런데 선생님, 히파르키아는 예뻤습니까?"

"글쎄, 그것은 옛날 책에 아무 얘기도 써 있지 않으니까 모르지. 다만 혼담이 빗발쳤다고 하니까, 틀림없이 예뻤을 것이다. 그런데 그걸 물어서 어쩌겠다는 것인가?"

"아니, 아무것도 아니고요, 우리들의 여자 영웅의 일이니까 물어보고 싶어진 것뿐입니다."

그런데 시간도 꽤 많이 지났으니까 크라테스에 관해서는 얘기하고 싶은 것이 아직도 많이 있지만, 재미있을 법한 두세 가지만 하고 히파르키아의 형제 메트로클레스로 옮겨 가자.

일찍이 알렉산드로스 대왕이 크라테스에게 그의 조국 테바이를 재건해 주었으면 좋겠느냐고 물었을 때, 크라테스는 아니, 그럴 필요가 어디 있겠어요? 또 다른 알렉산드로스가 그것을 파괴할 텐데라고 대답했었다고 한다. 이 이야기는 마치 대철학자 아리스토텔레스가, 일찍이 제자 알렉산드로스 대왕에게 부탁하여 부왕 필리포스에 의해 파괴된 조국 스타게이로스를 다시 일으켜 받았다는, 이 앞의 이야기와 대조적인 것으로서 인간은 본성적으로 국가적 동물이라고 주장한 아리스토텔레스의 철학과, 국가도 개인에 대한 속박이라 하여 부정한 키니코스의 철학의 차이를 분명히 보여 준다.

크라테스와 알렉산드로스 대왕과의 만남에 관한 이 이야기는 앞에서 언급한 대왕의 아시아 원정 조금 전인 기원전 335년 테바이의 모반을 벌하기 위해 그 곳을 파괴하고 그 전체 주민을 노예로 삼았을 때의 일일 것이다. 크라테스는 인간이 만든 국가의 흥망 따위에는 전혀 관심이 없는 코스모폴리테스였던 것이다. 그러나 코스모스, 이를테면 전세계의 폴리테스 곧 시민이라고 해도 그것은 가령 알렉산드로스 대왕이 다행히 전세계를 정복하고 개개의 작은 폴리테스의 울타리를 헐어 내고 전세계가 하나의 우주라는 코스모폴리타니즘의 이상을 실현한 대제국을 건설했을지라도, 그것이 또한 국가인 이상, 스스로에게 속박을 초래하는 것이라 하여, 피하지 않을 수가 없었던 코스모폴리탄이었다. 그의 단편 시에 이와 같은 것이 있다.

　　성벽의 탑 하나가, 집의 지붕 하나가
　　우리 조국은 아니다
　　우리가 사는 나라도, 또 집도
　　대지의 전부가 다 갖추어 준다

그런데 세계를 두루두루 돌아다니는 것을 이상으로 한 이 거지를 위해,

적어도 테바이 시의 집집에서는 그 문호를 개방하고 그 문 어귀에 '선신(善神) 크라테스의 입구'라는 글씨를 종이에 써 붙이고 그를 맞아들여 물건을 나누어 주었을 뿐 아니라, 또 그의 충고를 들었다고 한다. 그가 '튈레파노이 게테스' 곧 '문을 여는 자'라는 별명을 들은 것도 그런 사정에 의거했을 것이다. 그럼에도 불구하고 그는 철학에서 무엇을 얻었는가 하는 질문을 받고는 "다섯 홉의 뒤콩(콩 찌꺼기)과 누구의 일이건 걱정하지 않는 것"이라고 대답했다는 것이다.

그럼 다음에는 히파르키아의 형제 메트로클레스의 이야기를 간단히 하자. 그는 처음에 리케이온의 2대 학장인 테오프라스토스나 아카데미아의 3대 학장인 크세노크라테스 문하에서 공부했다. 어느 날 학교에서 한창 변론 연습을 하고 있는데 웬일인지 방귀를 뀌고 말았다. 그 때문에 완전히 의욕을 잃고 굶어 죽을 각오로 집 안에만 틀어박혀 있었다. 이 사실을 안 가족들은 '문을 여는 사나이'인 크라테스에게 도움을 요청했다. 그래서 일부러 그는 뒤콩을——이것은 그리스에서는 가난한 사람들이 먹는 음식인데——많이 먹은 다음에 메트로클레스를 찾아갔다. 그리고 우선 말로써 "메트로클레스, 자네는 아무런 죄도 짓지 않았어요. 만일 푸네우마(방귀)가 자연스럽게 뒤쫓아 대답해 주지 않았더라면 그야말로 놀랄 만한 일이 벌어졌을 테니까"라고 설득을 하고는 마지막에는 자기도 방귀를 툴툴툴 뀌어 그와 똑같은 행위를 함으로써 그를 위로하며 용기를 북돋워 주었다는 것이다.

그 후 메트로클레스는 지금껏 공부해 온 책을 모조리 불태워 버린 후 그의 제자가 되어 철학 분야에서 우수한 인물이 되었다. 그런데 이 키니코스 학파는 그 후 오래 계속되었지만, 점점 타락해 간 것으로 보이며, 크라테스로부터 400년쯤 후에 살았던 에픽테토스는 현대의 키니코스 학파는 이따금 방귀를 뀌는 것을 제외하고는 어떤 점에서도 그 진짜 키니코스 학파인 디오게네스와 닮지 않았다고 개탄했다. 그 아류가 되고 보면 그 형식만을 흉내내는 것이 인지상정인가 보다. 이 방귀 사건은 히파르키아가 크라테스와 결혼하기 전의 일인지 결혼한 후의 일인지는 알 수 없다. 혹은 이 대갓집 아가씨는 형제 간의 일을 걱정한 나머지 맹장지 뒤에서 우연히 그 사건을 엿듣고 크라테스에게 완전히 반했는지도 모른다. 그러나 이제 오늘 저녁은 이것으로 끝내기로 하자. 애기가 약간 저질이 돼 버린 것 같군 그래.

제3야
에피쿠로스

그럼 오늘 저녁에는 에피쿠로스(Epikuros, 기원전 342/1년~271/0년)[5]의 이야기를 하려고 한다.

"여러분은 에피큐리언[6]이라는 말을 알고 있는가? A군, 그게 어떤 의미의 말이지?"

"그건 쾌락주의자라는 의미가 아닙니까?"

그래? 세간에서는 대개 그런 의미로들 사용하고 있는 모양이야. 그것도 주로 먹거나 마시거나 하는 향락을 추구하는 자를 생각하면서 말야. 그런데 에피쿠로스에 관해 실제로 알아보면, 그러한 쾌락주의적인 점은 그의 언행 가운데서 찾아볼 수가 없어요. 글쎄 그런 점이 있다고 한다면 기껏해야 그의 임종의 장면 정도가 아닐까 생각해. 전기에 의하면 그 장면은 이렇지. 그는 뜨거운 물을 섞은 큰 물통 속에 들어가서 물을 타지 않은 포도주를 달라고 해서 그것을 쭉 들이키고 친구들에게 자기의 학설을 잘 기억해 두라는 말을 남긴 후 마지막 숨을 거두었다고 한다.

---

5) 헬레니즘 시대의 철학자. 사모스트 출생으로 추정되는 아테네인으로 플라톤 및 데모크리토스에게 철학을 배우고 기원전 306년 아테네에 학교를 열었다. 평생을 여기에서 여성을 포함한 많은 제자를 가르쳐 에피쿠로스 학파의 시조가 되었다. 저작은 300종에 달하며 정신적 쾌락을 최고선으로 여겼다.

6) 에피쿠로스 철학 신봉자, 향락주의자, 식도락가 등을 뜻함.

이 이야기는 헤르미포스라는 사나이가 전한 것인데, 그의 시에는 다음과 같은 대목이 있다.

신에게 맹세코 참으로
선한 사람은 술에 취하지 않는다
또 뜨거운 목욕물에 들어가지도 않는다
네가 하는 것처럼

따라서 헤르미포스는 분명히 보통 음주의 예법에 반하여 에피쿠로스가 포도주를 물에 희석하지 않고 그대로 마신다거나, 또 그 당시는 꽤 사치스럽다고 간주되던 따뜻한 목욕탕에 들어가거나 한 것을 가지고, 죽음의 순간까지 쾌락을 추구해 마지않았던 그의 태도를 나타낸 것으로 본 것이리라.

"그러면 선생님, 에피쿠로스는 자살했습니까?"

그런 말을 하는 학자도 있는 모양이지만, 그러나 나로서는 뭐라고 분명히 말할 수가 없다. 자살인 것 같기도 하고 자연사인 것 같기도 하니까. 하지만 에피쿠로스는 자살로써 견디기 어려운 고통으로부터 벗어나는 것은 허용했다. 그러나 그의 학교를 이어받은 제자 헤르마르코스의 편지에 의하면 그는 이 죽음에 이르기까지 11일간을 앓은 후 오줌이 돌 때문에 막혀서——그렇게 말하면 오늘날의 의학으로는 방광결석(膀胱結石)이든가 요로폐색(尿路閉塞)인지도 모르겠으나——그걸로 죽었다고 말한다. 그렇다고 한다면 아무래도 자연사인 것 같기도 하다.

그런데 한편으로는 또 에피쿠로스가 그의 사랑하는 제자의 하나인 람푸사코스의 이도메네우스 앞으로 마지막 날에 쓴 편지를 읽어 보면 각오를 한 자살이라고도 해석된다. 그 편지의 내용은

내 진정한 행복임과 동시에 생애의 마지막인 이 날에 나는 여러분에게 이 편지를 쓴다. 요즈음 요로폐색과 적리(赤痢) 때문에, 더없이 심한 고통에 시달려 왔다. 그러나 그 동안 우리가 했던 대화를 연상하면 마음에 기쁨이 솟아나서 그것이 이 모든 고통에 대항할 수 있게 해 주었다. 자네는 젊은 시절부터 나와 철학에 헌신한 태도에 걸맞게 메트로도로스(Mētrodōros, 기원전 330년경~277년경)[7] 아이들의 뒤를 보아 주기 바라네.

그리고 또 그 며칠 전에 어떤 사람에게 보낸 편지에도 같은 취지의 내용이 쓰여 있다.

이 편지들을 보면 에피쿠로스는 며칠 전에 벌써 죽음이 가까웠음을 각오하고, 이제 다 틀렸다고 체념하고 가능한 한 고통을 덜기 위해서 더운물 속에 들어가서 독한 술을 마셔 스스로 생명을 끊은 것으로 생각되기도 한다. 소크라테스의 제자인 에우클리데스로 시작되는 메가라 학파에 속하는 사람으로 스틸폰이라는 사람이 있다. 이 사람은 다음에 이야기할 스토아 학파의 창시자 제논의 선생으로서, 노령인 그는 죽음을 재촉하기 위해 포도주를 많이 마셨기 때문에 죽었다는 이야기가 전해진다. 이런 전기와 견주어 쾌락을 선이라고 하는 그의 사상을 합쳐 생각하면 더욱더 자살이라는 생각이 굳어진다.

그러나 설사 그가 자살했다 하더라도 희석하지도 않은 독한 술을 마신 것은, 흔히 자살자가 하듯이 죽음의 공포를 떨쳐 버리기 위한 것은 아니었다는 사실만은 확실하다. 학교 강의를 할 때에도, 그가 죽음의 공포를 인간 최대의 악이라고 생각하고, 그 공포를 제거하지 않으면 안 된다고 역설했다는 사실을 언급했는데 시간이 모자라서 자세히 얘기할 수 없었다. 그래서 지금 그것을 조금 보충해 둔다.

이야기는 좀 멀리 돌아가지만, 얼마 전 더위를 잊기 위해 셰익스피어의 「햄릿」을 읽고 있노라니까 때마침 이런 대사가 나왔다. 그 앞 부분을 조금만 얘기해 보자면, 햄릿은 어머니가 아버지가 죽은 후 1개월도 되지 않아, 숙부와, 더구나 교회의 금령까지 어기고 결혼한 것을 탄식하던 아버지의 망령으로부터, 자신을 살해하고 왕비를 속인 것은 숙부이므로 복수를 하라는 명령을 받는다. 그러나 그는 그 망령이 어쩌면 악마일지도 모르므로 그 말에 반신반의를 하면서 고민을 하게 된다. 그러던 끝에 독백을 하는 대목이 지금부터 읽는 문구인 것이다. 유명한 대목이니까 여러분 중에는 알고 있는 사람이 있을지도 모르겠다.

죽느냐 사느냐 그것이 문제로다! 어느 쪽이 더 소중한가? 잔인한 운명의

---

7) 그리스의 철학자. 람푸사코스인으로 에피쿠로스의 친구가 되었고, 같은 학파 중 그에 버금가는 중요한 존재. 저작도 많지만 독창적인 사상가는 아니었다.

화살을 꾹 참아 내야만 하는가, 아니면 다가오는 고난의 바다에 용감히 맞서 싸워 그 뿌리를 끊어야만 한단 말인가. 죽는 것——잠자는 것——그것뿐이다. 게다가 잠들어 버리면 모든 것이 끝나지를 않는가? 우리들의 마음의 번민도, 이 육체에 따라다니는 헤아릴 수 없는 괴로움도. 그렇다면 그것이야말로 원하지도 않는 인생의 종말이 아닌가! 죽는 것——잠자는 것이다.

잠들다 꿈을 꿀지도 모른다. 이 세상의 모든 번뇌로부터 벗어나서 잠들어 그 뒤에 어떤 꿈을 꾸느냐 그것이다. 그것을 생각하면 마음이 무디어지지 않을 수 없는 것이다——이 망설임이 이 비참한 인생을 언제까지고 끌어가는 것이다.

그렇지 않고서야 그 누가 순순히 참아 내겠는가? 이 세상의 채찍이나 조소, 폭군의 무법적인 행동, 뻐겨 대는 녀석들의 모멸, 배신당한 사람의 인품, 재판의 느려 빠짐, 공무원들의 허세, 시시한 녀석들을 상대로 훌륭한 사람이 꾹 참고 견뎌야만 하는 수많은 굴욕, 누가 이런 무거운 짐을 지고 참을 수 있을까? 단검으로 한번 꾹 찔러 이 세상으로부터 벗어날 수 있는데도! 생활의 괴로움에 찌들려 땀범벅이 되어 신음하면서도, 단지 죽은 뒤의 어떤 불안, 일단 그 고비를 넘어간 나그네가 아직 어느 누구 한 사람도 되돌아온 예가 없는, 그 미지의 나라에 대한 불안이 있으면 우리들의 결심도 무디어진다. 이 세상을 떠나 알지도 못하는 화를 구하느니보다는 여기 머물러 현세의 괴로움을 참아 내는 것이다. 이리하여 분별이 우리들을 겁쟁이로 만들어 버린다. 벌겋게 타오르는, 우리들의 타고난 결단력이 창백하고 우울한 마음의 벽토 (壁土)로 마구 뒤발라져 버리는 것이다. 그리고 운명을 내건 단판의 대사업도 그 때문에 옆길로 빗나가 실행의 힘을 잃고 만다.

이 「햄릿」의 대사에서는 우리라고 말해도 여러분은 아직 젊기 때문에 죽음이라는 문제 따위에 대해서 관심을 갖지 않을지도 모르지만, 어쨌든 우리 보통 인간이 죽음에 대해 어렴풋하게 갖고 있는 생각이나 기분을, 최대 한계점이라는 상황에서 역력하게 보여 준다. 우리는 에피쿠로스도 그 모순을 지적하듯이 어떤 때는 죽음을 '최대의 악'이라 하여 두려워 피하지만, 또 어떤 때는 도리어 '악으로부터 벗어나게 해 주는 선'이라 하여 바라마지 않는 기분이 되기도 한다.

그러나 이와 같은 말은 우리가 죽음에 대해서 분명한 생각을 지니지 않고 있음을 말해 주는 것이다. 여러분은 소크라테스가 안색 하나 바꾸지 않고 조용히 독배를 받아 마신 사실을 알고 있을 것이다. 그것은 그가 죽음에 대해 확고한 신념을 지니고 있었기 때문이다. 이것은 내가 언제라도 한번 꼭 읽으라고 권했던「소크라테스의 변명」의 마지막 부분에 나왔으니까, 읽은 독자라면 알고 있을 것이다. 소크라테스는 죽음에 대해서 이렇게 생각하고 있었다.

죽음은 두 가지 중 어느 하나다. 즉 그것은 전혀 존재하지 않는 것이어서 죽어 버린 사람은 어떤 것에 관해서나 아무런 지각도 갖지 않든가, 혹은 이 세상에서 저세상으로 옮겨 사는 것이라든가의 하나이다. 만일 전자라면 그것은 꿈 하나 꾸지 않는 수면과도 같은 것이기 때문에 죽음은 근사한 것이다. 또 만약 후자이면 저세상에서는 이 세상에서와는 달리, 신들의 바른 심판이 이루어지고 착한 인간에게는 착한 응보가 있는 것이다.

소크라테스는 이러한 "이것이냐, 저것이냐?" 하는 생각을 죽음에 대해서도 지니고, 자신은 바르고 착하게 살아왔다고 확신하고 있었기 때문에 편안히 죽어 갈 수 있었던 것이다.

그런데 에피쿠로스는 어떤가 하면 이 "이것이냐, 저것이냐" 가운데서 전자 쪽을, 여러분도 이미 알고 있는 그의 유물론적 입장에서 단정했던 것이다. 영혼도 역시 원자로 되어 있으므로 그것은 죽음과 더불어 육체와 마찬가지로 원래의 원자로 다시금 해체되고 만다. 그러면 그 때에는 이미 어떠한 지각이라도 없어진다. 곧 죽음이란 지각의 상실이다. 따라서 우리가 살아 있어서 지각이 있을 때에는 무지각을 의미하는 죽음은 아직은 없으며, 또 그와 같은 죽음이 우리를 찾아온 때에는 우리는 이미 없어진 셈이 된다. 이것을 에피쿠로스 자신의 말을 빌려 표현한다면 "우리가 있는 한, 죽음은 거기 없으며, 또 죽음이 있는 한 우리는 존재하지 않는다. 그런 까닭에 죽음은 우리에게 무(無)이다" 그러니까 죽음의 공포는 이유 없는 것이라는 말이 된다. 그러므로 에피쿠로스의 죽음은 자살이었건, 자연사였건 간에, 죽음의 공포로 인해서 그의 마음이 흐트러졌으리라고는 생각되진 않는다.

얘기가 꽤 길어졌으니까 이쯤해서 잠깐 쉬기로 하자. 여러분도 잠시 쉬거나 차를 마시면서 질문거리를 생각해 두게나.

"선생님, 이제 질문을 해도 되겠습니까?"

"좋아요. K군 뭐지?"

"우리가 죽음을 두려워하는 것은 죽은 뒤의 일이 불안해서라기보다도 오히려 죽을 때의 고통이 무섭기 때문이 아니겠습니까?"

그런 점도 있겠지. 우리는 죽어 버리면 그 다음에는 아무것도 느끼지 못한다고 생각하고 있어도 단도로 가슴을 푹 찌르거나 찔리우거나 하는 일들은 무섭게 느껴지니까. 그건 역시 그 때의 고통을 생각하기 때문일 것이다. 그러나 에피쿠로스는 죽음을 불러올 정도의 고통은 그다지 오래 지속되는 것은 아니므로 그런 것을 미리 걱정할 것까지는 없다고 말하는 것이라네.

"아니, 선생님. 오히려 우리가 죽음을 두려워하는 것은 현재 우리가 갖고 있는 많은 쾌락을 죽음에 의해서 빼앗기기 때문이 아니겠습니까? 그리고 에피쿠로스가 적어도 쾌락주의자였다면 그도 그 일 때문에 죽음을 두려워한 것이 당연하지 않았겠습니까?"

I군, 이것은 좀 까다로운 질문이군 그래. 에피쿠로스를 위해 어떻게 변명하면 좋을까. 그렇게 하려면 우선 그가 생각하고 있던 쾌락이 어떤 것이었는지를 생각해 보지 않으면 안 되겠다. 이미 여러분이 강의 때에 들었던 것처럼 그는 쾌락에 운동적(運動的) 쾌락과 정지적(靜止的) 쾌락의 두 종류를 인정했었다. 예를 들면 전자는 배가 고파서 고통을 느끼고 있을 때에 무얼 먹음으로써 생겨나는 쾌락이며, 후자는 배가 적당히 불러서 조금치의 고통도 느끼지 않는 상태를 가리키는 것이었지. 물론, 이 후자의 경우는 보통 별로 쾌락이라고 불리지는 않는 모양이지만 말야. 그러나 에피쿠로스의 경우에는 이 후자 쪽이 진실한 쾌락이 되는 것이다. 그것은 마치 신체가 건강한 상태에 응하는 쾌락이며 운동적 쾌락은 병들었다가 건강으로의 회복 과정에 응하는 쾌락인 것이다.

이 두 종류가 쾌락은 쾌락인 이상, 어느 것이나 인생의 목적으로 추구되기는 하지만 정지적 쾌락 쪽이 고통을 포함하지 않는 순수한 진실의 것이라 하여 더욱 존중되었던 것이다. 그리고 또 에피쿠로스는 쾌락을 다른 견지에서 신체적 쾌락과 정신적 쾌락으로 나누었다. 이 정신적 쾌락과 신체의 건강에서 쾌락에 상응하는 진실한 쾌락은 아타락시아 곧 마음의 흐트러짐이 없는 상태인 것이다. 그리고 이 아타락시아를 에피쿠로스는 가장 존중하기에 이르렀다. 그가 죽음이 무라는 사실을 증명하려고 했던 것도 바로 이 아타락시아를 얻기 위해서였던 것이다. 사후 영혼은 불멸이어서 그것이 도달한 저세상에서 신들의 재판을 받고 이 세상에서보다 더한 화를 만나는 것은 아닐까 하는 공포가 사람들의 마음을 가장 흐트려 놓는다. 앞에서 얘기한 햄릿의 망설임과 불안도 거기에서 비롯된 것이었다. 그러니까 그 증명의 목적은 그와 같은 공포, 불안을 제거하는 일에 있었던 것이다.

　　그러나 죽음은 무라는 증명에 의해서 동시에 우리는 이미 사후에는 우리가 이 세상에서 선한 것이라 하여 추구하고, 소유한 쾌락을 맛볼 수가 없다는 사실도 증명된 셈이 된다. 따라서 I군이 질문한 그런 문제도 당연히 생겨나는 것이다. 그런데 죽음은 우리가 살아 있는 이상, 아무래도 피할 수 없는 것이다. 생자필멸(生者必滅)이다. 이것을 에피쿠로스 자신의 말을 빌린다면 "다른 모든 것들에 대해서는 안전책을 강구할 수가 있지만 이 죽음에 대해서는 우리 모든 인간은 성벽이 없는 도시에 살고 있다"는 것이다. 그러니까 반드시 한번은 죽음에 의해서 패배의 잔을 마셔야만 한다. 이 생자필멸의 이치를 깨달아 그 위에 죽음이 무라는 사실을 명심하고 죽음 때문에 마음이 흐트러지지 않는 데에 참 행복의 근원이 있다는 것을 알아야 한다. 그리고 무턱대고 오랜 삶만을 원할 것이 아니라 삶의 즐거움을 찾아야만 한다. 그것은 마치 음식물의 경우에도 무턱대고 많은 양만을 바랄 것이 아니라 맛이 좋은 것들을 선택해야만 하는 것과 같은 것이다. 게다가 그 삶의 즐거움, 쾌락은 죽음이 무임을 유념하고 그것에 대한 공포를 갖지만 않으면 지극히 간단히 손에 넣을 수가 있는 것이다.

　　죽음에 대한 공포는 최대의 것일 뿐만 아니라 그 밖의 공포의 근원이기도 한 것이다. 우리가 죽음을 두려워하는 것이야말로 의식(衣食)이 궁핍함을 걱정하는 것이다. 의식이 궁핍함을 걱정하는 것이야말로 생업의 길을 추구하는 것이다. 그것을 추구해서 얻어 내면 다시 잃지 않을까 하여 두려워하는 것이다. 이리하여 끝없이 이어진다. 이것은 앞의 햄릿이 말한 바와 꼭 같은 것이다. 그러니까 쾌락주의자의 장본인인 듯이 일컬어지는 에피쿠로스는 예상과는 달리, 아주 검소한 생활을 즐겼던 것이다. 그는 편지에서 "나는 다만 물과 한 조각의 빵만으로 만족한다"고 말했다고 한다. 또 "대개의 사람들은 검소한 생활을 두려워하여 그 공포 때문에 도리어 이러한 공포를 가장 많이 만들어 내는 행위를 하게끔 유도된다"고 말한 단편도 있다. 이러한 말들로 보아서도 그가 추구했던 쾌락이란 것이 다만 고통스럽지 않은 것, 고통으로부터의 자유였다는 사실을 알 수 있을 것이다.

　　그런데 에피쿠로스는 죽음을 두려워할 필요가 없다고 말했지만, 그렇다고 해서 앉아서 죽음을 기다리는 것이 좋다는 뜻은 아니다. 죽음은 무이기 때문에 그만큼 삶은 귀중한 것이다. "우리는 오직 한번 태어날 뿐, 두번 다시 태어나지 않으며, 미래에 영원히 존재하지 않을 것임이 틀림없다." "시간의 이 한순간이 최대의 선의 처음과 나중을 포함하고 있다." 이러한 에피쿠로스의 말들은 이윽고 무로 돌아가는 삶이기에 이 유한한 생명을 소중히 여긴다고 하는 감개무량함을 담고 있는 것처럼 느껴진다. 그러나 삶을 귀중한 것으로 여기며 살고자 하면 역시 고통은 도저히 피할 수가 없다. 그러므로 우리는 살아 있는 한 되도록이면 많은 쾌락을, 되도록이면 적은 고통을 지닐 수 있도록 유의하여야만 된다. 그러기 위해서는 쾌락과 고통을 비교 공제 계산하는 냉정한 사고를 필요로 하는 것이다.

이상과 같이 장황하게 에피쿠로스를 위해 변론해 왔지만, 이제 그가 그의 제자 메노이케우스에게 보낸 편지에서 말한 것을 약간 상세하게 다루고 그만둘까 한다. 그 편지의 내용을 읽어 보자.

> 그런 까닭에 쾌락이 목적이라고 우리가 말할 때, 우리가 의미하는 쾌락은 ——일부 사람들이 우리의 주장에 무지했으며, 찬동하지 않았으며 혹은 오해하여 생각하는 것과는 달리—— 도락자의 쾌락도 아니며, 성적 향락 속에 존재하는 쾌락도 아니고, 참으로 육체에서 괴로움이 없는 것과, 영혼에서 흐트러짐이 없는 것일 뿐이다. 대개 쾌락의 생활을 유발해 내는 것은 계속되는 음주나 연회도 아니며, 또 아름다운 소년이나 부녀자와 놀아나거나, 생선과 고기 기타 사치스런 식사를 즐기는 그런 부류의 향락도 아니다. 도리어 건실한 사고 이를테면 일체의 선택과 기피의 원인을 찾아내 영혼을 포착하는, 극도의 동요가 생겨나는 원인이 되는 갖가지 억측을 떨쳐 버린 순수한 사고야말로 쾌락의 생활을 만들어 내는 것이다. 그런데 이런 모든 것의 근원이며, 게다가 최대의 선이란 바로 사려(思慮)이다.

이 정도로 해서 읽는 것은 중단할 테니까 다른 부분은 여러분이 또 짬을 내어 읽어 주기 바란다. 그리고 I군, 이것으로 자네의 질문에 대답을 한 것으로 해 주게나. 오늘 밤은 꽤 이론적인, 게다가 아직도 앞길이 구만리 같은 젊은 여러분에게는 그다지 절실하지도 않은 죽음에 관한 얘기를 한 것이 되고 말았지만, 그러나 정직하게 말하면 여러분도 역시 태어난 순간에 죽음의 선고가 내려져서 그 집행이 유예되고 있음에 불과한 것이다. 그러니까 한번쯤은 이 문제에 대해서도 생각해 볼 필요가 있지 않을까. 그리고 이것도 에피쿠로스가 죽음에 관해서 한 말이지만 "우리는 나그네길에 있는 동안은 그 나그네의 끝(죽음)이 처음(출생)보다 더욱 좋은 것이 되도록 노력하지 않으면 안 된다. 그리고 나그네길 끝에 도달하면 마음 편히 유쾌한 기분으로 쉴 수 있어야만 한다"는 것이다. 그렇지 못하면 역시 그가 말했듯이 "사람은 누구나 지금 곧 태어난 것처럼 이 삶으로부터 떠나갈 수 있게"되기 어려운 것이다.

　이상으로써 에피쿠로스의 쾌락주의가 어떤 것이었는지를 알았으리라고 생각한다. 로마의 스토아 철학자 세네카는 「행복한 생활에 대해서」라는 책에서 세상의 이른바 에피큐리언적인 자들에 관해서 이렇게 말한다.

　　이와 같이 그들이 방탕에 탐닉하는 것은 에피쿠로스에게 선동되어 그러는 것은 아니다. 그들은 참으로 악에 굴복한 끝에 철학의 품 속에 의지해 자신들의 방탕함을 숨기려고 쾌락을 칭찬하는 말을 들려 줄 수 있을 만한 곳으로 모이는 것이다. 그들은 에피쿠로스가 말하는 그 쾌락이란 것이 얼마나 진지하고 엄격한 것인가를 생각해 보지도 않고, 다만 자신의 육욕(肉慾)을 감싸는 일종의 방어물과 가리개를 찾아 에피쿠로스의 이름으로 뛰어든 것에 불과하다. 이리하여 그들의 악 속에 남아 있던 유일한 선 곧 죄를 범하는 것을 부끄러워하는 치욕심마저도 그들은 잃어버린다.

참으로 지당한 말이다. 그럼 이것으로 오늘 저녁은 끝마치기로 하자.

제4야
스토아 학파의 제논

거의 모두 참석한 것 같으니까 빨리 시작하기로 하자. 오늘 저녁에는 엊저녁에 얘기한 에피쿠로스와 대조적인 사람으로 알려진 스토아 학파의 제논의 얘기를 하자. 제논이라는 사람이 또 있었다는 사실을 여러분은 기억하고 있을 것이다. 그것은 엘레아 학파의 제논이었다. 그런데 지금 얘기하려고 하는 제논(Zēnōn, 기원전 335년경~263년)[8]은 키프로스 섬의 남쪽 연안에 있는 키티온이라는 도시의 출신이다. 이 도시는 그리스인들이 일찍 식민한 곳인데 건너편 연안에는 튜로스라든가 시돈 등의 포이니케 곧 페니키아의 도시가 있어 그 지방으로부터도 식민자가 들어와서 제논이 태어난 기원전 4세기 무렵에는 그리스인들과 페니키아인들이 주권 싸움을 하고 있었던 것 같다. 그의 아버지는 므나세아스라고 했는데 이 이름은 언어학자에 의하면 페니키아어의 마낫세 혹은 메나헴을 그리스어화한 것이라고 한다.

또 앞의 얘기에 나오는 크라테스 등의 말로 보더라도 그는 페니키아인의 피를 받은 자라고 생각된다. 그것이 순수한 것이었는지, 아니면 그리스인의

---

8) 그리스의 철학자, 스토아 학파의 시조. 키프로스 섬의 키티온 태생으로 후에 페니키아인이 된 듯하다. 기원전 313년에 아테네로 나와 아카데미아 학파나 키니코스 학파에서 배운 후, 스토아 포이킬레라는 공공 건물에서 강의를 해서 많은 청중을 모았다. 이로부터 이 학파는 스토아 학파로 불리게 되었다. 논리학, 자연학, 윤리학으로 된 체계를 수립, 유일한 진, 선, 행복은 덕에 있고 빈곤, 고통, 죽음 등은 선악 무차별의 것이라고 역설했다.

피도 섞여 있었는지 분명한 것은 알 수가 없다. 그는 키가 크고 야윈데다가 약간 거무튀튀했으므로 '이집트의 포도넝쿨'이라고 불리웠다는 것이다. 또 그가 훗날에 유명한 철학자가 되었을 때, 키티온으로부터 건너편 시돈으로 옮겨 살던 페니키아인들은 그를 가리켜 향당(鄕黨)의 명예라 하여 자랑했다고 한다. 이런 점 등도 종합해서 생각하면 순수한 페니키아인이라고 하는 편이 좋지 않을까라 생각된다. 만일 그렇다고 한다면, 여기에 그리스인이 아닌 인물이 그리스 철학의 무대에 처음 등장하게 되는 것이리라. 이와 같은 현상은 알렉산드로스 대왕의 세계 정복에 의해서 생긴 그리스화의 영향이었다고 볼 수 있을 것이다. 이후 그리스 철학의 무대는 변함없이 주로 아테네였는데, 그 무대에 나타나는 인물은 제논과 마찬가지로 그리스인이 아닌 자도 상당수에 달했다. 그리스 철학도 탈레스로부터 300년 정도 지나서 점차로 세계적으로 되어 갔다.

제논의 탄생 연도도 확실하지는 않다. 대개 기원전 336년에서 335년경으로 산정된다. 그가 아테네에 와서 철학 공부를 시작한 것은 20세를 갓 넘은 무렵의 일이었다고 하는데 그에 관해서는 다음과 같은 얘기가 전해진다.

그는 포이니케로부터 자라(紫螺, 이것에서 보라색의 염료를 얻어 낸다)를 싣고 아테네의 외항인 페이라이유스로 항해하는 도중, 그 가까이서 난파를 당했으나 다행히 구출되어 아테네로 오게 되었다. 그리고 그 곳의 어떤 책방에서 크세노폰(Xenophōn, 기원전 430년경~354년경)[9]의 「소크라테스의 회상」이란 책의 제2권을 읽다가 크게 감동하여 책방 주인에게 "소크라테스와 같은 사람이 어디에 있을까요?"라고 물었다. 마침 그 때에 공교롭게도 앞에서 얘기한 그 키니코스 학파의 크라테스가 지나갔다. 그러자 책방 주인은 그를 가리키며 "저 사람을 따라가십시오"라고 말했다.

그 이후로 제논은 크라테스의 제자가 되었다. 그러나 여러분도 이미 알고 있는 그 키니코스 학파 일당의 후안무치한 행동에서 그는 어쩐지 부끄러움을 느껴 따라가지 않았다. 그래서 크라테스는 제자의 이 결점을 고쳐 주려고 루비나스(완두콩 비슷한 콩과에 속한 다년초)의 수프를 가득 담은 항아리를

---

9) 그리스의 군인, 저작가. 부유한 아테네인 그리로스의 아들로 태어나 소크라테스에게 배운 후 기원전 401년 다리우스 2세의 아들 키로스의 원정군에 참가했으나 목적을 이루지 못하고 군대를 거느리고 흑해안으로 퇴각하여 고국으로 돌아왔다. 「그리스사」「소크라테스의 회상」외에 역사, 정치, 윤리 등 다방면의 저작을 남겼다.

젊어지고 켈라메이코스의 거리를 돌아다니게 했다. 제논은 창피스러워서 ——그는 다른 전승을 보아도 내성적인 사나이인 것 같지만, 그 항아리를 감추려고 하는 것을 보고 스승 크라테스는 지팡이로 일격을 가해 그것을 깼다. 제논이 견디지를 못해 정강이에서 콩수프를 질질 흘리면서 달아나려고 하자 크라테스는 크게 꾸짖기를 "왜 도망치려는 거지? 포이니케의 총각아, 뭐 큰일이라도 생긴 거냐?"하고 야단을 쳐 댔다는 것이다.

그 후 얼마쯤 지나서의 일인지는 잘 모르지만 결국 크라테스를 버리고 어젯밤에도 잠깐 나왔던 메가라 학파의 스틸폰의 문을 두드렸다. 크라테스는 제논에게 미련이 있었던지, 그 옷자락을 붙잡고 스틸폰 문하에서 다시 데려가려고 했다. 그러자 제논은 "철학자가 붙잡을 곳은 귀입니다. 저를 설복시키고 나서 귀를 끌고 가십시오. 그러나 당신이 억지로 저를 데리고 가도 당신과 함께 있는 것은 제 몸뚱이뿐이고 내 마음은 스틸폰에게 있을 겁니다"라고 말했다는 것이다.

그 후 다시 아카데미아 학파의 3대 학장인 크세노크라테스에게 배우고 그가 죽자 다시 메가라 학파의 디오도로스에게 배우고, 그리고 또 아카데미아 학파의 4대 학장인 폴레먼의 가르침을 받았다. 언젠가 폴레먼은 "제논, 너는 뒷문으로 살짝 들어와서 훔쳐 들은 내 학설에 포이니케 양식의 옷을 입히고 있구나"라고 말했다는 것이다.

이리하여 그의 학습 시대는 끝났다. 그는 왔던 쪽으로 되돌아가서 "내 난파선은 좋은 항해였다"라고 술회했다고 한다. 그 의미는 설명하지 않아도 알아들을 수 있을 테지.

그런데 제논이 바야흐로 교사로서 가르치기 시작한 곳은 아테네의 시장에 있는 스토아 포이킬레라고 불리운 곳이었다. 이것은 여러분도 이미 들었을지도 모르지만 스토아(Stoa)라고 함은 '주랑(柱廊)'을 뜻하고, 포이킬레(Poikile)라 함은 '가지가지 색깔이 있다'는 의미의 형용사이다. 스토아에는 여러 모양의 건축 방법이 있는데 이 곳은 한쪽이 벽면으로 되어 있다. 그 곳이 유명한 화가 폴리그노토스(Polygnōtos, 기원전 5세기)[10]의 그림으로 장식되어 있던 데서 이 이름이 붙여졌다는 것이다. 그는 아마 외국인이었기 때문에 아테네

---

10) 그리스의 화가. 타소스 섬에서 나서, 아테네로 나와 키몬 등과 사귀며 스토아 포이 킬레와 테세우스 신전 등에 벽화를 그리고 시민권을 얻었다. 종래의 기법에 새 기법을 가미해 인물의 표정을 생생하게 묘사함으로써 후대에도 큰 영향을 미쳤다.

에서 땅을 사들일 수 없었던 탓인지 혹은 가난해서 도리가 없었던 탓인지, 그렇지 않으면 그것이 그의 학설에 일치한 탓인지, 어쨌든 페리파토스(소요) 학파나 아카데미아 학파처럼 자기네들의 학교에서가 아니라 그와 같은 공공의 장소에서 강의를 하게 되었다.

그러므로 제논의 제자들은, 그들 학파의 무리들이나 그리고 또 에피쿠로스의 제자들——어제 저녁은 얘기가 처음부터 진지한 방향으로 나아가 끝내 얘기할 기회도 없었지만 아테네의 시민권을 가진 에피쿠로스는 그 땅에서 작은 정원을 살 수가 있었다. 그는 그 곳에서 제자들과 더불어 "숨어서 살자"는 모토에 따라, 대략 기원전 307년에서 306년 이래 평온한 생활을 보내고 있었다. 그래서 그는 '정원의 철학자'로도 불리웠는데,——처럼 긴밀한 관계로 스승과 맺어져 있었던 것으로 보이지는 않는다. 그 스승인 제논이 이 스토아에서 가르치기 시작한 것은 기원전 301년에서 300년경이라고 하니까 에피쿠로스의 개교 후 5,6년이 지난 무렵이다. 그의 가르침은 폴리스 붕괴 후, 본거지를 잃은 당시의 인심에 강하게 호소하는 바가 있어서 많은 청취자를 모았던 모양이다.

어떤 전기에 의하면 언젠가 그의 주위를 수많은 사람들이 에워싸고 있는 것을 보고 스토아 포이킬레의 끝에 있는 제단의 나무 난간을 가리키면서 "이것은 옛날에는 한가운데에 있었는데, 방해가 되니까 한쪽 구석으로 치운 것이다. 그러니까 여러분도 한가운데에서 불쑥 질문을 하고 나오면 그만큼 우리에게 방해가 되지 않겠는가"고 말했다는 것이다. 또 따분한 청중을 쫓아버리기 위해서 거지에게 줄 돈을 요구하는 것이 상례였다고 한다.

이들 청강자 중에는 사람들의 이목을 끄는 한 인물이 있었다. 마케도니아 왕 안티고노스(2세) 고나타스(통칭 Gonatas, 기원전 320년~239년)[11]이다. 왕은 마케도니아에서 아테네를 방문할 때마다 제논의 이야기를 청강했다고 한다. 고나타스가 마케도니아에서 왕권을 확립하여 그리스를 호령하게 된 것은 기원전 276년 이후의 일이니까 왕이 청강하기 시작했을 때 제논은 이미 60세 안팎이었을 것이다. 왕은 그를 존경하여 가끔 궁정으로 초대했는데, 그는

---

11) 마케도니아 왕으로 재위 연도는 기원전 283년~239년. 데메트리오스 1세의 아들로 부왕의 죽음으로 왕위를 계승하고 정력적으로 활동하여 기원전 276년까지 마케도니아를 확보하고 그 왕으로 인정받았다. 후에 거의 코린토스 이북의 그리스에까지도 지배권을 확장했다.

이 초대에 응하지 않았다. 그에 관한 왕의 편지와 제논의 회답이라는 것이
남아 있으므로 읽어 보자.

삼가 아뢰노라.

나의 행운과 명성은 경의 생활보다 낮다고 믿지만 경이 가진 지식과 교양과
완전한 행복에는 감히 미치지 못한다고 믿는다. 그런 까닭에 경이 내게로 찾아
와 줄 것을 바라 마지않는다. 나는 경이 이러한 나의 희망을 거절하지 않으리
라 믿는다. 그러니 경은 나와의 교제를 허락하라. 다만 경은 나 한 사람의 교육
자가 될 뿐 아니라 마케도니아인 전부의 교육자가 되는 것을 명백히 해야 한
다. 무릇 마케도니아의 지배자를 교육하여 덕행을 성취시킬 수 있는 자라면
또한 그 백성들도 선량한 자들로 만들 수 있을 게 명료하다. 백성들이 지배자
를 본받는 것은 당연한 이치라고 해야 할 것이라.

왕 안티고노스로부터 철학자 제논에게

위의 편지에 대한 제논의 회답은 다음과 같은 것이었다.

삼가 회답을 올립니다.

폐하께서 학문을 사랑하심은 제게는 크나큰 기쁨입니다. 그렇지만 그 기쁨
은 진실로 유익한 교양으로 나아가야 하고, 천하게 함으로써 품성을 위태롭게
함을 피할 수 있을 때에만의 일이옵니다. 철학을 동경하여 청년들의 혼을 나약
하게 만드는, 뭇사람들이 칭송해 마지않는 쾌락을 피하는 자는 그 본바탕뿐만
아니라 의지에서도 고귀함을 추구함은 명명백백한 바이옵니다. 고귀한 바탕에
적당한 수업을 이루고, 게다가 가르치기에 인색하지 않는 자를 스승으로 모시
면 덕을 완전히 소유하는 것은 매우 용이한 일이옵니다. 그렇지만 나는 이제
나이 80세로 능히 그 일을 감당할 수가 없사옵니다. 그러므로 나와 같이 학문
을 했고 정신은 물론, 신체의 건강도 나보다는 훨씬 뛰어난 친구를 천거하옵니
다. 부디 그들과 사귀시오면 완전한 행복에 필요한 것 한 가지도 빠뜨림없이
배우게 되시리라 사료되옵니다.

제논이 왕 안티고노스 폐하께

이들 편지는 모두 다 진짜는 아닐 테지만 이와 같은 교섭의 결과 제논은
그 제자 중에서 같은 키티온 출신의 페르사이오스를 왕에게로 보내게 되었
다. 위의 왕이 보낸 편지는 플라톤의 이른바 '철학자 왕'이라는 사상의 일면

을 표현하고 있는데, 이 안티고노스 왕 자신을 플라톤의 '철학자 왕'의 이상을 구현한 자라고 보는 사람도 있다. 이 왕은 당시 세계에서 가장 세력이 있는 왕이면서도, 자신을 가리켜 '명예 있는 노예'로 자칭했다고 하는데, 이것도 스토아 철학의 감화에 의한 것일 것이다. 왕은 그 밖에도 네레토리아 학파의 메네데모스, 아카데미아 학파의 아르케실라오스(Arkesilaos, 기원전 315년경~241년경)[12] 등의 철학자, 또한 시인이나 역사가 등과도 관계를 가졌다. 이 왕이 죽은 것은 기원전 281년인데 그 때까지의 약 40여 년 동안이 헬레니즘 문화의 전성기였다.

그런데 이 제논은 또 아테네인들에게도 매우 존경과 신뢰를 받아 성문의 열쇠까지도 위탁받을 정도였다. 그가 죽었을 때에는 아테네 의회는 그가 그의 철학으로 아테네에 끼친 공적을 칭송하며 황금관을 증정하고 국비로써 묘비를 세울 것을 결의했다. 그 결의안도 남아 있으나, 이제 읽을 시간이 없다. 그러나 이 결의안은 마침 제논이 죽은 기원전 264년에 263년 사이에 아테네의 모반을 평정하여 그 곳에 주둔군을 두기로 한 안티고노스 왕이 제논 숭배자인 트라손이라는 사나이를 매수해 제안케 한 것이라고 한다. 어쩌면 그랬었는지도 모른다. 왕은 제논이 죽었다는 비보를 듣고 "나는 굉장한 구경꾼을 잃어버렸다"고 탄식했다고 한다.

안티고노스 왕과 제논과의 관계에 대해서는 같은 스토아 학파에 속하는 에픽테토스(Epiktētos, 55년경~135년경)[13]도 「인생 설법(人生說法)」의 '불안에 대해서'라는 장에서 이렇게 말했다.

제논은 안티고노스와 앞으로 만나야겠다고 생각할 때 불안을 느끼지는 않았다. 왜냐하면 제논이 경탄하기는 했지만 안티고노스는 무엇에 대해서나 권력을 가지지 않았으며, 또 안티고노스가 권력을 가진 것에 대해서는 제논이 돌아

---

12) 그리스의 철학자. 아이오리스의 피타네 출생으로 아테네로 나와 테오프라스토스에게 배운 후, 아카데미아 6대 학장이 되어 중기 아카데미아를 열었다. 스토아 학파의 독단론에 반대하고, 인식론에 관해 극단적인 회의론을 주장했다.

13) 로마 제정기의 스토아 학파의 철학자. 푸리기아의 히에라폴리스 태생으로 당초에 노예였는데 해방되어 로마에서 스토아 철학을 교수했다. 89년 도미티아누스 황제에게 추방되어 에페이로스의 니코폴리스에 가서 죽을 때까지 많은 제자를 가르쳤다. 세계의 질서 속에 나타나는 신의 의사에 자기의 의사를 합일시켜 외부의 속박으로부터 영혼을 자유케 하는 데에 참 행복이 있다고 주장했다.

보지도 않았기 때문이다. 그러나 안티고노스가 앞으로 제논과 만나야겠다고 했을 때는 불안감을 품었다. 그리고 그것은 당연한 일이다. 왜냐하면 그는 제논에게 잘 보이려고 했기 때문이다. 그런데 그것은(그의) 외부에 있는 것이었다. 그러나 제논은 그에게 잘 보이려고 하지 않았다는 것은, 다른 어떤 기술자라도 그 기술에 문외한인 자에게 잘 보이려고 하지 않았기 때문이다.

위의 말은 또 뒤에서 얘기하려고 생각한 에픽테토스 자신의 권력자에 대한 심경을 나타내 보인 것일 테지만 이와 같은 '불안이 없는 심경' 이를테면 '아파테이아'를 획득하는 연구가 스토아 철학의 과제였던 것은 이미 여러분이 공부한 바이다. 현대에는 무슨 일에건 아무런 이유도 없이 '불안하다'는 말을 하고, 불안해하며 심각한 표정을 하는 젊은 철학도도 많은 모양이지만 제논이나 에픽테토스가 본다면 무어라고 할까?

그것은 그렇다 치고, 그 제논의 죽음은 어떤 전기에는 이렇게 되어 있다. 스토아로부터 돌아오는 도중, 발이 미끄러져 굴러 발가락이 부러졌다. 그러자 그는 주먹으로 땅바닥을 치면서

"갈 테다, 무엇 때문에 너는 나를 부르느냐"

라는 시구를 읊조리고 그 자리에서 스스로 숨을 멈추어 죽었다. 그 밖에 또 단식을 하여 죽었다고 전해지기도 한다. 스토아 학파에서는 자살이 금지되지 않았으므로 이 개조 제논을 본받아 자살한 자가 많이 나왔다. 이미 2대의 스토아의 학두 클레안테스(Kleanthēs, 기원전 331년~232년)[14]가 그랬었다. 그는 그 스승과 같은 나이만큼 살고 나서, 단식으로 죽었다는 것이다.

제논에 대해서나 또 그 후의 초기 스토아 학파에 속한 자들에 대해서나 하고 싶은 이야기는 아직도 많이 있지만, 벌써 시간도 꽤 지났으니까 한 가지만 더 간단히 얘기해 보자. 그것은 이런 이야기다. 자기의 노예가 도둑질을 했으므로 제논은 그를 매로써 벌주었다. 그러자 그 노예는 "도둑질을 하는 것은 내 팔자였습니다"라고 말했다. 그러자 제논은 일언지하에 "네가 매맞는 것도 팔자지"라고 위로했다는 것이다. 이 이야기는 스토아 학파 학설

---

14) 그리스의 철학자. 소아시아의 앗소스 출생으로 스토아 학파의 개조 제논의 제자가 되어 기원전 263년부터 죽기까지 동파의 제2대 학두였다. 우주론에서는 세계를 생명체, 신을 그 영혼으로 간주했고, 윤리학에서는 자기중심적인 이해 관계로부터의 이탈을 강조했다.

의 요체라고도 할 운명론을 전개하기 위해 마지막까지 챙겨 두었는데 끝내 이용하지 못한 채로 끝낸다. 그리고 그와 관련한 여러분의 질문도 들을 수가 없게 되었다. 또 다시 얘기할 기회가 있을 것이라고 생각한다.

제5야
회의론자 피론

오늘 밤에 얘기하려는 피론(Pyrrhōn, 기원전 360년경~270년경)[15]은 어젯밤의 제논에 비하면 한 세대쯤 전의 사람이다. 그러나 제논의 얘기가 나온 김에 뒷전으로 돌리고 말았었다. 그런데 그와 같은 일은 무슨 일에나 무관심하고 둔감했다고 하는 피론 자신에게는 아무래도 상관없는 일일 것이다.

그런데 이 피론은 펠로폰네소스 반도의 에리스 태생이다. 이 에리스라는 도시는 일찍이 소크라테스의 사랑을 받았던 제자 파이돈이 스승이 처형된 후 귀향하여 학교를 열었던 곳이다. 그 학파가 에리스 학파로 불리웠다는 것은 이미 강의를 통해 여러분이 알고 있을 것이다. 피론도 이 학교에서 메네데모스 혹은 스틸폰의 가르침을 받았다고 한다. 그러나 그는 처음에는 무명의 가난한 화가였는데 후에 철학으로 전향했다고 한다. 또 그는 데모크리토스 학파의 아나사르코스의 제자가 되어 어디든 함께 다녔다고 한다.

얘기가 약간 옆길로 나가는데 이 선생인 아나사르코스에 대해 조금만 얘기하고 넘어가자.

언젠가 연회석상에서 알렉산드로스 대왕으로부터 "이 요리는 어떤가?"라

---

15) 그리스의 철학자. 에리스인으로 소피스트적인 메가라 학파와 데모크리토스 학파에 게 배우고 알렉산드로스 대왕(3세)의 동정에 참가한 후 고국에서 생애를 마쳤다. 사물의 확실한 인식을 얻을 수 없다는 것을 알면 영혼의 평안이 생겨난다고 말하여, 회의론자의 아버지가 되었다.

는 질문을 받고, 그는 "폐하 모두 다 좋습니다. 그러나 단 한 가지 부족한 것이 있사옵니다. 어느 지사(知事)의 머리가 나왔더라면 하고 생각합니다만"이라고 대답했다. 이 말은 페르시아의 총독 니코크레온의 일을 암시한 말이었다. 니코크레온은 이 말을 듣고 뼛속 깊이 사무치도록 한이 되었던지, 언제까지나 잊을 수 없었다. 대왕이 죽은 후 아낙사르코스는 그 뜻과는 반대로 키프로스 섬으로 끌려갔다. 거기에서 니코크레온은 그를 체포하여 절구통 속에 집어넣고 쇠절구로 찧어 부수라고 명했다. 그러나 아낙사르코스는 그와 같은 잔혹한 처형을 조금도 두려워하지 않고 "아낙사르코스의 가죽을 벗긴다고! 그러나 이 아낙사르코스는 벗겨지지 않을 거다"라고 외쳤다. 그러자 니코크레온은 다시 그의 혀를 자르라고 명했다. 그는 더 이상 기다리지 않고 스스로 혀를 깨물어 끊어 그것을 니코크레온에게 뱉아 냈다고 한다.

이 잔혹한 처형을 태연자약하게 참아 낸 스승의 태도는 피론에게 강한 인상을 주었음에 틀림없다. 그러나 아직 그와 같은 일이 일어나기 전의 일이다.

그는 그 스승과 함께 알렉산드로스 대왕의 동방 원정군에 가담해 멀리 인도에 갔었다. 그 곳에서 그는 스승과 더불어, 숲 속에서 나체로 생활하며 세상을 등진, 소위 '나현자(裸賢者)'나 금욕적인 고행승들과 사귀었다고 한다. 그러나 말도 통하지 않았으므로 과연 그들의 사상까지 충분히 이해했었는지는 모른다. 그런데 이들 행자(行者)들의 영향에 의해 회의론의 근본 사상인 '사물의 파악이 불가능한 점'과 '판단을 삼가는 것'을 주장하기에 이르렀다는 내용을 전하는 사람도 있다. 그러나 그것은 어쩌하든 수행자들의 무욕(無慾) 평정(平靜)한 생활 태도는 피론의 뇌리에 강렬한 인상을 남겨 주었음이 틀림없다.

그 곳에서 어느 인도인이 피론의 스승 아낙사르코스에 대해서 "저 사람은 자기 자신이 궁중에서 벼슬살이를 하는 것 같은데 그래서는 다른 사람들에게 훌륭한 것을 가르칠 수는 없을 것이다"라고 비난하는 소리를 들었다. 아마 그와 같은 비난도 그에게 뭔가 깊이 생각케 하는 계기가 되었는지도 모른다. 그는 원정 후 고향 에리스로 돌아가 벼슬살이는 물론이요, 다른 사람들과의 교제를 피하고 조산원 노릇을 하던 누이동생 피리스타와 함께 고독한 은둔 생활을 했다는 것이다.

그러나 그럼에도 불구하고 에리스의 시민들에게 존경을 받아서 대제사(大祭司)에 임명되었고, 또 그의 높은 덕망 덕택에 철학자라 일컫는 자는 모두 세금을 면제받았다고 한다. 만일 이것이 사실이라면 에리스의 시민들은 그야말로 훌륭한 사람들이라고 생각된다.

피론은 한 권의 책도 쓰지 않았다. 아마 철학적인 문제에 대해서 뭔가를 쓴다고 하는 것은, 무엇을 쓰든지 간에 무슨 일인가를 판단하고 주장하게 되니까 '판단의 삼가함'을 신조로 삼은 그에게는 모순이라고 생각되었기 때문일 것이다. 몽떼뉴는 유명한 「수상록」에서 이렇게 말한다.

보게나! 피론 학파의 철학자들은 그들의 일반 개념을 어떠한 말로도 표현해 내지 못한다. 정말 그들에게는 무언가 신식 용어가 없어서 그런 것은 아닐 것이다. 우리의 용어는 모두 긍정적인 명제로 성립되어 있다. 그것은 완전히 그들에게는 적이 된다. 이를테면 "나는 의심한다"고 그들이 말하면 사람들은 재빨리 그들의 목구멍을 눌러 "적어도 너희들은 너희들 자신이 의심만 하고 있다는 그 사실을 확신하고 있는 게 아닌가"고 자백을 시키기 때문에. 그래서 그들은 다음과 같은 의학적 비유 속으로 도망쳐 들어가지 않으면 안 되게 되었다. 사실이 그렇지가 않다면 그들의 마음은 도저히 설명할 수 없을 것이다. 그들은 말한다.

"우리가 '나는 모른다' 또는 '나는 의심한다'고 말할 때, 이 명제는 자기와 함께 모든 물건들을 날라 가는 것이다. 마치 '대황(大黃)'이라는 약이 나쁜 체액을 몸 밖으로 흘려 보냄과 동시에 자기 스스로도 또 흘러가는 것과 조금치도 다름이 없는 것이다."

피론의 회의론을 잘 설명했다고 생각하므로 빌려 썼다. 인용한 글 속의 '대황'이라는 약이 어떤 것인지 잘 알 수 없지만 아무래도 하제(下劑)로 사용되는 것인 듯하다. 설날에 마시는 도소주(屠蘇酒, 설날에 담가 마시는 약술의 일종) 속에도 들어간다는 말을 언젠가 신문에서 본 기억이 있다. 그것은 그렇다 치고 몽떼뉴가 회의론자였다는 사실은 여러분도 알고 있을 터이지만 앞에 인용한 대목에 바로 이어서 이 사상은 "나는 무엇을 알고 있는가?" 프랑스어로 말하면 Que sais-je? 라는 의문형에 의해 더욱 확실히 이해된다. 그것은 아마 "나는 모르고 있다"고 말하건 "나는 알고 있다"고 말하건, 각각의 명제는 어떤 것에 관해서 "알고 있다"는 사실을 긍정하거나 혹은 부정하

게 된다. 이에 대해서 의문형은 아직 긍정 쪽에 치우치지 않으며 부정 쪽에
도 치우치지 않은 마음의 평형 상태를 나타낸다. 그것은 아직 어느 것도
문제삼지 않은 상태를 말하는 것은 아니다. 문제로 삼고는 있지만 긍정 쪽에
도 부정 쪽에도 같은 무게의 이유나 증거가 있어서 양자의 어느 것이든 간에
판단하고 결정할 수 없는 상태, 이를테면 '판단을 삼가고 있는' 상태이다.
이 '판단을 삼간다'는 말은 그리스어로는 에페코(ΕΠΕΧΩ)이다. 그래서 몽떼
뉴는 메달을 만들게 하여 그것에다 이 그리스 문자와 앉은뱅이저울의 모양
을 새겨넣게 했다는 것이다. 때문에 무슨 일에나 가볍게 단정하지 않도록
스스로를 경계한 것이라고 생각된다.

그런데 주제인 피론으로 돌아가면, 그는 '사물의 진실'은 우리가 '파악할
수 없는 것'이기 때문에 '이 사물은 이러하다'든가 '이렇지 않다'든가 혹은
'이 사물은 좋다'든가 '나쁘다'든가 판단하는 것을 스스로 중단했으며 또
남들에게도 권면했다. 그렇게 하면 마치 형체에 그림자가 붙는 것처럼 그와
같은 태도에는 저절로 아타락시아 곧 '마음의 흐트러짐이 없는 상태'가 동반
된다. 이 상태야말로 우리가 추구하는 행복이라고 말했다.

이 아타락시아에 관련하여 다음과 같은 이야기가 전해진다. 그는 언젠가
항해 중에 폭풍을 만났다. 같은 배에 타고 있던 나그네들은 절망하여 마음도
거기에 없는 상태였다. 그러나 피론 한 사람만은 조용히 마음의 안정을 유지
하고 있었다. 마침 그 배에 한 마리의 새끼 돼지가 있어서 사람들이 떠들어
대는 것도 아랑곳없이 열심히 밥을 먹고 있었다. 그래서 피론은 이를 가리키
며 "현자는 이 새끼 돼지와 같은 흐트러짐이 없는 태도를 언제나 유지하고
있어야만 된다"고 말했다는 것이다.

이 이야기에서 여러분은 생각나지 않는가? 일찍이 저 쾌락론자인 아리스
티포스가 역시 폭풍을 만났을 때 크게 낭패해하다가 다른 손님들에게 "우리
보통 사람들도 놀라지 않는데 명색이 철학자인 당신이 두려워하다니"라고
비난하자, 그는 "우리는 똑같은 영혼으로 경쟁을 하고 있는 건 아니다"라고
대답했다고 하는 언젠가의 얘기를 비교해 보면 두 철학자의 인품이 잘 드러
난다고 생각된다. 또 그가 어떤 때에나 마음의 평정을 유지하고 있었다는
것을 보여 주는 이야기로 이런 것이 전해진다. 이를테면 그가 얘기를 하는
도중에 상대방이 떠나가도 자신을 위해서 그 얘기를 마지막까지 다 했다는
것이다. 그러나 젊은 시절에는 그도 세상을 염려할 정도였으니까 이것도

수양의 좋은 선물이었을 것이다.

피론에게는 티몬이라는 매우 많은 작품을 쓴 제자가 있었는데, 그 제자는
그에 대해서 다음과 같은 시를 지었다.

> 오오, 늙은이여. 오오, 피론이여
> 어째서 또 어디로부터 당신은
> 학자들의 억측이나 무사려(無思慮)에서 벗어나는 길을
> 발견하셨습니까?
> 또 어째서
> 모든 기만과 유혹의 밧줄을
> 풀어 젖혔습니까, 또 당신은?
> 어떤 미풍이 그리스에 불고 있는가,
> 어디로부터 어디로 불어 가는가
> 그와 같은 일들에
> 마음을 번거롭히지는 않았습니다

다시금 또

> 오오, 피론이여
> 내가 듣고 싶지 않는 건 이것입니다
> 도대체 어째서
> 인간이면서 인간들 사이에서
> 오직 한 사람 신과 같이 그들을 인도하면서
> 편안하게 조용한 마음으로
> 세상을 보내시는 겁니까?

이 질문(시)에 대한 피론의 대답은 앞에서 본 '판단의 삼가함'이었을 것이
다. 피론은 또 호메로스가 좋아서 그 시구를 기리면서 끊임없이 다음의 시구
를 읊조렸다고 한다.

> 참으로 나뭇잎들의 세상이야말로
> 인간 세상의 모습과 다름이 없다.

이것은 「일리아스」에 나오는 것이다. 이것만으로는 좀 이해하기 어렵거니와 이어지는 시구가 참으로 연민이 깊은 감정을 표현한 것으로서 예로부터 유명한 대목이니까 덧붙여 인용해 보겠다.

> 때론 바람이 불어와서 나뭇잎을 땅에 떨어뜨려 놓지만
> 또 한편에서는
> 숲 속의 나무들은 무성하게 잎이 돋아나 봄철이 돌아오곤 한다.
> 그와 마찬가지로 인간 세상도
> 한편에선 태어나고 또 한편에선
> 사라져 가는 것.

그리고 또 다음 것도 그가 애창하는 시구였다는 것이다.

> 그러니까 친구여 그대도 죽는다
> 무엇 때문에 그와 같이 울며 슬퍼하는가
> 파트로크로스마저 죽음으로 끝났던 것이다
> 그대보다 훨씬 뛰어난 사람인데도

앞의 시구는 트로이아 전쟁 때, 그리스 군대에서 손꼽는 용사인 디오메데스가 트로이아 군 가운데 그에게 대항해 온 용감무쌍한 무사에게 그 태생을 묻는 장면에서, 그 무사가 "기상이 높으신 튜데우스여, 무엇 때문에 족보를 따지려 드는가?"라는 말로 대답했는데, 그 뒤에 꽤 긴 대사가 있다. 그러는 동안에 지금은 피차 적이 되어 나뉘어져 있지만 이전에 그의 선조들은 서로가 친한 친구였다는 것을 알고 "전쟁 속이지만 우리 서로 무기는 피하기로 하자"고 약속하고 기념으로 트로이아 군의 그라우코스가 '황금 장신구'와 디오게네스의 '청동 장신구'를 교환한다. 참으로 아름다운 한 폭의 그림 같은 정경이다.

뒤의 시는 그리스 군 중 제일가는 용사 아킬레우스가 자기의 연인인 파트로크로스를 적장 헥토르에 의해 잃은 것에 분노하여 자기가 붙잡은 헥토르의 이복 동생 리카온을, 살려 달라고 애원하는 것도 못 들은 체하고 인정사정 없이 찔러 죽이기 직전의 말이다. 앞의 정경과는 반대로 전장의 마당이라고는 하지만 얼굴을 돌리지 않을 수 없는 장면이다.

그러나 장면은 정반대일지라도 시구는 어느 것이나 인간의 삶의 덧없음과 생명의 나약함을 느끼게 해 준다. 피론은 이 밖에도 그와 같은 호메로스의 시구를 애창했다고 전해진다. 그와 같은 때의 피론을 상상해 보면 인생은 '제행무상(諸行無常)'이라는 것을 깨달은 은둔하는 고승의 모습이 떠오른다.

그러나 피론에게는 다음과 같은 일화도 전해지고 있다. 그는 여동생 피리스타 때문에 몹시 화를 냈었다. 그러자 그것을 비난하는 자가 있었다. 이에 대해 그는 "여자의 경우에는 무관심하다는 증거는 보여줄 수 없다"고 대답했다. 나는 이것이 그리스어 원문으로 전해진 이야기의 의미라고 생각한다. 이것을 몽떼뉴는 "언젠가 집에서 누이동생과 몹시 싸움을 하는 장면을 들켜 '그런 짓을 한다는 건 너의 무관심설과 반대되는 거 아냐?'라고 꾸중을 들은 때에는 정말이지 '뭐라고요? 이런 아가씨까지도 나의 규칙의 증거로 삼아야만 한단 말인가요?"라고 말했다고 한다.

이것도 한 가지 해석일지 모르지만, 나는 피론이 친구의 비난에 곧 평정을 되찾고 조용한 말투로, 일반적으로 특별히 누이동생에 대해서뿐만 아니라 '여자라는 것'은 거기에 대해 무관심하려고 애써도 여간 어려운 것이 아니다. 그것이 가능하게 되면 나도 자신의 이상에 도달했다고 말할 수가 있겠지, 하고 자신을 돌아보며 후회하는 모습이 상상된다. 여러분은 어떤지? 그리고 또 이런 얘기도 있다. 언젠가 개가 덤벼들어서 기급을 하게 놀랐다. 이를 비난한 사람에게 그는 '인간'을 완전히 벗어나기란 어렵다. 그러나 가능한 한 우선 첫째로 행동에 의해서 사물과 경쟁해야만 된다. 그러나 그래도 안 된다면 언론(말)에 의해서 그렇게 해야만 된다고 대답했다.

이 이야기가 사실이라면 피론은 '인간'을 벗어나는 것을 이상으로 삼고, 그 이상을 실현하는 수단으로는 행동을 첫째로 삼고 언론(말)을 둘째로 삼았던 것이라고 상상된다. 곧 개가 덤벼들더라도 그 행동으로는 몹시 놀라는 일이 없도록 노력을 해야만 된다. 그러나 이 경우처럼 기급을 하게 놀랐다면 앞으로 그와 같은 일이 또 없도록, 언론에 의해서 그것을 두려워할 이유가 없다는 사실을 자신에게 잘 납득시키지 않으면 안 된다는 것을 말하는 것이다. 그러나 인간이 인간을 벗어난다는 것이 과연 인간에게 의미가 있는 일일까?

이것으로 오늘 밤에는 끝낼 예정이었지만, 시간이 아직은 좀 있으니까 앞에서 나온 제자인 티몬의 이야기를 좀 하기로 하자. 그는 프레이우스 태생으로 젊었을 때에 부모를 잃고 무용수가 되어 자수성가를 했으나 거기에 싫증을 느껴 철학으로 전향했다고 한다. 처음에는 메가라 학파의 스틸폰에게 배웠는데 고향에서 아내를 데리고 피론에게로 가서 거기에서 두 아이를 낳았다. 그러나 그러는 중에 생활이 고달파졌으므로 소피스트로서 곳곳을 편력하며 한몫을 번 후에 아테네로 가서 90세경에 죽을 때까지 그 곳에 살면서 철학을 강의하는 틈틈이 많은 시와 극도 썼다. 그 사이에 잠시 테바이로 가 있었던 적이 있는 모양이다.

언젠가 아르케실라오스로부터 "무엇 때문에 테바이에서 이리로 왔는가?"라는 질문을 받고 "여러분이 깜짝 놀라는 모습을 보고 웃어 주기 위해서다"라고 대답했다는 것이다. 이 아르케실라오스는 아카데미아의 5대 학두가된 사람이다. 이 사람은 그 창설자인 피라톤 외에도 또 피론을 존경하여, 그의 회의론을 아카데미아에 받아들여, 어젯밤에 얘기한 제논의 독단론을 극성스럽게 공격했던 것이다. 그런 까닭에 제논의 제자인 아리스톤은 아르케실라오스를 가리켜, "앞쪽은 플라톤, 뒤쪽은 피론, 한가운데는 디오도로스"라고 말했다고 한다. 이것은 "앞쪽은 사자, 뒤쪽은 구렁이, 한가운데는 암염소"라고 「일리아스」에서 말한 키마이라(그리스 신화에 나오는 괴수)라는 괴수에다 그를 비유했던 것이다. 마지막의 디오도로스는 메가라 학파의 스틸폰의제자로 이른바 변증술(辨證術)의 대가였다. 아르케실라오스는 이 변증술을 연구하여 그 방법을 가지고 논적(論敵)을 당황하게 만들었으므로 "한가운데는 디오도로스"라고 말했을 것이다. 대개 이와 같은 취지로 티몬도 그에 관해서 말했다.

위의 이야기는 그가 즐겨 말한 농담의 한 예로서 다뤄지는 것인데, 그와 같은 농담이 또 하나 있다. 뭐든지 무턱대고 이상하게 생각하는 사나이에게 "우리 세 사람이 있는데도 눈은 네 개밖에 없는 것을 왜 그대는 이상하게 생각지 않는가?"고 되물었다. 이렇게 말한 것은 그 사나이가 만족스럽게 두 눈을 가지고 있었는데도 티몬 자신과 그 곳에 함께 있었던 그의 제자가 모두 외눈이었기 때문이라고 한다. 티몬은 언제나 자신을 스스로 키클로푸스라고 불렀다고 한다. 이 키클로푸스란 신을 두려워하지 않는 외눈 거인이다. 오디세우스[16]가 이 거인을 술에 곤드레가 되게 한 다음 끝을 뾰족하게

---

16) 그리스 전설에 나오는 영웅. 영어명은 율리시즈.

한 올리브 나무를 불에 구워 가지고 그것을 그 한쪽 눈에 쑤셔 박아 넣고 양에 매달려서 붙잡혀 있던 동굴로부터 순조롭게 빠져 나오는 기략은 아마 여러분도 알고 있는 일일 것이다.

그런데 술로 말하자면 티몬은 굉장히 술을 좋아했던 것 같다. 그리고 또 앞의 아르케실라오스도 역시 그러해서 그가 죽은 것은, 물을 타지 않은 독주를 그대로 너무 마셔서 미쳐 버렸기 때문이라는 것이다. 이 점을 포착하여 디오게네스 라에르티오스는 그에 대해 다음과 같은 풍자시를 썼다.

> 아르케실라오스여, 무엇 때문에 그대는
> 아아 그렇게 독한 술을 그대로
> 서슴없이 마셨는가
> 정기(正氣)가 밖으로 미끄러져 나갈 정도로.
> 나는 그대를 불쌍히 여긴다.
> 그대가 죽었기 때문이라기보다는
> 그대가 술잔을 끝없이 거듭 들어서
> 뮤즈의 여신들에게 죄를 범했기 때문이다.

이 풍자시에는 아무래도 감복할 수가 없다. 도대체 술을 너무 많이 마셔서 죽었다는 것이 어떻게 뮤즈의 여신에 대한 죄가 된다는 것인지 좀 납득이 가지 않는다. 당나라 이백(李白)을 생각해 보시라. 시성(詩聖)이자 주성(酒聖)이었는데 술을 마셨기 때문에 좋은 시를 지을 수 있었던 게 아닌가. 어쨌든 적어도 나는 아르케실라오스가 굉장히 좋은 술꾼이었던 것으로 생각된다.

이런 이야기가 있다. 이것은 어제 저녁에 얘기한 제논을 숭배한 마케도니아 왕인 안티고노스의 일인데, 그 왕자의 생일에 그는 언제나 축하의 주연을 베풀어 친구들을 초대했던 것이다. 그를 위한 비용은 왕이 그 때마다 충분히 보내 주었다. 이 일로 페리파토스 학파의 히에로니모스(Hieronymos, 기원전 360년경~255년경)[17]의 일당이 그를 몹시 비난하며 공격했다고 한다. 그러나

---

17) 그리스의 역사가. 헬레스폰토스의 카르디아인으로 처음에는 에우메네스에게, 그가 죽은 후는 안티고노스 1세, 2세, 데메트리오스 1세를 섬겼고, 기원전 323년~272년까지, 또는 기원전 263년까지의 신뢰할 수 있는 동시대사인 「후계자사(後繼者史)」를 저술했다.

이 축하회에서는 언제나 그는 주연 중에 어려운 학문의 이야기를 하는 것은
취하하기로 하고 있었는데, 언젠가 어떤 사나이가 어떤 문제를 제기해 그에
대한 의견을 요구한 일이 있었다. 그러자 그는 "그런데 다름아닌 이 일이야
말로 철학에 가장 특유한 일인 것이다. 이를테면 각각의 것에 대한 좋은
기회를 낸다는 것이"라고 대답했다고 한다.

　여러분도 흔히 "타이밍이 좋다"는 말을 하지만 그것이 여기서의 '호기
(好機)'이다. 그러나 이 호기는 그것을 미리 스스로 알아 포착하는 것이 중요
한 것이다. 하지만 그것은 대단히 어렵다. 거기에는 역시 현자의 명지(明智)
와 덕을 필요로 할 것이다. 이제 시간도 다 된 것 같으니가 설교투의 이야기
는 그만두기로 하자. 그러나 앞의 디오게네스의 풍자시는 아무래도 아르케실
라오스에게는 좀 안된 것이니까 나도 그를 위해 풍자시를 써 그 영혼을 위로
하기로 하자.

　　언제까지 일생을 자만만 하고 있을 것인가?
　　있고 없고의 논란 등에 열중해 있을 것인가?
　　술을 마시며 이렇게 슬픔이 많은 인생을
　　잠자든가 취하든가 하며 지내는 것이 좋을 것이다.

　어떤가? 회의론의 말로는 이런 데 있지 않겠는가. 그럼 오늘 밤은 이쯤하
고 헤어지기로 하자.

제6야
세 명의 철학자 사절

어제 저녁에는 '회의론자의 아버지'로 일컫는 피론의 이야기를 했는데, 그 이야기에서 그가 알렉산드로스 대왕의 동방 원정에 종군한 이야기에 대해 언급을 했었다. 이 원정과 더불어 이른바 헬레니즘 시대라 불리우는 새로운 시대가 열리기 시작했다는 사실은 이미 여러분이 다 알고 있을 게다. 그리고 그 시대의 종말은, 이것 역시 여러분이 잘 알고 있는 절세의 미인으로, 이집트의 프톨레마이오스 왕조의 마지막 여왕인 클레오파트라(Kleopatra Ⅶ, 기원전 69년~30년)[18]가 독뱀에게 그 하얀 살을 물려 자살한 때인 기원전 30년이다. 그러므로 이 시대는 약 300년의 기간에 걸친 셈이다.

이 때에는 자그마한 도시에 불과했던 로마는 이탈리아를 통일하여 칼타고를 타파하고 다시 차례차례로 알렉산드로스가 죽은 후 그의 무장들에 의해서 건설된 나라들을 정복하여 이른바 세계 통일의 위업을 이루었다.

---

18) 이집트 여왕으로 고대 역사상 가장 매혹적인 미녀. 재위는 기원전 51년~30년이고, 프톨레마이오스 왕가의 마지막 여왕. 그리스계였지만 이집트에 관해 잘 알았고 자신을 태양신 라아의 딸이라고 생각했다. 처음에 남동생 프톨레마이오스 13세와 공동 통치를 했으나 쫓겨났다. 로마의 동방 진출 중에 카이사르의 힘을 빌려 왕위를 회복, 카이사르의 아들을 낳았다. 그가 죽은 후 안토니우스를 미모로써 사로잡아 아내 옥타비아와 이혼을 시키고 결혼했다. 두 사람은 동방적인 전제 지배자로 군림하였으므로 아우구스투스와 대립, 악티움 해전에서 대패하여 안토니우스는 자살하고 그녀는 체포돼 독사에 물려 죽임을 당했다. 자살설도 있다.

그러나 그와 같은 로마에 대해 같은 나라의 유명한 시인 호라티우스 (Horatius-Flaccus, Quintus, 기원전 65년~8년)[19]는 "헬라스는 정복되긴 했지만, 그러나 그 야만적인 정복자를 타파시켰다"고 말했다. 이 시인의 말은 로마는 군사적 정치적으로는 헬라스 곧 그리스를 정복했지만 문화적으로는 도리어 그 피정복자에 의해서 정복되었음을 이야기한 것이다.

그럼 오늘 저녁에는 이 문화적 정복의 과정에서 말하자면 '최초의' 것이라 고도 말할 수 있는 사건을 주제로 이야기하기로 하자. 그것은 철학의 역사를 이해하는 데에도 매우 중요한 일이라고 생각하기 때문이다.

기원전 155년이라고 하면 어젯밤의 그 피론이 죽고 나서 벌써 100년 이상 이나 지나서인데 세 사람의 철학자를 주대표로 하는 아테네의 외교 사절단 의 일행이 로마에 나타났다. 그 한 사람은 스토아 학파의 디오게네스, 다른 한 사람은 페리파토스 학파의 클리토라오스, 또 다른 한 사람은 아카데미아 학파의 카르네아데스(Karneades, 기원전 214년경~129년경)[20]였다. 당시 아테네 에는 이 밖에도 주요한 학파로서 에피쿠로스 학파가 있었는데, 이 학파에서 는 사람이 나오지 않았다. 아마 이것은 언젠가 말했듯이 "숨어서 산다" 곧 정치 생활에 관계하지 않고 살아가는 것을 그 학파의 모토로 했기 때문에 당연한 일인지도 모른다.

그런데 디오게네스는 바빌로니아를 관통하는 티그리스 강변의 세레우케이 아 출신으로, 그 세레우케이아가 바빌론에서 가깝다는 이유로 '바빌로니아 인'이라는 별명이 붙여졌다고 한다. 그는 이 때 이미 매우 고령이었다. 클리 토라오스는 리키아의 파셀리스 출신으로 이 사람 역시 82세가 넘은 고령이었 다. 리키아라고 하면 잘 모르는 사람이 있을지 모르겠으나, 이 지방은 소아시 아의 남방 지중해에 면한 곳이다. 카르네아데스는 키레네 출신인데, 키레네 는 언젠가 얘기한 쾌락주의자 아리스티포스의 출신지이기 때문에 기억하는

---

19) 로마의 시인. 남이탈리아에서 해방된 노예의 아들로 태어났다. 로마와 아테네에서 배우고, 한때 공화정의 이상에 불타서 푸루트스의 군대에 투항했다. 패전 후 시작 (詩作)을 결의하고 베르길리우스의 소개로 실력자인 마에케나스의 서클에 들어가 아우구스트의 체제에 순응했다. 평생 독신으로 지내며 「송가」 등에서는 평화를, 「수상시」 「에포도스집」 등에서는 분수를 아는 중용의 인간 생활을 구가했다.
20) 그리스의 철학자. 키레네 태생으로 아테네의 아카데미아에서 배우고 제11대 학두로 서 이른바 제3기 또는 신기 아카데미아를 창설했다. 스토아 학파의 독단론에 반대하 여 회의론을 말했지만 인식의 명료함에는 단계가 있다는 것을 인정했다.

사람도 있을 것이다. 당시 그는 60세를 갓 넘긴 나이였다.

이상과 같이 약간 상세하게 출신지 조사를 했는데, 이것은 아테네 철학파라고 하더라도 그 대표자들이 아테네 출신은 아니고 로마보다 먼저 그리스 문화에 접한 동양땅이라는 것을 여러분에게 인상지웠기 때문이다. 그러나 출신지는 동양일지라도 그런 사람들이 인종적으로 보아 본토인이었는지 어떤지, 그것은 잘 알 수가 없다. 오히려 그 땅에 식민한 그리스인이든가, 마케도니아인, 아니면 그들과 본토인의 혼혈인 자손이 아니었을까 상상된다.

그런데 이 일행들이 멀리 로마까지 찾아온 것은 무엇 때문일까. 이것을 이해하기 위해서는 그 당시의 정치 정세를 약간 얘기해 두어야만 하겠다. 기원전 168년 6월 그리스 본토를 호령하던 마케도니아 왕 페르세우스(Perseus, 기원전 213년경~166년경)[21]는 자국령인 피드나에서 로마의 콘슬루, 아에밀리두스 파울스가 거느린 로마 군에게 격파당했다(제3차 마케도니아 전쟁). 이 패전에 의해서 마케도니아 왕국도 마침내 붕괴했다. 또 그리스 본토의 친 마케도니아 도시들도 각각 엄격한 형벌을 당했다. 덧붙여 말해 두는데 저 유명한 역사가인 폴리비오스(Polybios, 기원전 203년경~기원전 120년경)[22]도 이 때 이탈리아에 납치되어 간 1,000명의 그리스인 중 하나였다. 그러나 전승자인 파울스가 그리스 문화의 대애호가인 탓도 있고 해서, 아테네에 은혜를 베풀고 보에오티아의 하리아루토스나 델로스 섬을 증여하여 아테네는 도리어 영토를 확장할 수가 있었다. 그러나 그럼에도 불구하고 이윽고 재정적으로는 매우 곤궁에 빠졌으며, 이를 개선하기 위해서 참으로 한심스런 이야기이지만 기원전 156년에 근방의 오로포스 시를 습격하여 마음대로 약탈을 감행하고 그 시민들을 몰아냈다. 그래서 그 오로포스인들은 로마에

---

21) 마케도니아 최후의 왕으로 재위는 기원전 179년~168년. 필리포스 5세의 뒤를 이었다. 트라키아와 그리스 등으로 세력을 뻗치고 기원전 171년에는 로마에 도전을 했으나 기원전 167년에 패하여 잡혀 죽었다.

22) 로마 시대의 그리스 계 역사가. 아카이아 동맹의 유명한 정치가였는데 로마의 그리스 진출에 의해서 인질이 되어 로마로 연행되었다. 로마 귀족들의 환영을 받아 기원전 147/6년 스키비오를 따라서 칼타고 공략에 참가했다. 이 동안에 로마 국가 정체의 열렬한 지지자가 되어 「역사」(40권)에서 로마는 1인 지배, 귀족계, 민주제의 3 정체의 요소를 가진 혼합 정체이기 때문에 세계 지배에 성공했다고 말했다. 그의 저작에는 역사를 정치 생활의 거울로 삼는 실용적 관점을 관철하고 있는데, 동시에 이탈리아, 그리스, 아시아의 사건을 관련시켜 파악하는 세계사적 관점도 있다.

원조를 요청했다.

그러나 로마는 스스로 이 사건의 해결에 나설 것을 바라지 않고 이를 그리스의 시키온인들에게 맡겼다. 재판의 결과 아테네인들에게는 500탤런트의 벌금이 부과되었다. 이 당시의 탤런트가 어느 정도의 구매력을 가지고 있었는지 잘 조사해 봐야 알겠지만, 아테네인들은 그 벌금에 불복하고 면제받기 위해서 사절단을 보내기로 하고 그 수석 대표로 선정한 것이, 앞에서 본 세 사람의 철학자였던 것이다. 그들은 모두가 이미 외래의 노인들이었는데, 아테네인들에게 아마 그 학식이나 변론에서 믿음직스러운 인물이며, 또 로마인이 받아들이기 쉬운 인물로 생각되었을 것이다.

그들은 로마 원로원의 원로들 앞에서 대대적으로 변론을 했겠지만 전액 면제에 성공할 수는 없었다. 그래도 100탤런트까지로 감액해 받았으니까, 우선 그들의 사명은 잘 해 낸 것으로 보지 않을 수 없겠다.

그런데 세 사람의 철학자 사절의 공적은 여기에 그치지 않았다. 그것을 설명하려면 플루타르코스의 「영웅전」에서 인용하는 것이 편리하겠다. 인용이 약간 길고 앞의 설명과 중복되는 점도 있지만 이해해 주기 바란다.

> 이미 카토가 노인이 되고 나서 아테네로부터 아카데미아 학파의 철학자 카르네아데스와 스토아 학파의 철학자 디오게네스 일행이 사절로서 로마에 도착했다. 오로포스의 사람들이 고소한 것을 시키온 사람들이 재판하여, 아테네 사람들이 출두하지 않은 채로 500탤런트의 벌금을 부과한 판결을 기각시키고자 아테네의 민중을 대표해 왔던 것이다. 그러자 곧 학문을 좋아하는 청년들이 이 사람들에게는 몰려와서 그의 말을 듣고 감탄했다. 특히 카르네아데스의 좋은 인품은 강한 힘을 지니고 있었고, 그 힘에 못지않은 명성을 떨치고 있었으므로 호감을 가진 다수의 청강자를 사로잡아, 그것이 바람과도 같이 로마 시중에 큰 반향을 일으켰다. 이 그리스인은 놀랄 만한 천분(天分)을 갖추고 있어서, 모든 사람을 매혹하였고, 청년들의 마음에 대단한 애모의 마음을 불러 일으켰으므로 청년들은 다른 쾌락이나 유회를 외면하고 철학 공부에 열중하고 있다는 소문이 퍼졌다.
>
> 이 일은 모든 로마인을 기쁘게 하여, 청년들이 그리스의 학문과 예술에 마음을 돌려 이런 놀랄 만한 인물과 친히 지내는 것을 흔쾌히 바라보았는데, 카토는 처음부터 변론에 대한 열기가 온 시중에 퍼지는 것을 꺼려했다. 청년들이 명예심을 그쪽으로 돌려 행동과 전쟁에서 얻는 명성보다도 변론에 의한 명성

을 좋아하게 되는 것을 우려했다.

　로마의 도시에서 그들 철학자의 명성이 더욱더 높아 갈 뿐 아니라 저명인사인 가유스 아킬리우스[23]는 자진해서 허가를 받아내 이 철학자의 연설을 번역하여 원로원 의원들에게 읽어 주기에 이르렀으므로, 카토는 적당한 구실을 붙여 이들 철학자들 모두를 시에서 떠나라고 해야겠다고 결심했다. 그래서 카토는 원로원으로 나가 고관들 앞에서, 자기들이 하고자 하는 모든 일에 대해 쉽사리 사람들을 설득할 수 있는 이 사절 일행이 오랫동안 하는 일 없이 날을 보내고 있다고 비난하고, 이 계제에 되도록이면 빨리 사절들에 관한 결의와 투표를 하여, 이 철학자들은 자기네 학교로 돌아가서 그리스 청년을 상대로 강의하고, 로마의 청년들은 이전과 같이 법률과 고관들이 명하는 바를 잘 듣도록 해야만 된다고 말했다.

　이것은 꼭 어떤 사람들이 생각하듯이 카르네아데스에 대한 불만에서 그런 것은 아니고, 일반적으로 철학에 대해 반감을 품고 로마인으로서의 체면을 중시하는 마음에서 모든 그리스풍의 문물과 교양을 우롱했기 때문이다. 예를 들면 소크라테스는 말의 난폭자로서 전력을 다하여 자기 조국의 독재자가 되고자 시도했고, 풍습을 타파하고 법률에 반하는 견해로 시민들을 유도해 가려고 했던 것이라고 말했다. (중략) 또 아들에게 그리스 문화를 비난하기 위해 노년에 걸맞지 않는 거친 소리를 내어, 신들린 예언자처럼 로마 사람들은 그리스의 학문에 감염되면 국력을 잃어버린다고 말했다. 그러나 이러한 카토의 비방은 시간이 흐름에 따라 무의미하다는 사실이 명백해졌으며, 그 동안에 로마는 국력면에서 최대가 되었지만 그리스의 모든 학문 및 교양을 자기 것으로 만들었다.

　위에 나온 카토(Cato Censorius, Marcus Porcius, 기원전 234년~149년)[24]에 관해서는 이미 알고 있는 사람도 있겠으나 한 마디로 말한다면 로마의 국수주의자라고 해야 할까. 자세한 것은 「영웅전」의 카토에 관한 대목을 읽어 주기 바란다. 그가 얼마나 조상 전래의 관습을 잘 지키며, 검소하고 건실한 생활을

---

23) 원로원 의원으로 로마의 역사를 그리스어로 저술하여 기원전 142년에 공의 작후를 받았다.

24) 로마의 정치가. 제2차 포에니 전쟁 이래 도처에서 전공을 세워 기원전 195년에 집정관, 184년에 호구감찰관 등을 역임했다. 그리스 문화의 침입을 경계하여 옛 로마의 소박함의 유지를 역설, 칼타고의 부흥을 보고 로마를 위협할 것을 두려워하여 '칼타고는 소멸해야 한다'고 원로원에서 강조했다. 대카토라고 하여 증손 소카토와 구별한다.

사랑하고, 정의를 실천하고자 했는지를 알 수가 있을 것이다.

그런데 세 사람의 강연에 대해서는 "카르네아데스는 몹시 빠른 말로, 클리토라오스는 유머를 섞어 교묘하게, 디오게네스는 우아하고 냉정하게 말했다"고 전해진다. 그러나 그런 내용은 카르네아데스의 것을 제외하고는 다른 것은 알 수 없다.

카르네아데스는 첫째날에는 '정의' 편을 들어 이를 상찬하고, 둘째날에는 '정의'의 반대편에 서서 이를 비난했다고 한다. 그것은 키케로(Cicero Marcus Tullius, 기원전 106년~43년)[25]의 「국가론」에서 대략 전해진다. 그것을 자세히 소개할 시간 여유는 없지만, 그 재료는 주로 플라톤의 「국가」나 아리스토텔레스의 「정의론」에서 취했다. 카르네아데스가 정의에 대해서 상반되는 두 가지 말을 한 것은 변론술의 위력을 과시할 것을 목적으로 한 것일 테지만 그러나 그와 같은 일이 가능했던 것은 그도 어젯밤의 피론과 마찬가지로 회의론의 입장을 취해, 진리의 기준은 존재하지 않는다고 생각했기 때문일 것이다. 그런데 피론과 같이 '판단 중지'를 신조로 삼아서는 무위의 생활을 보내는 수밖에 도리가 없으며, 로마에서 가능한 실제 행동은 불가능해질 것이다. 따라서 카르네아데스는 행동을 가능하게 하기 위해서 무엇이거나 학문적으로 '참'으로 증명될 수 없더라도 다른 것과 비교해서 더 '참'에 가까운 것을 인정하고 이것을 행동의 기준으로 삼기로 했다. 그는 '정의'에 대해서 긍정 부정의 양론을 말하기는 했으나 실제 생활에서는 바른 생활을 보냈었다는 말을 듣는다.

그런데 앞의 인용문 속에 "카토가 철학자들의 퇴거를 제의한 것은, 꼭 어떤 사람들이 생각하는 것처럼 카르네아데스에 대한 불만에서 그리했던 것은 아니라"고 하는 플루타르코스 자신의 비판의 말이 있다. 이 점에 관해서는 지금은 아무것도 알 수 없지만 플루타르코스의 말처럼 "일반적으로 철학에 대해 반감을 품고……그리스 풍의 문물과 교양을 우롱했기 때문에" 라는 식의 일반적인 이유만으로 일행의 퇴거를 제안했다고는 생각되지 않는다. 오히려 그가 한 소피스트류의 '정의에 대한' 긍정 부정의 양론이 말다툼을 좋아하는 사람들의 말이라 하여, 역시 '정의의 선비'로 자처하는 카토의 비위에 거슬렸던 건 아닌가 여겨진다. 그는 "그리스인의 말은 입술을 통해

---

25) 1부 주 58 참조.

나오지만, 로마인의 말은 심장에서 나온다고 생각한다"고 말했다는 것이다. 아마도 이 말은 마음에도 없는 입으로만 떠들어대는 논의를 해서는 안된다는, 로마 청년에 대한 경고의 의미를 포함하고 있었던 것은 아닐까.

게다가 그 자신은 매우 변론을 잘하여 그의 권력의 증대는 이로 말미암은 바가 많았으므로 '로마의 데모스테네스'라고 불려졌다는 것이다. 플루타르코스도 카토의 그리스적 교양에 관해서는 그 청년 시절에 피타고라스 학파의 학자의 말을 듣고 더 한층 단순과 절제를 좋아하게 되었으며, 또 "그 밖의 점에서 그리스의 교양에 대해서는 만학이었으며, 나이가 많이 들어서 비로소 그리스의 책을 손에 들어, 투키디데스(Thukydides, 기원전 460년경~400년경)[26]를 약간, 데모스테네스를 많이 읽어 변론술에 도움을 얻었다고 말한다. 그러나 그 저작에는 그리스의 사상이나 역사를 상당히 많이 받아들여, 그 격언이나 경구 속에는 말 그대로를 옮긴 것이 많이 들어 있다"고 말하고 있다. 그러고 보면 카토가 일반적으로 그리스 풍의 문물과 교양을 우롱했다고, 앞에서처럼 말해 버리는 것도 어쩜 틀린 말은 아니잖을까 생각된다. 만일 사실이 그랬다고 한다면 정의의 선비 카토도 배은망덕한 무리들과 조금도 다를 바가 없다고 말하지 않을 수 없을 것이다. 그리고 그것은 또 결코 우롱할 수 있는 것도 아니었다.

그렇기 때문에 로마는 결국 그리스 문화에 의해서 정복당하게 되었던 것이다. 그의 증손으로 이 대(大)카토와 구별해 소(小)카토로 불리운 카토(Cato Uticensis, Marcus Porcius, 기원전 95년~46년)[27]는 스토아 철학을 신봉하고 그것에 의해서 전형적인 로마인이 되었던 것으로 생각된다. 이 사람의 이야기도 「영웅전」에 나와 있으니까 읽어 보면 좋겠다.

로마의 세계 정복은 물론 그리스 문화에 의한 것이 아니듯이, 로마가 그 국력을 잃었던 것도 대카토가 걱정했던 것처럼, 그리스 문화의 탓은 아니다. 이 점은 플루타르코스가 말한 대로라고 생각한다.

오늘 밤은 약간 딱딱한 이야기가 되었으므로 마지막으로 카르네아데스의

---

26) 1부 주 38 참조.
27) 로마 공화정 말기의 정치가. 대카토의 증손. 제1차 삼두정치에 즈음해서는 원로원에 의한 공화정을 지지, 카이사르와 폼페이우스의 내전이 시작되자 폼페이우스를 지지했다. 폼페이우스 사후에도 북아프리카를 거점으로 하여 카이사르에게 저항을 했으나 패배하고 우티카에서 자살했다.

죽음에 관한 한담을 얘기하고 끝맺기로 하자.

　카르네아데스는 안티파트로스——누구의 이야기인지는 잘 모르지만 그 당시 이 이름을 가진 스토아 학파의 사람이 있는데, 이 사람이라면 아무래도 카르네아데스보다는 후에 죽었을 테니까 얘기의 앞뒤가 맞지 않는다. 어쩌면 또 그 연대가 틀렸는지도 모른다——라는 이름을 가진 사람이 독약을 마시고 자살했다는 얘기를 듣고 그가 죽음을 태연자약하게 감내한 데에 매우 감동되어 "그렇다면 내게도 그것을 다오"라고 말했다. 그 자리에 함께 있던 사람들이 "무얼 말입니까?"고 물었다. 그러자 그는 "꿀술 말이오"라고 대답했다. 이 대답은 그가 평상시 "조립된 자연이 또 해체될 것이다"라는 말을 곧잘 입에 올리곤 했다니까, 죽음에 직면해서 철학자로서는 평상시의 걸맞지 않은, 약간 비겁한 행동이라고 생각했던 사람도 있었다는 것이다. 꿀술은 죽음을 재촉하는 것이 아니고, 오히려 생명을 되살리는 것이었다. 이 이야기는 카토가 했다는 앞의 말에도 불구하고, 적어도 그리스의 철학자들에게 대해서는 언행일치라는 것이 그리스인들 자신에게도 요구되고 있었다는 사실을 보여 주는 것처럼 내게는 생각되는데, 여러분은 어떻게 생각하는지?

제7야
키케로

어젯밤에는 그리스 문화가 로마를 정복하는 과정에서, 말하자면 '최초의' 한 장면으로서 세 사람의 철학자 사절의 이야기를 했었다. 거기에서는 로마의 대카토가 그리스에서 온 이 사절들을 국가에 유해한 위험 인물이라 하여 내쫓아 버렸던 것이다.

그런데 '키케로'에서는 그 대카토가 그리스 문학에 조예가 깊은 노인으로 묘사되었다. 키케로가 쓴 「노경(老境)에 대해서」라는 책이 있는데 이 원제는 Cato major, De Senectute 즉 「대카토, 노경에 대해서」인 것이다. 이것은 키케로가 61, 2세경, 그가 죽기 1, 2년 전에 쓴 것으로 일단 대화편(對話編)의 형식을 취했다. 그 대화가 이루어진 가상 연대는 기원전 150년, 대카토가 84세경의 일인 것으로 되어 있다. 앞의 세 사람의 철학자 사절을 내쫓았던 기원전 155년으로부터 꼭 5년이 경과한 셈이 된다. 그 '대화편'에서 대카토는 노령이 반드시 기억력을 감퇴시키는 것은 아니라는 자신의 주장과 관련하여 그 철학자 사절의 한 사람에 대해서 이렇게 말했다.

"그러면 너희들도 또 로마에 있는 것을 본 적이 있는 그 스토아 학파 디오게네스를, 각각의 노경이라는 것이 그들의 정열적인 학문 연구에 있어서 억지로 침묵케 했단 말인가. 아니, 오히려 이 사람의 모든 경우는 일의 수행이라는 것이 그들의 생명과 잘 어우러져 있었던 것이 아닐까."

그런데 이 키케로의 「노경에 대해서」는 그가 친구 티쯔스 폼폼스——그리스 문화를 아주 애호하여 아테네에서 은거 생활을 하고 있었기 때문에 아틱 스, 곧 이름 앞에 '아테네의'라고 덧붙여 불리워졌던 인물에게 바쳐졌던 것이 다. 대화의 사상은 키케로 자신의 것이지만 그것을 대카토의 입을 통해서 이야기하게 했던 것이라고 한다. 그 경위를 직접 그 자신의 입을 통해서 들어 보기로 하자.

"그런데 이 대화의 전부를 나는 일찍이 키오스 사람 아리스톤이 했던 것처 럼 티토노스의 말이라고는 하지 않는다. 신화의 인물치고는 충분한 권위가 없다고 생각하기 때문이다. 그래서 그 대신에 노옹 마르쿠스 카토(대 카토) 의 입을 빌렸던 것이다. 그렇게 하면 이 논의가 한층 더 권위를 갖게 될 것이 기 때문이다. 카토의 집에서 라엘리우스와 스키피오는 카토가 너무나도 편안 하게 노경을 보내는 모습을 보고 경탄의 뜻을 표한다. 또 카토가 두 사람에 게 응답하는 장면을 전하기도 한다. 다만 그가 그 여러 가지의 자기 저서에 서 습관적으로 했던 것을 여기에서는 더욱더 현명하게 논하는 기미가 있다 고 한다면 그것은 그리스 문학의 덕택이라고 생각하라. 그가 노경에 그리스 문학의 대 애호가였다는 것은 주지하는 바이다."

이 말을 들으면 여러분도 어젯밤에 본 플루타르코스의 말과는 상당히 다른 인상을 카토에게 받지나 않을지? '플루타르코스'에서는 카토가 그리스 의 풍물과 교양의 우롱자였으니까. 그러나 그것은 어쨌든 키케로가 그 카토 로 하여금 대변케 한 그의 사상의 내용 그 자체는 도대체 어떤 것일까. 나는 그 골자가 대부분 플라톤의 '대화편'에서 빌려 온 것인 듯이 느껴진다. 여러 분은 「소크라테스의 변명」을 이미 읽었는데, 그 책과 「국가」나 「파이돈」 등의 사상과 표현이 잘 이용된 것이다. 그러나 또 그 '노경'이라는 문제의 제시 방법도 이미 「국가」와 거의 같다. 「노경에 대해서」의 첫 부분은 이렇게 되어 있다.

　　라엘리우스　카토 씨, 만일 그것이 폐가 되지만 않는다면, 당신은 말하자면 긴 여행길, 우리 모두도 다 언젠가는 걸어야만 될 긴 여로를 끝마친 경지에 계시기 때문에, 지금 당신이 도착해 계신 그 노경이란 것이 어떤 것인지 알고 싶습니다.

한편 플라톤의 「국가」의 첫 부분은 이렇게 되어 있다.

소크라테스 케팔로스 씨, 나는 아주 나이 많으신 분들과 이야기하기를 좋아
합니다. 왜냐하면 그분들로부터 우리도 반드시 멀지 않아서 걸어가야만 되는
길을, 먼저 가신 분들이기 때문에 그 길이 어떤 것인지 울퉁불퉁해서 가기
힘드는지, 아니면 수월하게 걸을 수 있는지 물어야만 될 것처럼 느껴지기 때문
에. 그리고 실제로 또 당신으로부터도 그것이 당신에게는 어떻게 보이는지
묻고 싶습니다.

이상은 한 예에 지나지 않지만 이것들을 비교해 보아도 그 그리스 철학자
추방 사건으로부터 100년 남짓 되어서 그리스의 문화는 완전히 로마의 것으
로 되어 버렸다고 하는 사실이 대강은 짐작이 갈 것이다. 키케로는 분명하게
"나는 그리스의 철학을 로마의 옷으로 감싸서 우리 동포에게 전해 주려고
하는 자이다"라고 말했다. 이 키케로가 과연 그리스 문화의 이식자로서의
역할을 한 것을 이해하기 위해서라도 그의 생애를 살펴볼 필요가 있을 것이
다.

키케로는 젊은 시절에 로마에서 변론가를 지망하여 변론은 물론이요 철학
도 공부했다. 마침 그 무렵 제2차 미토리다테스 전쟁(기원전 88년~84년)의
결과 로마에는 아카데미아 학파의 필론(Philōn, 기원전 160경~80년)[28]이 와
있었다. 또 스토아 학파의 디오도로스도 있었다. 그래서 그런 사람들에게
청강을 했다.

그 후 당시의 군력자인 술라(Sulla, Lucius Cornelius, 기원전 138년~78년)[29]
의 고소에 대항해 의지할 곳이 없는 한 청년의 변호에 성공해서 모든 사람들
의 경탄을 샀다. 그것은 그의 타고난 명예심을 만족시켜 주기는 했지만 그러
나 술라의 복수를 생각하면 무서워서 가만히 앉아 있을 수가 없었다. 그래서

---

28) 그리스의 철학자. 테살리아의 라리사에서 태어났다. 카르네아데스의 제자 칼리클레
스에게 배운 뒤 아테네에서 클레이토마코스에게 사사하고, 그 뒤를 이어 제4대 아카
데미아의 학두가 되었다. 카르네아데스의 회의설에 철저했으나 만년에는 스토아
학파에 접근하여 목전의 명백한 지식의 진리성을 주장했다.
29) 로마 공화정 말기의 족벌파의 대표적 정치가. 처음에 마리우스의 부하로서 유그루
타 전쟁 등에 참가했다. 폰토스 왕 미토리다테스 6세 토벌의 지휘권을 둘러싸고
마리우스와 싸워 이겨 기원전 88년에 동정에 나섰다. 미토리다테스가 점거하고 있던
그리스 각지에서 그 군대를 파하고 강화를 맺고, 기원전 83년 로마로 돌아와서 그의
부재 중에 실권을 잡은 마리우스파와 내전을 벌여 승리를 거둬 무기한의 독재관이
되었다.

그리스로 여행을 떠나기로 했다. 표면상의 이유는 건강 회복을 위해서였다.

우선 아테네에서 앞에 나온 필론의 제자 안티오코스(Antiochos, 기원전 130년경~68년경)[30]의 강의를 들었다. 그리고 강의가 끝난 후에는 충실한 친구 아티쿠스(Atticus, Titus Pompinius, 기원전 109년~32년)[31]——앞에 나온 인물인데, 이 사람 등과 오후의 햇볕을 쬐면서, 지금은 황폐화된 아카데미아의 학원을 산책하며 회고의 정에 젖곤 했다고 한다. 그 후 소아시아를 거쳐서 로도스 섬으로 갔다. 이 섬에서는 스토아 학파의 철학자인 포세도니오스(Posedōnios, 기원전 135년경~51년경)[32]에게서 배우고, 또 아폴로니오스(Apollōnios, 기원전 1세기)[33]에게서 변론술을 배웠는데, 이 때의 일이다. 이 아폴로니오스는 라틴어를 이해하지 못했으므로 키케로에게 그리스어로 연설 연습을 해달라는 부탁을 하기도 했다. 그가 일장 연설을 끝마치면 그 자리에 있던 사람들은 모두 경탄해 마지않았고 서로 앞을 다투어 찬사를 보냈다. 그러나 아폴로니오스는 그 연설 중에도 우울한 얼굴을 하고 있었는데 연설이 끝나고서도 잠시 동안은 묵묵히 생각에 잠겨 있곤 했다. 그래서 키케로가 슬픈 얼굴을 지었다. 그러자 아폴로니오스는 이렇게 말했다고 플루타르코스는 전한다. "그대의 일은 나도 칭찬했으며 감탄도 하고 있다. 다만 나는 그리스의 운명을 슬퍼하고 있는 것이다. 우리에게 남겨진 유일한 명예라고 할 만한 교양과 변론까지도 그대의 힘으로 로마인들의 것이 되어 버린 것을 목도했기 때문이다."

이 아폴로니오스의 말은 그 후 그리스 문화의 이식자로서 키케로의 위대한 역할을 바로 예언한 것이었다. 그는 뒤에서도 이야기하겠지만, 만년에 철학적인 「대화편」을 쓰기도 하고 플라톤의 저서를 번역하기도 했다. 또

---

30) 그리스의 철학자. 아스카론 태생으로 아테네로 가 아카데미아에서 필론에게 배웠고 기원전 88년경 그의 뒤를 이어 16대 학두가 되었다. 종래의 아카데미아의 회의론에 반대하여 아카데미아, 페리파토스, 스토아 3파의 절충론을 역설했다.

31) 로마 공화정 말기의 부호. 술라의 추방을 피해 아테네에서 오래 살았으므로 아티쿠스라는 이름을 얻었다. 금융, 출판업 등을 영위했고, 그리스 문학에도 깊은 조예가 있었다. 모든 유력자들과 친해서 내란기에 살아 남았다. 키케로의 친구.

32) 로마 시대의 그리스 철학자. 역사가. 시리아 태생으로 로도스에서 철학 학교 교사가 되었으며 스토아 학파에 속한다. 신들이나 천문, 역사에 대한 저작의 단편이 남아 있다.

33) 몰론이라고 일컫는 그리스의 수사가로 로도스에서 교사를 지내며 키케로, 카이사르 등도 가르쳤다.

논리학이나 자연학 등의 그리스어의 술어를 라틴어로 옮겼다. 그런 말들은
여러분이 오늘날 영어나 독일어나 프랑스어라고만 생각하고 사용하고 있는
것 가운데 많이 있다. 그것뿐이 아니다. 키케로는 라틴어 그 자체를 오늘날
유럽의 각국어가 표본으로 삼는 문체로 완성했던 것이다. 로마인들이 오늘의
스페인, 프랑스, 독일, 영국 등을 정복함에 따라 그 라틴어도 그 피정복지들
에 침입해 가기에 이르렀던 것이다. 그러나 그것은 결국 그리스의 문화가
라틴어의 의복을 걸치고 유럽의 각 지방들에까지도 전파되어 가게 된 것을
의미할 것이다. 그런데 이와 같은 논법에 대해서는 기독교 쪽으로부터 어쩌
면 항의가 나올지도 모르겠다. 그 점에 관해서는 나중에 또 얘기하기로 하
자.

그런데 키케로의 만년이라고 하면 정치적으로나 가정적으로나 가장 불우
하고 불행했던 때다. 그는 그리스 유학길에서 2년 후에 로마로 돌아왔다.
그가 두려워하던 술라의 죽음이 그의 귀국의 가장 큰 원인이었을 테지만
아카데미아에서의 그의 스승 안티오코스의 권유도 있고, 또 건강이 회복되었
기 때문이라고 한다. 그는 당시 29세였는데, 돌아와서 테렌치아를 아내로
맞았다. 그 후 순풍을 탄 듯 로마의 고위직에까지 올라가 기원전 63년, 42
세의 젊은 나이에 드디어 집정관(콘술)이 되었다. 이것은 로마에서는 최고의
직위이고 또 가장 큰 실권이었던 것이다. 이 때가 아마 그의 생애에서 최고
절정이었을 것이다. 재직 중에 국정에 철저한 혁신을 가져오고자 하여 내란
과 동시에 전쟁을 도발하고자 한 카틸리나(Catilina, Lucius Sergius, 기원전
108년~62년)[34]의 음모를 폭로해, 그 공로로 말미암아 로마 시민들로부터
'국부(國父)'라고까지 존칭을 받았다.

그렇지만 이 무렵부터 로마의 정계는 야심가들의 손에 의해 점점 농락을
당하게 되어, 선조 전래의 자유로운 공화제를 지키고자 노력한 키케로도
그 와중에 던져졌다. 집정관이 된 해로부터 5년째인 기원전 58년에는 이제
그는 멀리 마케도니아 지방으로 도망가 신변의 안전을 도모해야 하는 신세
가 되었다. 그러나 당시의 이른바 삼두 정치(三頭政治)의 한 사람인 폼페이우

---

34) 로마 공화정 말기의 야심적인 정치가. 원로원에 대한 광범한 반감을 이용해 부채의
탕감을 내걸고 집정관이 되려고 했으나 키케로의 방해로 실패, 쿠데타를 준비, 각지
에서 봉기하려 했지만 키케로의 탄핵 연설로 고발당해 로마로부터 도피, 에트루리아
에서 집정관의 군대와 싸우다 패사했다.

스(Pompeius Magnus, Gnaeus, 기원전 106년~48년)[35]의 노력으로 이듬해 늦가을 귀국의 희망이 이루어졌다. 그 때는 내란에 넌더리가 나 있어 온 나라가 모두 그의 귀국을 기꺼이 맞았다. 키케로는 그 사정을 "이탈리아가 나를 어깨에 태워 로마로 옮겨 갔다"고 표현했다는 것이다.

그런데 그 기쁨도 잠깐이었고 삼두 정치 때문에 그의 정치 활동은 봉쇄당했다. 그런 탓으로 여가가 생겼던지 문학 활동을 시작하게 되었다. 「국가론」「법률론」 등은 이 무렵의 작품이다. 그렇지만 얼마 후 다시 운명의 신이 미소를 보내는 것처럼 보였다. 기원전 51년에 푸로콘슬 곧 전(前) 집정관으로서 소아시아 지방의 속령인 킬리키아를 1년간 통치해 치적을 올렸다. 임기가 종료되고 귀국 도중 전에 가 본 적이 있는 아테네를 방문했다. 이탈리아에 상륙해 보니 삼두 정치의 폼페이우스와 카이사르(시저)가 불화에 빠져 있었다(크라수스는 죽고 난 뒤). 그는 조정에 나섰으나 보람이 없었고 기원전 49년 1월 10일 밤 카이사르는 국법을 어기고 마침내 몇 명의 부하들과 더불어 루비콘 강을 건너갔다. 이 때 카이사르가 했다는 말이 저 유명한 "주사위는 이미 던져졌다"는 말이다. 이것을 여러분도 알고 있으리라고 생각하지만 사실 이 말은 플루타르코스에 의하면 카이사르가 그리스어로 옆에 있는 사람들에게 "주사위는 던져 버려!"라는 형태로 말한 것으로 되어 있다. 만일 그렇다고 한다면 이와 같은 결정적인 운명의 순간에 카이사르가 그리스어로 기원전 4세기의 희극 시인 메난드로스(Menandros, 기원전 342년경~291년경)[36]에 나온다는 시구를 말하자 그 부하 장병들이 그 그리스어를 곧 이해하고 강을 건너 갔다는 사실에는 깊은 의미가 있다고 생각된다. 그것은 그리스 문화가 무골(武骨)인 무인들의 혼 속에까지 침식해 들어갔다고 하는 사실을 암시하는 것이 아닐까. 그러나 문제는 그것으로 끝나는 것이 아니다. 카이사르가 던진 주사위에는 사실은 로마 공화제의 흥망이 걸려 있었다. 도강 이후

---

35) 로마 공화정 말기의 정치가, 장군. 술라가 죽은 후 두각을 나타내 기원전 71년에 셀트리우스의 반란과 스파르타쿠스의 반란을 진압, 다시 막강한 권한을 부여받고 해적을 소탕하고 폰토스의 미토리다테스 6세를 대파했다. 카이사르, 크라수스와 손을 잡고 기원전 60년에 제1차 삼두정치를 개시했다.

36) 그리스의 희극 시인. 아테네의 디오페이테스의 아들로 할아버지인 중기 희극 시인 알렉시스에게서 극작법을 배워 에피쿠로스나 테오프라토스와 사귀었으며, 기원전 321년 이래 100편이 넘는 희극을 썼다. 필레몬과 경쟁, 로마 희극에도 큰 영향을 미쳤다. 「단발」 등 4편의 대단편이 있다.

로마의 역사는 공화제 붕괴와 독재 체제 수립으로 급속하게 나아갔다.

그런데 그 이야기로 옮겨 가기 전에 이 기회를 빌려 여러분에게 말해 두고 싶은 것이 좀 있다. 키케로는 「의무에 대해서」에서 사람은 그 생애에서 자신의 소질과 성격에 일치한 행위를 해야 할 것을 권하여, 이 일생을 통한 일관성의 중요함을 말했는데, 그 때 "세간에는 말에 그리스어 단어를 섞어서 가장 심한 비웃음을 사는 사람도 있지만, 이러한 비웃음을 피해 본디의 모국어를 사용해야 하는 것처럼, 그 행위에 있어서도 평생을 통해 언제나 이물질의 혼입을 피해야만 된다"고 경계했다. 이 키케로의 말에는 진실이 담겨 있다고 생각된다. 우리 마음 속에 새겨 두어야 할 말이 아닐까. 앞에 얘기한 카이사르도 바로 암살될 때에는 모국어인 라틴어로 "이 발칙한 녀석 같으니! 카스카, 무얼 하나?"고 큰 소리로 외치고, 암살자의 한 사람인 카스카는 그리스어로 그의 아우에게 "도우러 오라!"고 말했다는 것이다. 이것도 재미있는 얘기다. 이 카이사르의 루비콘 강 도하 이후 로마는 다시금 내란에 휘말리게 되었다. 나라는 폼페이우스 편과 카이사르 편인 둘로 갈라졌다. 키케로는 오랜 망설임 끝에 본의 아니게도 폼페이우스 편에 섰다. 폼페이우스는 싸움에 밀려서 권토중래를 기약하고 그리스로 피했다. 기원전 49년의 여름에 키케로도 그 뒤를 쫓아 부룬디시움 항구에서 바다를 건넜다. 같은 해 그리스 북부의 텟사리아의 바르샬로에서 대회전이 이루어졌다. 폼페이우스는 이 싸움에 패해 멀리 이집트로 달아났다. 키케로는 자기 편과 헤어져서 이탈리아로 돌아왔다. 이 무렵의 일이다. 폼페이우스는 키케로를 죽이려고 했지만 소위 소카토(Cato Uticensis, Marcus Porcius, 기원전 95년~46년)[37]에게 회유를 당해 단념했다고 한다. 귀국 후에는 카이사르의 후대를 받게 되었으나 그는 공적 생활에서는 은퇴하고 때때로 친구를 위해서 법정에 서서 그의 전문인 변론을 휘두르는 정도였다.

기원전 46년, 33년 동안이나 함께 살아온 아내 테렌치아와 이혼하고 얼마 안 되어 젊고 돈이 아주 많은 푸푸리아라는 아가씨와 결혼했다. 그 이유는 여러 가지로 전해진다. 키케로가 말한 바로는 아내가 전쟁 중에 자신을 상대해 주지 않았을 뿐만 아니라 재산을 탕진한 끝에 거액의 부채까지 지웠기 때문이라는 것이다. 이에 반해 그 아내가 말한 이유는 나이깨나 먹은 주제에

---

37) 주 27 참조.

젊디젊은 여자와 사랑에 빠졌기 때문이라는 것이었다. 또 키케로에게서 해방된 노예의 말로는 빚을 갚기 위해서 아가씨의 재산을 노렸기 때문이라는 것이다. 그런데 어느 것이 진실한 이유인지 확실한 것은 알 수 없다. 그러나 헤겔은 「법의 철학」에서 로마인들 사이에서는 법률상 이혼이 용이하게 이루어질 수 있었으므로 그 때문에 도덕이 퇴폐하기에 이르렀다는 말을 했는데, 그것을 예증하기 위해서 그는 해방 노예가 말한 이유를 채택해서 "「의무에 대해서」나 그 밖의 여러 곳에서 도의적 고귀성이나 정당성에 대해서 많은 미사여구를 늘어놓은 키케로마저도 새아내의 지참금으로써 자기의 빚을 갚기 위해서 이혼했다"라고 헐뜯었다.

그런데 이 새아내와의 결혼 생활도 사랑하는 딸이 죽은 후, ——그것도 바로 다음 해의 일이지만 깨끗이 해소되어 버렸다. 이리하여 정치 활동에서는 은퇴하고 나서 이제 몸붙일 곳이 완전히 없어져 버린 키케로는 철학의 연구와 저술에만 전심하며 마음의 울적함을 풀었다. 이 이야기는, 이 시기에 쓰여진 「노경에 대해서」에도 기술되었는데, 역시 같은 시기에 쓰여진 「의무에 대해서」에서도 다음과 같이 표현했다. "나는 지금 꺼림칙한 무력과 폭력에 의해서 정치와 변론업도 금지되었고 오로지 한가하게 보내고 있는 몸이다."

그러나 이 연구와 저술의 즐거움도 3년을 누릴 수가 없었다. 기원전 44년에는 카이사르가 암살되어 키케로는 다시금 우국의 충정에서 정계로 나가 원로원장(元老院長)이 되었다. 그리고 젊은 카이사르, 훗날의 아우구스투스 황제의 간청을 받아들여 키케로 자신도 공화제를 회복해 줄 것을 그에게 부탁하고 지원하고자 일어섰다. 그러나 마침내는 그 카이사르에게마저도 배신당하고 키케로의 숙적인 안토니우스(Antōnius Marcus, 기원전 82년경~30년)[38]에게 팔려 버렸다. 기원전 43년 그가 만 64세가 되기 조금 전 추방형에 처해져 마케도니아로 도피하는 도중, 이탈리아 서해안에 있는 자신의 별장지

---

38) 로마의 정치가. 제2차 삼두 정치의 일원. 카이사르의 부하 장수로서 갈리아 원정 등에 종군했다. 카이사르 암살 후 추도 연설에서 인기를 모아 기원전 43년에 아우구스투스, 레피두스와 제2차 삼두 정치를 조직, 반대파인 키케로를 살해했다. 부루투스 등의 군대를 필리피에서 대파하여 동방 속령들을 세력 범위로 확장하고 클레오파트라와 관계가 깊어져서 기원전 31년에 서방을 거점으로 하는 아우구스투스와 싸워 패하고 이집트로 도망, 자살했다.

에서 안토니우스가 보낸 자객에게 살해되었다. 그의 명령에 의해 키케로의 목과 두 손은 로마로 운반되어 시민들의 집회소였던 공회당의 연단 위에 놓아 구경거리가 되었다. 생전에 그는 그 연단에서 공화제를 지키고 시민의 자유를 확보하기 위해서 그 양팔을 내두르며 열변을 토하곤 했었다. 그러나 무지한 시민들은 악랄 무도한 정치가들의 감언이설에 사주를 받아 제정신을 잃고 말았던 것이다.

그의 죽음과 더불어, 그의 말에 따르면 "그 운명이 그의 안전에 걸려 있던 공화제 국가"는 완전히 붕괴하여 로마의 속령에 사는 사람들은 물론이요, 그 자유로운 시민들까지도 황제의 독재 제도의 멍에 아래서 신음하게 되었다. 이 정체(政體) 변천의 과정에 관해 헤겔은 「역사철학」에서 다음과 같이 말했다. "이리하여 로마의 세계 통치의 실권은 오직 한 사람의 손으로 돌아갔다. 그러나 이 중요한 전환을 우연적인 것으로 간주해서는 안 된다. 그것은 오히려 필연적인 것이며 당시의 제반 상황으로부터 나온 필연의 결과였다"고.

그러나 그 헤겔의 필연성이라는 것도 우리가 아닌 헤겔의 입장에서 본 필연성이었던 것이 아닐까. 나에게는 헤겔의 이와 같은 냉정한 세계사의 심판보다도 키케로의 "전 지상은 정신병자들로 가득 찼다"는 말과 같은 비탄조가 더 강하게 마음에 와 닿는다. 그러나 이와 같은 감개 따위는 그 위대한 헤겔에게는 '속물'들의 실없는 잠꼬대로 취급될 것이다. 그렇게 되기 전에 오늘 밤은 이만하고 끝내는 편이 현명할 것 같군. 그럼…….

제8야
X 씨

오늘 밤은 취향을 좀 바꾸어 이야기를 진행해 보기로 하자. 내가 이제부터 X 씨의 연설문을 읽을 테니까 여러분은 그걸 듣고 그 X 씨가 누구인지를 알아맞혀 보기를 바란다. 말하자면 일종의 퀴즈. 알아맞힌 사람에게는 다행히 위스키가 있으니까 나중에 대접해 드리겠다. 장소는 아테네의 알레이오스 파고스, 여러분은 알고 있겠지만 군신(軍神) 아레스의 언덕이라는 의미다. 그 언덕에는 몇 개의 대리석 신전이 있고 동쪽으로는 평지가 길게 이어지다가 아크로폴리스의 바위산이 불룩하게 솟아올라와 그 곳에도 파르테논을 비롯해 많은 대리석 신전이 솟아 있다. 멀리는 푸른 산줄기와 바다의 흰 파도가 보이고, 아래에는 아테네의 거리가 조용해져 가고 있다. 그 언덕 위의 집회장의 연단에 서 있는 것이 X 씨다. 그 외모를 말하면, 키는 작고 몸은 야위고 머리는 벗겨졌고 두 다리는 약간 구부러졌으며 어깨는 올라갔고, 눈은 튀어나온데다 매부리코를 한 얼굴은 검게 그을렸다. 나이는 54, 5세. 말은 그리스어에 잘 단련이 된 트인 목소리이다.

이상을 전제로 해서 그의 연설이라는 걸 읽어 보겠다.

아테네인 여러분! 여러분은 내가 관찰하는 바에 따르면 만사에 신심(信心)이 매우 깊소. 그건 길을 가면서 여러분들이 경배하는 것들을 몇 가지 유심히 관찰했는데 그 위에 이렇게 새겨진 제단을 발견했기 때문이오. 곧 '알지 못하는 신에게'라고 말이오. 그러니까 여러분이 잘 알지도 못하고 경배하는 그분을 나는 여러분에게 알려드리려고 하오. 이 세계와 그 가운데 있는 만물을 지으신 신, 이 분은 천지의 주재자이기 때문에 사람이 만든 신전에는 살지 않소. 또 무언가를 필요로 하는 자처럼 인간의 손에 의해서 돌봄을 받는 일도 없소. 신은 자기 편에서 모든 인간들에게 생명과 호흡과 만물을 주시기 때문이오. 신은 한 조상에게서 인간의 모든 민족을 만들어 내어 대지의 표면 전부에 살도록 하셨소. 그것도 각각의 민족에게 번영의 시기를 배당하고 그들이 사는 땅의 경계를 정하시고 말이오. 이리하여 적어도 인간들이 신을 더듬어 찾기만 하면 만날 수 있게 해 주셨소. 그러니 그 신은 우리들 한 사람 한 사람으로부터 멀리 떨어져 계시는 건 아니오. 여러분 중에 어느 시인도 말했소. "우리는 신으로 말미암아 살고, 움직이고 존재하기 때문이라고 말하는 것은 우리도 그 자손들이기 때문이지." 그러므로 우리는 신의 자손들이기 때문에 금, 혹은 은, 혹은 돌, 곧 인간의 기술이나 연구에 의해 만들어진 것 중에 신이라는 것과 비슷한 것이 있다고 생각해서는 안 되오. 그런데 신은 무지의 시대를 여태까지는 눈감아 오셨지만, 지금은 세상 모든 사람에게 마음을 바꾸라고 말씀하십니다.

"이상인데, 이것이 누구의 연설인지를 알겠는가? 어렵다면 어떤 경향의 사람인지 알겠는가? 잘 생각해서 대답해 보게나."
"선생님, 소크라테스가 아닙니까?"
"어째서?"
"선생님의 질문이라면 대개 그럴 것이라고 짐작이 갑니다."
"아냐, 그렇게 제멋대로 추측하면 안 돼요. 첫째, 코가 달라요. 소크라테스는 사자코인데 X 씨는 매부리코니까. O군, 설마 위스키의 영향으로 긴장한 건 아니겠지. 그런 대답은 말 그대로 듣기조차 거북한 소리야. 누군가 또 대답할 사람 없는가?"
"선생님, 그건 스토아 학파 중 누가 아닙니까? 그 연설에서 말하는 사상을 언젠가 스토아 학파의 강의 시간에 들은 것 같이 생각됩니다만."
"응, 그럴지도 모르겠군. 사실은 그런 대답이 나올 법도 해서 여기 준비해 둔 게 있지. 그건 클레안테스(Kleanthēs, 기원전 331년~232년)[39]의 「제우스의 찬가」의 번역이지. 약간 길긴 하지만 읽어 보기로 하겠네."

---

39) 주 14 참조.

불사의 신들 중에서도 지극히 고귀하신 분
많은 이름들 위에 존숭을 받으시는 분, 영원히 전능하신 분
제우스여, 자연의 주여, 법으로 만물을 조종하시는 분이여
어서 오소서!
이렇게 당신에게 부름을 받는 것은
모두 가사적(可死的)인 자의 일이기 때문에.
그들은 '당신의 자손'이기에, 지상에 살며
기어 돌아다니는 것 중에 오직 그들만이
말씀에 은혜를 입은 자들이라면.
그러므로 나는 당신을 끊임없이 노래하며
당신의 힘을 언제나 찬미하겠소.
대지의 주위를 회전하는 이 세계 전체
그것은 당신의 인도하심 따라 당신을 좇고
나아가서 당신의 힘에 복종합니다.
당신은 그 이겨내기 어려운 손 아래 이러한 것을 조수로 가지셨느니
세 갈래의 불을 내쏟는 영원히 살아 있는 뇌전(雷電)을.
곧 그 타격으로써 자연의 모든 일을 해 낼 수 있는
당신은 그것을 가지고
만물을 관통하는 공통의 '로고스'를 인도하시나이다.
혹은 하늘의 큰 빛에 혹은 작은 별에 몸소 섞여서
그것에 의해 당신은 영원히 지극히 높으신 왕이 되시나이다.
신이여, 당신을 떠나서는
땅 위의, 또 높고 높은 하늘 아래의
또는 바닷속의 어떤 일도 일어나지 않사오이다
다만 악한 자들이 무지 때문에 하는 일을 제외하고는.
그러나 당신은
홀로인 것들을 짝이 있는 것으로 만드시고
무질서한 것들을 질서있는 것들로 만들 것을 알고 계십니다.
또 당신 덕택에
친하지 못한 것들도 친한 것들이 됩니다.
왜냐하면 당신은 만물을 하나로 묶어 선한 것들을 악한 것과 맺어
이리하여 만물이
영원히 존재하는 하나의 '로고스'를
갖도록 했기 때문이지요.

이 '로고스'를
가사적인 인간들 중 악한 자들은 도망쳐 가는 불행한 자들이라고 할까?
그들은 선한 자의 소유를 언제나 동경하고 있으면서
신의 공통의 법에는 눈도 돌리지 않고 귀도 기울이지 않는다
그 법에 이성으로써 따른다면
행복한 생활을 누릴 수 있는 것을.
그러나 그들은 어리석게도 제멋대로 악한 자들에게로 돌진해 간다
곧 어떤 자들은 영예를 위해
더러운 다툼에 쓸데없는 노력을 쏟아 가며
또 어떤 자들은 아무 거리낌도 없이 간책(奸策)을 구사하며
그리고 또 어떤 자들은
방종과 육체의 쾌락에 탐닉한다.
그렇지만 그들의 만남은 나쁜 것,
그리고 그 때 다시금 다른 나쁜 것으로 나아간다
이 자들과는 정반대의 것을 회구하면서도.
아아! 제우스여, 모든 것을 주시는 분이시여
검은 구름을 두르신 분이여, 번뜩이는 번갯불을 가지신 분이여,
인간들을 슬퍼할 어리석음으로부터 구원해 내소서!
아버지여, 그 어리석음을 그 영혼으로부터 흩으소서!
그리고 지혜에 이르는 것을 허락하소서!
당신이 만물을 바르게 조종하시듯이 믿음직스런 그 지혜에.
그것은 우리들이 당신에게서 그 은혜를 받아
답례로써 당신을 존경하기 때문이오.
당신의 일을 끊임없이 칭송하면서
죽어야 할 인간들에게 걸맞는 것처럼.
왜냐하면 죽어야 할 인간들에게나 신들에게나
언제나 바르게 공통하는 법을 칭송하는 데에
넘치는 선물은 이 밖에 아무것도 없기 때문이다.

클레안테스의 찬가는 이상과 같다. 이 가운데는 앞의 연설 속에서 '여러분 가운데 어떤 시인들이 말한 대로'라고 인용된 시구에 '당신의 자손'이라는 말이 포함되어 있다. 그렇지만 X 씨가 이 찬가에서 직접 인용한 것인지 어떤지는 알 수가 없다. 또 제우스가 만물의 창조주이며 지배자라고도 노래하는 것은 앞의 연설 속의 신과 닮았다. 강의 때에 이 찬가는 특별히 설명하는

일은 없었지만 스토아 학파의 신에 관해서는 말을 했기 때문에 K군도 그것을 기억하고 있을 것이다. 그러나 앞의 연설은 스토아 학파 사람의 것은 아니다. 그럼 달리 누군가 있는 것은 아닌지도 모르겠다. 사양할 것 없이 누구든 생각나면 말해 보도록. 없는가? 그렇다면 내가 물어보지. I군, 자네는 아까부터 생글생글 웃고만 있는데 어떻게 생각하는가?"

"그건 바울로입니다."

"역시 기독교인이긴 하지. 그러나 바울로는 유태인이지 않는가? 그런데 그리스 말로 연설한 건 어떤 까닭일까?"

"바울로는 킬리키아의 타르소스 태생입니다만 그 곳은 그리스인들이 건설한 도시였으므로 그리스어가 일상 용어였습니다."

"잘 알고 있군 그래. 그러면 한 가지 더 묻겠는데, 앞의 연설은 바울로의 알레이오스 파고스에서의 연설의 전부인가?"

"아뇨, 마지막 부분의 가장 중요한 대목이 빠져 있습니다. 그러니까 다른 사람들이 알지를 못했던 거죠."

역시 들통이 났군. 일부러 그 대목은 빼고, 또 그 밖의 부분도 현재 사용되는 「신약 성서」를 그대로 인용하지 않고 나름대로 번역해 놓았는데. 그렇다면 뺀 대목도 나름대로 옮겼으므로 읽어 보자.

> 그것은 신이 날을 정하시고 그날에 자신이 선택해 놓으신 사람에 의해서 세계를 바르게 재판받도록 되어 있기 때문이지만, 그 사람이 그런 사람이라는 증거를 만인에게 보이기 위해서 죽은 사람들 가운데서 되살리심을 받았다.

아주 심술궂은 방법이지만 스토아 학파와 기독교의 다르고 같은 점을 인상지워 주기 위해 이 마지막 부분을 고의로 감추어 둔 것이다. 스토아 학파의 신은 기독교의 신과는 전혀 다르다는 것은 여러분도 잘 알고 있는 터이지만, 클레안테스의 제우스 찬가에서처럼 그 신이 제우스와 같은 인격신의 형태로 포착되면, 그 종교 감정에서 기독교에 가까운 것을 드러내 보이지 않을까 생각된다.

저 기원후 2세기 후반경에 활약한 유명한 그노시스 학파의 기독교도인 알렉산드리아의 클레멘스(Clemens Alexandrinus, Titus Flavius, 150년경~215년경)[40]는 클레안테스를 칭찬하기를 "그는 신의 영감에 의해 글을 썼다"고 말했다. 이것은 그가 클레안테스에게서 기독교적인 것을 느꼈기 때문이라고 생각한다. 그러나 기독교, 적어도 바울로의 사상은 마지막의 감춰진 구절에 의해서 스토아 학파와의 차이점을 명백하게 보여 준다. 그것은 이른바 예수 그리스도에 의한 최후의 심판과 예수 그리스도의 부활을 말한다. 바울로의 알레이오스 파고스——이것은 서언에서는 장소의 의미로 파악했는데 그 당시는 이같은 이름으로 불리우는 아마 4, 50명의 재판 법정을 의미했던 것인지도 모른다——의 연설은 앞에 옮겨 놓은 것이 물론 그 전부는 아닐 것이다. 이것만으로는 처음으로 기독교의 복음에 접한 아테네의 그리스인들이 복음의 복음다운 점을 아무것도 몰랐을 것이 틀림없다. 그 때의 바울로의 전도 효과에 대해서 「사도행전」은 "사람들이 죽은 자들의 부활에 대해 들었을 때, 어떤 이들은 이를 비웃고 어떤 이들은 '그 얘기를 당신에게 한번 더 듣자'고 말했다"고 기술했다.

그런데 내가 바울로를 분위기가 다른 느낌이 나는 이 철학자들의 이야기에 등장시키기를 원했던 이유는 기독교와 스토아 철학의 동이점(同異點)을 변론하기 위한 것은 아니다. 그것은 그리스 철학과 기독교의 세계 문화사적으로 기념할 만한 최초의 만남에 여러분의 관심을 환기시켜, 이스라엘의 한적한 시골 구석에서 발상한 기독교가 그리스어를 선전의 무기로 사용하여 그리스 철학을 받아들임으로써 세계 종교가 될 수 있었던 원인을 이해시키기 위함이었다.

그런데 바울로는 앞의 연설에서 '알지 못하는 신에게'라고 아테네인들이 바친 제단에 대해서 언급을 했다. 그러나 문헌을 조사해 보아도 문자 그대로 '알지 못하는 신에게'라고 새겨진 제단이 있었던 흔적은 없다. 기원후 2세기의 세계 여행가인 파우사니아스의 기술에 따르면 항구 도시 팔레온에서 아테네로 통하는 길 옆에 "'모른다'고 불리우는 신들, 영웅신들, 테세우스나 팔레로스의 아이들의 제단"이 있었던 것 같다. 그러나 그 제단은 단수의 신이 아니고 복수의 신들이다. 그런데 기원후 4세기 후반부터 5세기 초경에

---

40) 초대 기독교회의 교부. 아테네 태생으로 철학을 배워 후에 기독교로 개종했다. 알렉산드리아의 판타에누스에게 사사, 후에 그 곳의 카테케시스 학교의 교장이 되었으나 202년에 제웰스 황제의 박해로 카파도기아로 망명했다. 그리스 고전에 정통, 이교 문화를 높이 평가하면서 기독교의 진리를 이교 세계에 변증했다. 저서 「그리스인에 대한 권고」 「파이다고고스」 「스트로마티오스」 등이 현존한다.

살았던 라틴 교회의 교부인 성 히에로니모스는 이 바울로에 관한 부분에 대해 언급하며 이렇게 말했다. "그러나 제단의 비명(碑銘)은 바울로가 말했듯이 '알지 못하는 신에게'가 아니라 오히려 '아시아, 유럽, 아프리카의 신들 및 알지 못하는 이국의 신들에게'였다. 그렇지만 바울로가 필요로 한 것은 복수의 신들이 아니라 단 '한 사람의 알지 못하는 신'이었기 때문에 단수의 용어를 썼던 것이다."

이것은 기독교의 성인의 말이기 때문에 믿어도 좋으리라 생각되나, 만일 그렇다고 한다면 성 바울로도 고의적으로 복수의 신들을 단수의 신으로 고친 셈이 된다. 그리고 그것을 그렇게 고친 것은 성 히에로니모스의 말을 빌면 그 때의 이익을 위해서였다. 그럼 그 때의 이익이란 무엇인가? 그것은 아테네인들이 알지도 못하고 경배하고 있는 그 '알지 못하는 신'은 사실은 바울로가 말하는 참 신으로 금이나 은에 새겨진 '거짓 신들'을 외면하고 그 참 유일신만을 전심으로 지키도록 노력하라고 유도하고 선전하기 위해서가 아니었을까 생각된다.

저 인문학자(人文學者) 에라스무스(Erasmus, Desiderius 본명은 Gerhard Gerhards, 1466년~1536년)[41]는 「우신(愚神) 예찬」에서 이 성 히에로니모스의 부분을 인용하여 바울로의 이와 같은 방법을 본받아 '신학자의 일족'은 원문 여기저기에서 몇 개의 작은 단어를 잘라다가 그것을 바꾸어 그 의미를 자기의 이론에 잘 맞추려는 것처럼 생각된다고 우신으로 하여금 말하게 한다.

어쨌든 바울로의 그리스 문화를 이용하는 이 방법은 그 후의 기독교 신학자들의 그러한 방법의 원천이며 모범이었다. 그리고 또 그와 같은 방법에 의해서 기독교는 세계 종교로 발전할 수 있었던 것이라고 한다면, 그것은 바보의 소리라고 웃음거리가 될까. 물론 이것이 기독교가 세계 종교로 될 수 있었던 유일한 원인이라고 말하려는 것은 아니다. 마찬가지로 기원후

---

41) 르네상스 시대의 대표적인 네덜란드의 인문주의자. '로테르담의 에라스무스'라고도 불린다. 파리에서 공부하고 1499년 이후는 가끔 영국을 방문해 T. 모어, J. 콜렛 등과 교류하며 1509년 「우신 예찬」을 써 왕후, 귀족이나 교회의 부패상을 통렬히 풍자, 각국의 인문주의자들에 큰 영향을 미쳤다. 또 그리스어 연구를 하여 오늘날의 그리스어 발음을 확립한 외에 그리스 극의 라틴어 역 등 고전학자로서도 업적을 남겼다. 문하에서 많은 종교 개혁자를 냈지만 자신은 격동에 휘말리기를 싫어해 학자로 시종했다. 사상적으로도 이성 존중의 입장에서 자유로운 인간성을 강조, 성서로 돌아가라고 주장했다. 인간의 자유 의지를 부정하는 루터와는 대립했다.

3세기의 기독교 교부인 오리게네스(Origenēs Adamanitus, 185년경~254년경)[42] 가 말했듯이 여러 민족이 한 사람의 로마 황제 아래, 말하자면 세계 국가를 구성하고 그 세계에서 그리스어가 만민의 공통어로써 쓰여진 것도 역시 유력한 원인의 하나였을 것이다. 이 교부는 로마의 세계 국가의 구성을, 마치 어젯밤의 이야기에서 헤겔이 세계 정신의 발전의 필연성으로 귀결시켰던 것처럼 신의 섭리로 귀착시킨다. 그러나 그 때까지에 이르는 과정이 얼마나 잔인무도한 것이었던가, 그것은 전날 밤의 키케로의 이야기를 통해서도 상상할 수가 있을 것이다. 오늘 저녁에는 딱딱한 이야기뿐이어서 좀 지루했을지도 모르니까 이것으로 끝내기로 하자. 다행히 토인비의 「헬레니즘」의 번역본이 나왔으니까 여러분도 읽어 보는 것이 좋겠다. 얻는 바가 많을 것이다.

"그럼, 아, 깜빡 잊었군. 아까 퀴즈를 맞힌 I군에게 위스키를 대접해 줘야지. 하지만 I군은 기독교인이니까 술을 안 마시는 게 아닌가?"

"아뇨, 저는 기독교인이어도 카톨릭 쪽이니까……."

"아, 그래. 하지만 자네 혼자서만 마시는 건 기독교의 사랑의 정신에도 어긋나지. 차라리 오늘 밤은 그리스어의 카토루로 하자. 자, 모두 같이 한잔 하자구!"

---

42) 초기 기독 교회의 그리스 교부, 신학자. 처음에 플라톤주의 철학을 공부하고 알렉산드리아에서 교사를 하다가 후에 성서의 문헌적 연구를 했다. 데키우스의 박해로 체포되어 후에 죽었다. 그 성서 연구는 이단적인 용어도 있으나 뛰어난 것으로서 영, 윤리, 문법적 성서 이해로 나누어 영적 이해를 제일로 여겼다. 절제와 금욕 생활을 실천하여 동방 교회에 큰 영향을 끼쳤다.

제9야
세네카

"오늘 저녁에는 세네카(Seneca Lucius Annaeus, 기원전 5년경~기원후 65년)[43] 의 이야기를 하려고 하는데 그 전에 여러분에게 질문을 좀 해 볼까 한다. 여러분 중에 누구「쿼바디스」라는 소설을 읽어 본 사람이 없는가? 그렇게들 얼굴만 마주 쳐다보며 잠자코 있는 것을 보니 아무도 없나 보군 그래."

"네, 읽지 못했습니다."

"그럴지도 모르지. 나도 그걸 처음 읽은 것이 여러분과 같은 나이 또래인 가 좀 뒤였던가 했을 거야. 한번 읽어 보라고 권하고 싶네. 헌데 I군, 자네는 라틴어를 공부하고 있다니까 그「쿼바디스」라는 말의 뜻은 알테지?"

"당신은 어디로 가십니까? 라고 하면 되지 않을까요."

"응, 그렇지."

"그러나 선생님, 그런 제목으로 무엇이 쓰여 있단 말입니까?"

소설의 개요를 이야기하는 것만큼 따분한 일은 없다는 느낌이 들지만

---

43) 로마의 철학자. 에스파니아 출신으로 원로원 의원이 되었는데 41년에 정치적 음모 로 코르시카 섬에 유배되었다가 아그리피나의 주선으로 소환돼 네로의 가정 교사가 되었다. 네로가 황제가 되자 집정관이 되어 정치적 영향력을 행사했다. 59년엔 네로 의 어머니인 아그리피나 살해에 가담하여 네로가 원로원에서 읽은 변명문의 초안을 작성했다. 후에 은퇴는 했으나 네로에 대한 쿠데타에 가담했다는 혐의로 자살을 강요당했다. 「행복한 생활에 대해서」 등에서 현실적인 처세훈이나 청빈 생활을 역설 했지만 그 자신은 아주 큰 '세네카의 대장원'이라는 농장의 소유자였다.

앞으로 나올 이야기와도 관련이 있기 때문에 아주 간단하게나마 언급해 두어야만 할 것 같다. 그것은 로마 황제 네로의 기독교도 박해를 묘사한 역사 소설이다. 저자인 솅키비치는 노벨상을 수상한 폴란드의 작가이다. 내용은 다음과 같다.

궁정에서는 파티가 벌어지고 시내에는 대화재가 일어나며 소녀가 약탈을 당하는 소란스러운 로마 시를 무대로 하여, 문명이 극도로 발달하여 바야흐로 몰락의 심연에 빠져 있는 로마의 문화와 신흥 기독교도와의 투쟁상을 묘사해 나가면서 그 시대상을 마치 두루마리 그림처럼 펼쳐 보인다. 그 박해를 견디다 못해 로마를 탈출해 나온 사도 베드로가 도중에 그리스도의 환영(幻影)을 보고 "주여, 어디로 가시나이까?"라고 묻자 "네가 내 백성들을 버렸으니 내가 로마로 가서 다시 십자가에 못박혀야겠다"라고 하는 그리스도의 음성을 듣고, 발길을 로마로 되돌려 순교를 당하는 권말의 한 대목은 역사의 대전환을 한 곳에다 응축한 것이라고 말할 수 있겠다.

이상이다. 이것을 우리가 공부하는 서양철학사에 비교해서 말한다면 헬레니즘과 헤브라이즘의 싸움과 후자의 승리로 돌아가는 실마리를 그린 것이라고 말할 수 있을 것이다.

이 소설 속에는 어젯밤에 애기한 바울로도 등장하여 베드로와 마찬가지로 순교를 당한다. 그리고 우리가 지금 화제로 삼고 있는 세네카도 약간이지만 얼굴을 내민다. 이 소설은 또 다른 면에서 보면 로마의 청년 귀족인 비니키우스와 만족(蠻族)의 공주로 기독교도였던 리기아와의 사이에 맺어진 순결한 연애 사건을 주제로 한 것이라고 말할 수 있다. 인질로 끌려 왔던 리기아는 로마의 늙은 장군 아울루스 프라우티우스에게 친자식처럼 사랑을 받는다. 비니키우스가 이를 눈여겨보고 숙부인 페트로니우스와 상의를 한다. 이 사람은 마치 쾌락주의자인 아리스티포스(Aristippos, 기원전 435년경~356년경)[44]를 연상케 하는 활달한 인물이다. 그 숙부는 황제 네로에게 부탁하여 리기아를 늙은 장군에게서 빼앗아 온다. 이 노장군은 리기아의 신변을 걱정해 네로에게 알현을 간청하지만 허락해 주지 않는다. 생각다 못한 노장군은 세네카를 찾아간다. 그의 조언을 부탁하기 위해서이다. 세네카는 신열로 인해 상태가 좋지 않았으나 그를 즐거이 맞아 준다. 그러나 그 용건을 듣더

---

44) 1부 주 52 참조.

니, 지금은 네로 황제의 역정을 사고 있는 처지임을 암시하고 자신이 말을 하면 도리어 나쁜 결과를 가져올 것이라고 얘기한 후, 자신이 이렇게 오래 생명을 부지하고 있는 까닭도 황제의 어린 시절의 선생이었던 덕택이라고 빈정대듯이 말한다. 그 이야기의 최후는 다음과 같은 문장으로 끝난다. "나는 병자입니다만 병들어 있는 건 육체보다도 오히려 혼입니다." 여기에 이어 작자인 셴키비치는 이 문구를 이렇게 설명한다.

> 그것은 사실이었다. 세네카는, 예를 들면 코르누토스나 토라세아가 소유했던 기력을 가지고 있지는 않았다. 그러니까 그의 생애는 죄악에 대한 양보의 연속이었다. 그는 스스로도 그것을 통감하고 있다. 키티온의 제논 학설의 신봉자라면 또 다른 길을 걸어야만 한다는 것쯤은 잘 알고 있다. 그러니까 죽음 그 자체의 공포보다도, 그는 그런 점에서 보다 많은 고민을 하고 있었다.

위의 인용문에 나온 코르누토스나 토라세아는 모두 당시의 유명한 스토아 철학자였다. 코르누토스는 황제 네로의 취미인 문예 활동을 조금도 거리낌 없이 비평했기 때문에 기원후 68년 추방형에 처해졌다. 토라세아는 원로원 의원으로 덕망이 있어 특별히 칭송을 받았다. 이 일이 도리어 네로의 질투를 사게 되어 66년——이제부터는 기원후라는 말은 생략하기로 하자. 우리는 이른바 우리의 세기에 들어선 것이니까——사형에 처해졌다. 저 유명한 로마의 역사가 타키투스(Tacitus Cornelius, 55년경~115년경)[45]는 그의 저서 「연대기」에서 토라세아를 가리켜 '미덕 바로 그것'이라고까지 극찬할 정도이다.

그러나 위의 두 사람과 마찬가지로 스토아 철학을 신봉하고 있던 세네카가 같은 황제에 의해서 죽음을 강요당했던 것은 그 전 해의 일이었다. 앞의 인용문 중에 그 세네카에 대해서는 '그의 생애는 죄악에 대한 양보의 연속이었다'라고 쓰여 있다. 이 일을 세네카는 제논 철학의 신봉자로서 마음 속으로 고민하며 "병들어 있는 것은 육체보다도 오히려 혼입니다"라고 말했던 것이리라. 제논의 이야기는 4, 5일 전에 했으니까 이제 새삼스레 반복할 것까지는

---

45) 로마의 역사가. 97년에 집정관, 112년~113년에 소아시아 총독이 되는데 원수 정치
　　에는 비판적이어서 원로원을 중심으로 하는 공화정을 이상으로 여겼다. 문제가 뛰어
　　나 「연대기」「역사」 등에서 원시 게르만인들의 생활과 습속을 서술했다.

없겠다.

그러나 세네카의 이 심정을 이해하기 위해서라도, 또 그로 인해 비난받기 쉬운 스토아주의로부터의 일탈(逸脫)을 이해하기 위해서라도 그의 파란에 가득 찬 생애를 이야기하겠다.

그런데 세네카는 오늘날의 스페인의 코르도바에서 태어났다. 출생 연도는 정확하지는 않지만 예수 그리스도와 비슷한 연대이다. 아버지는 로마 기사 계급에 속하고 마르쿠스 안나에우스 세네카라고 하여 상당한 변론가요 부자였다. 기사 계급이란 여러분도 다 아실 테지만 로마 사회에서는 중류 계급이다. 어머니는 헤르비아라고 하여 에스파니아 계의 조심성 많은 총명한 귀부인이었다. 세네카는 세 명의 남형제 중 둘째였다. 형 노바투스는 후에 양자로 들어가 갈리오라 불렸으며 아카이아 총독이 되어 그리스의 코린토스에 부임한 적이 있다. 어젯밤에 얘기한 바울로가 아테네에서 유명한 연설을 한 후 전도 여행을 계속했었는데 마침 그 무렵의 그 지방이었다고 한다.

덧붙여 말해 둔다면, 그 고장의 유태인들은 바울로의 가르침을 믿지 않고 도리어 모두 함께 그를 공격하고 재판소에 제소해 "이 사나이는 사람들에게 법을 어기고 다른 신을 경배하라고 말하고 있다"고 말했다. 이에 대해 바울로가 뭔가 말을 하려고 하자 총독 갈리오는 유태인들에게 "유태인들이여, 만일 이것이 불법이라든가 나쁜 일이었다고 한다면 너희들의 고소를 들어야 할 이유도 있을 것이다. 그러나 이것은 너희들의 말이라든가 이름이라든가 율법에 관한 문제이기 때문에 너희들 스스로 처리해야 할 것이다. 나는 이러한 일에 대해서 재판하고 싶지 않다"고 말하여 그들을 재판소에서 몰아냈다. 유태인들은 회당장인 소스테네를 붙잡다가 재판소 앞에서 때렸지만 갈리오는 시치미를 떼고만 있었다.

이상은 「사도행전」에 기록된 이야기이다. 내가 이것을 일부러 그대로 인용한 것은 정치와 종교의 분리를 주장한 문헌이라 하여 고대에는 아주 귀중히 여겨졌기 때문이다. 예수 그리스도의 재판에 관한 4복음서(마태, 마가, 누가, 요한 복음)의 기록에는 세밀한 점에서 차이가 있어서 어느 것이 진실인지 나로서는 잘 알 수가 없지만 「요한 복음서」의 로마 총독 빌라도의 예수 그리스도에 대한 태도에는, 지금 본 갈리오의 바울로에 대한 태도와 공통점이 있다고 생각된다. 빌라도 예수를 고소한 유태인들에게 첫 마디로 "그를 끌어내어 당신들의 율법에 따라 재판하십시오"라고 말했다. 이것도 피지배

자들의 종교상의 분쟁에 관해서는 지배자로서는 간여하고 싶지 않다는 감정
을 표출시키는 것처럼 느껴진다.

이와 같은 정치와 종교의 분리는 헬레니즘 이전의 그리스의 폴리스(도시
국가)들에서는 볼 수 없었던 것으로 생각된다. 철학자들 가운데서 아낙사고
라스나 프로타고라스나 소크라테스가 문책을 당하여 추방형 혹은 사형에
처해졌던 것은 모두가 '신을 모독했다'는 이유에 의해서였다. 이것은 이미
여러분도 알고 있는 바이다. 그것은 폴리스에서는 정치와 종교가 밀접하게
결합해 있었기 때문이다.

그것이 로마인들이 지배하면서 처음으로 분리된 것은 아마 지배자와 피지
배자가 민족을 달리하여 그 양자가 다만 권력과 경제 유대에 의해서만 결합
하고, 폴리스에서처럼 정신적 유대에 의해서는 결합하려고 하지 않았던 데에
연유한 것이 아닐까 생각된다. 영국의 18세기의 훌륭한 역사가인 기본
(Gibbon, Edward, 1737년~1794년)[46]은 로마의 황제 및 원로원의 종교 정책을
'관용의 정신'에 의해서 특징지었는데, 이 정신이 언제까지나 지켜졌더라면
그 후의 잔혹한 숱한 종교 탄압 사건은 일어나지 않아도 되지 않았을까.
그러나 얘기가 꽤 옆길로 빗나갔으므로 이제는 본제로 되돌아가자.

지금 얘기한 형인 갈리오 외에 메라라는 아우가 있었는데 그 당시의 유명
한 시인이 된 루카누스(Lūcānus Marcus Annaeus, 39년~65년)[47]의 아버지였다.

세네카는 어린 시절 부모를 따라 로마로 이사를 했다. 젊었을 때 아버지의
반대를 무릅쓰고 먼저 소티온에게서 피타고라스 철학을, 아탈로스에게서
스토아 철학을 배웠다. 그는 천성적으로 허약 체질이었지만 스승인 아탈로스
가 "언제나 교실에 맨 먼저 들어오고 맨 나중에 나가는 학생이라"고 칭찬할
정도로 열성적인 학구파였다고 한다. 후에 아버지의 간청에 의해서 법률을
공부해 변호사가 되어 성공했다. 이윽고 쿠아에스토르라는 국가의 재무 담당

46) 영국의 고대 역사가. 1774년~1780년, 1781년~1783년에 걸쳐 국회의원을 지냄.
2세기의 로마 제국의 최성기로부터 15세기의 동로마 제국의 멸망까지를 기술한 대작
「로마 제국 쇠망사」(전 6권)를 완성, 로마 쇠망의 원인을 고찰했다. 「자서전」도 남겼
다.
47) 로마의 시인. 코르도바 태생. 세네카의 조카. 로마에서 수사학과 철학을 공부하고
아테네에서 연구 중 황제 네로의 부름으로 총애를 받고, 60년에 네로의 찬가를 지어
칭찬을 받지만 네로의 질투를 사 발표를 금지당했다. 피소의 음모에 가담했다가
살해되었다. 「내란시」(전 10권)만 현존한다.

고급 관리에 임명되었고 결혼을 해서 외아들을 두었다.

그런데 이전에 세네카의 웅변을 질투한 적이 있는 어리석은 황제 칼리굴라(Caligula, 본명은 Gaius Julius Caesar Germanicus, 12년~41년)[48]가 암살되고 그의 숙부인 클라우디우스(Claudius, Nero Cermanicus, Tiberius, 기원전 10년~기원후 54년)[49]가 왕위에 올랐다. 클라우디우스는 칼리굴라에 의해 추방된 칼리굴라의 누이동생인 유리아와 아그리피나 (Agrippina Minor, Julia, 15년~59년)[50]를 로마로 다시 불러들였다. 여기에서 세네카의 비운은 시작된다. 유리아는 재색을 겸비한 여인으로 상류 귀족들의 주목을 한몸에 모았다. 그것이 황후 멧살리나(Messalina Valleria, ?~48년)[51]의 질투를 사 그녀의 고자질에 의해 황제 클라우디우스로부터 간통죄로 문책받고 처형을 당했다. 그 간통의 상대자가 세네카라고 하여 그도 코르시카 섬으로 추방되었다. 그 때가 41년 세네카의 나이 45세경이었다. 이리하여 세네카는 귀양살이에서 달과 벗해 살기를 8년이나 했다. 그러나 세네카는 그 기간에 더욱 철학 공부를 하여 많은 비극을 썼다. 이들 비극은 그 재료도 형식도 그리스 비극에 의한 것으로, 셰익스피어가 그리스 비극을 알게 된 것은 세네카의 글을 통해서였다고 전해진다.

그리고 이 동안에 로마에서는 48년에 황후 멧살리나는 시련 때문에 황제 클라우디우스에 의해서 사형에 처해지고 이듬해 앞에서 얘기한 유리아의 자매인 아그리피나가 그의 네번째 아내가 되어 대신 황후의 지위에 올랐다. 그녀로서도 이것이 세번째의 결혼이었다.

그런데 세네카가 로마의 땅을 밟을 수 있게 된 것은 이 황후에 오른 아그

---

48) 로마의 황제. 재위 37년~41년. 게르마니쿠스 장군의 아들. 황제가 된 후 1년 동안에 티베리우스가 남긴 거액의 동산을 낭비하고, 신으로 추앙할 것을 요구하며 죄없는 사람들을 마구 처형, 원한을 사 결국 암살되었다.

49) 로마의 황제. 재위는 41년~54년. 친위대에 의해서 황제로 옹립되었다. 영토를 많이 확장했으나 원로원에는 인기가 없었고, 마지막 아내인 아그리피나는 데려온 아들 네로를 후계자로 선포케 하고 나서 그를 독살했다.

50) 로마의 황후로 대표적인 권모술수가. 아우구스투스의 손녀 아그리피나와 로마의 장군 게루마니쿠스 사이에서 태어났다. 네로를 낳은 후, 숙부인 로마 황제 클라우디우스와 재혼, 많은 술수를 구사해 네로를 황제에 옹립했으나 훗날에 네로의 명령에 의해 살해되었다.

51) 로마의 황제 클라우디우스의 황후. 품행이 단정치 못한 여자로 유명하다. 정부 카이우스 실리우스와 짜고 황제에 대한 배반을 음모하다 들통이 나 사형을 당했다.

리피나의 끈질긴 노력에 의한 것이었다. 귀국하자 푸라에토르(국가의 법무를 관장하는 고급 관리직)에 임명되었고 그 위에 당시 11세였던 네로의 스승으로 추앙을 받는 몸이 되었다. 이리하여 내일의 운명을 알 수 없는 절박한 처지 이던 세네카는 하루아침에 절대적인 권력의 지위에 올랐던 것이다. 아그리피나는 다시 황제를 움직여 전남편과의 사이에서 낳은, 아들 네로로 하여금 다음 왕위를 잇게 하기 위해, 양자로 맞아들이게 하여 황제의 진짜 아들을 제거하는 데에 성공했다. 그러나 황제는 얼마 안 가서 이 일을 후회하기 시작했으므로 아그리피나는 마침내 황제를 독살해 버렸다. 이리하여 네로는 54년 17세라는 어린 나이에 세계 제국인 로마의 왕위에 올랐다.

그와 동시에 그의 스승 세네카는 동료인 붓루스와 함께 섭정의 지위에 앉게 되었다. 세네카는 네로에게 특별히 관용의 덕을 강조해 가르쳤다. 처음에는 이 어린 황제도 두 사람의 충언에 귀를 기울여 치적도 올렸지만 이윽고 그의 본성을 나타내었다. 그의 가신(家臣)의 아내였던 절세의 미인인 포파에아의 미모에 넋을 잃고 그녀의 사주로, 두 사람의 결혼에 반대하는 생모 아그리피나를 독살하기에 이른다. 이 부도덕한 행위는 세네카나 붓루스에 의해 묵인되었고, 특히 세네카는 네로가 자신의 무도한 행위를 원로원에서 변명하기 위한 일장의 변명문을 기초하여 그의 행위를 정당화시키는 데 한몫을 했다. 이로 말미암아 세네카는 세인들의 불평을 초래하기에 이르렀다. 그러나 세네카의 입장에서는 죽음을 각오하지 않고서는 이제 네로에게 충간을 할 수도 없었고, 변명문의 집필을 거부할 수도 없는 처지였을 것이라고 여겨진다.

이 사건에 관하여 앞에서 말한 토라세아의 태도에 대해 타키투스는 "그때까지는 언제나 원로원 의원들이 아첨과 추종을 침묵이나 간단하게 동의하는 것만으로 무시해 왔다. 그러나 이 때는 원로원에서 뛰쳐 나왔다. 그런데 이것은 이윽고 그의 파멸의 원인이 되었을지언정 다른 사람들에게 자유의 정신을 촉구하는 계기가 되지는 못했다."라고 기록했다. 이것은 그 당시의 정치가들의 태도를 살펴보는 데에 도움이 될 것이다.

그리고 자기의 생모를 죽인 네로는 그 후 그래도 양심의 가책에 견딜 수 없었던지 정신착란 비슷한 증세를 보여 자기의 방종에 조금이라도 방해가 되는 자는 누구 할 것 없이 인정 사정 없이 차례차례로 죽여 버렸다. 16세에 결혼한 선황의 딸 옥타비아는 정숙한 아내였음에도 불구하고 누더기를 입혀서 이혼, 추방시켰고 결국은 암살했다. 또 62년에는 붓루스도 독살이 된 듯 세상을 떠났다. 세네카에게도 여러 가지로 중상 모략이 퍼부어졌다. 그 한두 가지를 지적하면 "그는 이미 한 시민의 신분을 초월할 정도의 막대한 재산을 가지고 있다. 그러면서도 점점 더 재산이 늘어만 간다"든가, "그는 아주 아름 다운 정원과 호화로운 별장을 가지고 있는 점에서 바로 황제를 능가한다" 는 말이었다.

타키투스보다도 약간 뒤에 나온 로마의 역사가 디온은 그의 저서 「로마 사」 61년 항에서 브리태니아 곧 현재의 영국이 로마에 대항한 반란을 기술하 면서, 그 반란의 원인을 두 가지로 들었다. 그 한 가지 원인은 세네카가 브리 태니아 섬 사람들에게 유리한 이식(利殖)을 기대하고 4,000만 세스테르티우 스의 돈을 빌려 주었던 것을, 일시에 그것도 억지로 거둬들이게 한 데 있었 다고 한다. 이 금액은 오늘날의 돈으로 환산해 보면 20억 원 정도가 되지 않을까 생각된다. 사실 타키투스의 기술에서도 보면 세네카의 재산은 막대한 것이었던 모양인데 과연 디온이 기록한 것과 같은 큰 욕심이 그에게 있었는 지는 의문이다.

그것은 그렇다 치고 얘기의 본 궤도로 돌아가면 세네카는 동료인 붓루스 의 죽음을 기회로 삼아 은퇴를 요청하여 묵인된 모양이었다. 그의 「인생의 짧음에 대해서」에서 마침내 그리던 한가로운 생활을 즐길 수가 있게 되었음 을 보여 준다. 그는 대부분의 시간을 철학적인 사색과 저술로 날을 보냈다. 그 동안에 「행복한 생활에 대해서」도 쓰여졌다. 이 책은 그의 형 갈리오에게 바치는 것으로 되어 있다. 두 가지 다 짧은 내용이기 때문에 여러분도 꼭 읽어 주기 바란다.

데카르트(Descartes René, 1596년~1650년)[52]도 운명과 신병에 괴로워한 보헤 미아의 공주인 엘리자벳에게 이 책을 읽을 것을 권했다. 거기에는 강의 때 말한 스토아 학파의 윤리설 곧 도덕론이 화려한 문장으로 서술되었다. 그러 나 또 세인들로부터 비난을 받은 자신의 호화로운 생활에 대한 변명도 하고

---

52) 프랑스의 철학자, 수학자, 자연과학자. 해석기하학을 발견하는 등 수학사상 획기 적인 업적을 남겼다. 철학에서는 중세 스콜라 철학을 초월한 새로운 방법과 체계를 수립하여, 이후의 서구 철학사상에 다대한 영향을 끼쳤기 때문에 '근대 철학의 시 조'로 불린다. 「방법서설」 「성찰」 「철학원리」 「정신 지도의 규칙」(유고) 등 저서가 많다.

있다. 세네카는 거기에서 "나로 말하자면 악의 깊은 맛 속에 사는 자이다"고 말하고 있다. 셴키비치의 세네카의 심정에 대한 최초의 설명도 이것과 연관되었을 것이다. 그러나 세네카의 즐겁고 한가로운 생활도 전날 밤의 키케로의 경우와 마찬가지로 그렇게 길지는 못했다.

65년 세네카는 캄파니아에서 돌아오는 길에 로마를 떠나서 4마일 지점에 있는 별장에서 후처인 젊은 파울리나와 친구 두 사람과 함께 식사를 하고 있었다. 그 곳에 황제가 보낸 사자인 백인대장이 "죽음은 이제 피할 수가 없습니다"고 전해 왔다. 피소의 모반에 가담했다는 혐의가 그 이유였다. 그러나 사실은 황제가 자기의 스승인 세네카를 거북하게 여겨 일찍부터 없애고자 기도하고 있었기 때문에 이것은 단순한 구실에 지나지 않았을 것이다. 그 말을 들은 세네카는 조금도 놀라지 않고 도리어 탄식하며 슬퍼하는 친구들을 위로하고 격려하기도 했다. 그리고 타키투스가 전하는 바에 따르면 그 때 다음과 같은 내용과 관련하여, 마치 일반 청중들을 상대로 한 것처럼 강의를 했다는 것이다. "여러분은 철학의 교양을 잊었는가? 뜻밖의 재난에 대비해 그렇게 오랫동안 생각해 온 결심은 다 어디로 갔는가? 네로의 잔인한 성격을 여태껏 몰랐더란 말인가? 어미를 죽이고 아우를 쳐 없앴으면 스승을 죽이는 것 이외에 무엇이 또 남아 있겠는가?"

그리고 나서 아내를 팔로 안고 그녀의 비탄해하는 마음을 달래 주면서 남편이 덕을 위해 바친 생애를 생각하면서 죽은 후에 위로를 삼으라고 부탁했다. 그러나 아내는 함께 죽을 각오를 보였으므로 이를 승낙하고 함께 팔의 동맥을 끊었다. 그러나 세네카는 노령과 소식(小食) 때문에 쇠약할 대로 쇠약해 있었기에 피는 좀체로 흘러 나오지를 않았다. 그래서 세네카는 다시 발목과 무릎의 혈관을 끊었다. 무서운 고통이 엄습해 왔다. 그래서 세네카는 피차가 괴로워하는 모습을 보고 마음이 약해질 것을 두려워해 아내를 설득하여 다른 방으로 들어가게 했다. 그리고 필생을 불러 '마지막 순간에 임해서도 쿵쿵 솟아나오는 사상'을 받아 쓰도록 했다. 그래도 죽음이 얼른 찾아올 것 같지가 않으므로 미리 준비하고 있던 독인삼을 의사인 친구에게서 건네받았다. 그것은 여러분도 잘 알고 있는 소크라테스가 마신 그 독인삼이다. 그러나 그의 경우는 손발이 차고 오관의 감각이 이미 없어져 있었으므로 효과가 없었다. 마지막으로 그는 열탕의 목욕물 속에 들어가 그 뜨거운 물을 주위의 노예들에게 뿌리면서 "이 관전(灌奠, 제사 때 술 등을 주위에 뿌리는 것)은 해방자 유피테르(쥬피터)를 위해서다"고 말했다. 이어서 발한실(發汗室)로 옮겨졌다. 그 곳에 채워져 있던 열기가 마침내 그의 숨을 막았다.

이상으로 나는 꽤 상세하게 그의 최후의 장면을 타키투스의 기록에 의존해서 얘기했는데, 그것은 플라톤의 「파이돈」에 묘사된 소크라테스의 최후의 장면과 일맥상통하는 데가 있다고 생각했기 때문이다. 아마도 세네카는 소크라테스의 마지막 장면을 눈앞에 그리면서 거기에 따르려고 노력했었는지도 모른다. 세네카는 정계를 은퇴하고서부터 죽는 날까지 친구인 루킬리우스에게 많은 편지를 썼는데, 그 편지 중 하나에 에피쿠로스의 말을 인용하여 덕을 기르기 위한 모토로 삼으라고 권하고 있다. 그러기 위해서는 "우리는 누군가 어떤 훌륭한 인물을 존경하여 끊임없이 눈앞에 그려 보지 않으면 안 된다. 그렇게 함으로써 말하자면 그 인물이 우리를 관찰이라도 하고 있는 것처럼 생활하고, 또 그 인물이 모든 걸 다 보고 있는 것처럼 행동하기 위해서이다"고 말한다.

에피쿠로스라고 하면 이미 말한 바와 같이 쾌락주의자로서 스토아 학파와는 대립적인 인물이라고 생각해 온 학자다. 세네카도 스토아 학파의 교의를 신봉하고는 있었지만 그것을 반드시 금과옥조로 고집했던 것은 아니다. 그는 「행복한 생활에 대해서」에서 "내가 '우리의 의견'이라고 말하는 경우, 나는 스토아 학파의 여러 대가들 중에 어떤 한 사람의 주장에 집착하려고는 하지 않는다. 내게도 역시 의견을 제시할 권리가 있다"고 말하고 있다.

또 에피쿠로스에 대해서는 "내가 이런 말을 하면 우리(스토아) 학파에 속하는 사람들은 싫어하겠지만 나 자신은 이러한 견해를 가지고 있다. 곧 에피쿠로스가 말한 바는 신성하고 옳은 가르침이어서 가까이서 검토해 보면 너무 까다롭기까지 하다"고 말했다. 그러므로 그가 생활의 지침을 에피쿠로스에게서 받았다 하더라도 조금도 이상할 것은 없다.

그런데 한편 파울리나는 황제의 명령에 따라 절단한 동맥이 다시 막혀 버리자 그 후 2, 3년이나 본의 아니게도 그림자처럼 생명을 유지했다. 그러나 많은 사람들을 살인귀처럼 죽인 네로의 생명도 그와 다름이 없었다. 갈리아에서 시작된 반란은 로마로 파급되어 아무도 몰래 궁전을 도망쳐 나온 그는 추적자의 말발굽 소리를 들으면서 해방 노예의 별장에서 친근자들의 독촉에 못 이겨 이윽고 자기 손으로 생명을 끊었다. 겨우 31세의 젊은 나이였다.

오늘 저녁에는 꽤나 잔인한 이야기들만 많아졌는데, 세네카의 언행도 이와 같은 시대 배경 속에서 보아야 비로소 잘 이해되리라고 생각했기 때문이다. 세네카의 경우에 욕도 먹지만 그와 같은 시대에, 그와 같은 지위에 처해 있으면서, 그와 같이 살아간다는 것은 역시 범인으로서는 불가능한 일이다. 파스칼은 「팡세」에서 스토아 학파 사람들은 사람이 어쩌다가 할 수 있는 일을 가지고 언제나 할 수 있다고 결론을 내렸다고 비난했는데, 적어도 세네카는 '인간의 나약함'을 스스로의 체험을 통해서 배웠다. 게다가 '자신의 나약함'을 언제나 고민했다. 우리도 남을 나무라기 전에 '인간의 나약함'을 아는 것이 중요하지 않을까.

제10야
에픽테토스

오늘 저녁에는 에픽테토스(Epiktetos, 55년경～135년경)[53]에 관해 애기를 할까 한다. 내가 이 철인을 안 것은 고등학교 2학년 때였다. 그 때 철학 선생님으로 부임해 오신 분에게 독일어를 배웠는데, 그 교과서가 칼 힐티의 「행복론」의 발췌물이었다. 거기에 에픽테토스의 소위 「제요(提要)」의 독일어역이 실려 있었다. 그래서 이것을 읽게 되었는데 그 때 에픽테토스에게 깊은 감명을 받았다. 그 때까지 내가 읽었던 철학 서적은 플라톤의 「소크라테스의 변명」이나 「철학 이전(以前)」이라는 책 정도였을 것이다. 돌이켜 보면 이와 같은 독서가 첫째로 나를 철학 공부에로 유도해 준 것이 아닐까 생각된다. 그 후 얼마 안 되어 「에픽테토스 어록」이라는 책의 번역본이 나왔다. 그 책은 지금까지도 가지고 있다. 책의 면지에는 '1935. 10. 15'라고 일자가 쓰인 걸 보면 벌써 45, 6년 전의 옛일이다. 그 무렵에 샀던 책은 거의 없어졌는데, 이 책이 변전무상한 오랜 세월 동안 헌책방으로 넘어가지 않고 분실도 되지 않고 이렇게 남아 있는 것을 생각하니 왠지 그립기도 하고 이상한 느낌도 든다. 이제부터 주제로 들어가겠는데 에픽테토스는 지금까지 살펴본 철학자들과는 달리 처음에 노예였다. 이 에픽테토스라는 이름 자체도 그가 노예였다는 사실을 나타내는 것 같다. 그것은 '획득한 사나이'라는 의미다. 그의

---

53) 주 13 참조.

묘비명이라는 것이 남아 있는데 거기에는 이렇게 적혀 있다.

나는 노예 에픽테토스로 태어났다.
몸은 병신, 가난은 이로스
불사(不死)의 신들의 벗.

이 비명 속의 '이로스'라 함은 「오딧세이아」에 나오는 가난한 거지를 가리키는 말일 것이다. 아마 에픽테토스의 어머니도 노예가 아니었던가 추측된다. 그는 프리기아의 히에로폴리스에서 태어났다고 한다. 프리기아는 소아시아의 일부로 이오니아의 동쪽 경계와 접한 지방이다. 당시는 로마의 통치하에 있었다. 그의 생애에 대해서는 그다지 자세하거나 확실하게는 알 수 없지만 아주 젊은 시절부터 로마에 있으면서 에파프로디투스라는 사나이의 노예였다. 이 사나이는 처음엔 노예였는데 나중에 해방되어 네로 황제 밑에서 비서와 같은 일을 하고 있었다. 후에 도미티아누스 황제에 의해서 사형에 처해졌다. 어제 저녁에 얘기한 네로의 임종에까지 자리를 같이한 네 명의 해방 노예들 중 한 사람으로 그의 이름이 언급되었다. 그 최후의 장면은 센키비치의 묘사에 의하면 이러하다.

"서둘러!" 하고 해방 노예가 다 같이 외쳤다.
네로는 칼을 가져다 목에 댔지만 무서워, 무서워, 하며 손바닥으로 찌를 뿐, 칼을 찔러 넣을 용기는 없는 것처럼 보였다. 그러자 뜻밖에도 에파프로디투스가 네로의 손을 눌렀으므로 칼은 손잡이께까지 들어갔으며, 위쪽을 향한 네로의 눈은 공포로 많이 떨리고 있었다.

이것은 센키비치의 완전한 창작이 아니라 역사적 자료에 근거해서 쓴 것이다. 무더운 여름 밤에 괴담으로 적당하겠다고 생각되어 그대로 좀 인용해 본 것이다. 에파프로디투스의 이야기는 에픽테토스의 「담화(談話)」에도 두세 차례나 나온다. 그 중 어떤 곳에서 그는 도움이 되지 않는다고 해서 일찍 팔아 치워 버린 자기의 노예였던 구두 제조공이 재수좋게도 훗날에 황제의 구두 제조공으로 출세를 했으므로 그를 소중히 여기게 되었다는 이야기를 쓰고 있다.

그런데 앞의 비명에 '몸은 병신'이라고 되어 있는데 그것은 그가 절름발이였던 것을 의미한다. 그는 어려서부터 그랬던 모양이나 그 원인에 대해서는 류머티즘 때문이라고 말하는 사람도 있으며, 또 그 주인의 고문 탓이었을 거라고 말하는 사람도 있다. 확실한 것은 잘 알 수가 없지만 후자 쪽이 여러 가지 점을 생각해 보면 아무래도 사실에 가까운 듯하다. 그러나 이 주인은 어떤 심산에서였는지는 모르나 에픽테토스가 아직 그의 노예였을 때에 당시의 유명한 스토아 철학자인 무소니우스 루프스의 학교에서 공부할 것을 승낙했다. 어쩌면 그의 재능을 인정하여 장래 자기의 서기로라도 쓸 생각이 있었는지도 모른다. 에픽테토스의 「담화」에 의하면 이 선생인 루프스는 그를 시험해 보면서 곧잘 이렇게 말했다는 것이다. "너의 주인에게는 이러이러한 일들이 일어나고 있을 테지?" 이에 대해 에픽테토스가 "그것은 인간들에게 있을 수 있는 일들입니다." 하고 대답하자, 그는 "그러면 뭐야? 이 이상 더 주인에게 부탁할 일이 있을까. 나는 똑같은 걸 너한테서 얻어 낼 수 있으니까"라고 말했다. 에픽테토스가 스승 루프스와의 이 문답을 꺼낸 것은, 사람이 자기 자신으로부터 얻을 수 있는 것을 다른 사람에게서 얻고자 하는 것은 쓸데없는 일이며 어리석은 짓이라고 말하기 위해서였다. 예를 들면 주인의 학대는 그것을 당하는 노예인 본인이 견뎌 낼 수가 있는 것이라면 주인에게 학대를 중단해 달라고 부탁할 필요는 없다는 것을 말하려고 한 것이다. 여기에서 언젠가 강의 때에 제시한 그의 생활 모토였던 "아네크 카이 아페크, 곧 참아라! 그리고 체념하라!"를 연상해 보면 이 문답의 의미가 더욱 분명해질 것이다.

그 후 이것도 어떤 경위에서 비롯된 것인지는 모르지만 주인인 에파프로디투스로부터 해방되어 자유의 몸이 되었다. 그리고 로마에서 한 사람의 철학자로서 존경을 받았던 것 같다. 어쩌면 제자도 몇 명 두었는지도 모른다. 어쨌든 도미티아누스 황제의 철학자 탄압 때에 로마와 이탈리아로부터 다른 철학자들과 함께 추방될 정도의 인물이었다. 그는 이오니아 해를 건너서 에피루스의 니코폴리스로 가 거기에서 학교를 개설했다. 이 니코폴리스는 초대 황제가 된 아우구스투스가 안토니우스와 클레오파트라의 함대를 격파한 악티움 앞바다 해전의 승리를 축하하는 의미에서 악티움 건너편에 세운 그리스인들의 도시였다.

내일 이야기할 철학자 황제인 마르쿠스 아우렐리우스(Marcus Aurelius Antoninus, 전이름은 M. Annius Verus, 121년~180년)[54]와의 관련도 있기 때문에 여기에서 로마 황제들의 철학자 탄압에 대해서 얘기를 하고 넘어가자. 공화제 시대에는 이와 같은 일은 별로 없었지만 아우구스투스 황제의 뒤를 이은 티베리우스 황제 때에 이르러 세네카의 스승이었던 스토아 학파의 아탈로스가 이 황제에 의해서 추방되고 또 세네카 자신도 어젯밤에 얘기한 것처럼 제4대의 클라우디우스 황제에 의해 추방되었다. 그러나 이러한 경우의 추방은 철학자들의 탄압 때문이라기보다도 오히려 개인적인 사정에 근거한 것이었다. 그러나 네로 황제의 시대에는 철학자들이 개인적인 이유에 더해 그 사상과 학설 때문에 탄압받게 되었다.

예를 들면 어제 저녁의 이야기에도 나왔던 스토아 학파로 원로원 의원이었던 토라세아의 경우가 그러하다. 타키투스의 말에 의하면, 원로원 의원인 코스티아누스 카피토는 네로를 불태워 죽여 버리기 위해 여러 가지 이유를 늘어놓은 끝에, 토라세아의 주의 주장인 스토아 학파의 사상은, 황제의 지배를 전복시키기 위해서 자유를 표방하고 시민을 선동하여 혁명을 초래할 위험한 사상이라는 식의 말을 했다. 그 결과 그는 죽음을 선물받게 되었다. 이 때 역시 스토아 철학의 신봉자인 그의 사위 헤르비디우스 프리스쿠스는 추방형에 처해졌다.

그 후 가르바가 네로를 대신해서 황제가 되었을 때에 로마로 다시 소환되었지만, 다시금 베스파시아누스(Vespasiānus Titus Flavius, 9년~79년)[55] 황제에 의해 추방되었고 이어서 살해되었다. 그것은 역사가인 디온에 의하면 그가 불온한 사나이로 대중의 편을 들어 군주제를 비난하고, 공화제를 칭찬하고,

---

54) 로마 황제, 재위는 161년~180년. 오현제(五賢帝) 중 한 사람으로 '철인(哲人) 황제'로 불린다. 스페인 명문 출신으로 로마에서 태어났다. 프론토에게서 수사학을 배웠으나 스토아 철학으로 기울어졌다. 안토이누스 피우스 황제의 양자가 되어 그가 죽은 후 루키우스 베루스와 공동 통치를 했다. 관대한 정책을 취했지만 치세는 이민족과의 전쟁이 연속되었고 페스트가 유행해 원정으로 인한 부담에 시달렸다. 77년에는 기독교도를 박해했다. 게르만 족과의 전쟁 승리 후 병사했다. 「자성록」은 스토아 철학자로서의 사상이 잘 나타나 있다.

55) 로마 황제, 재위 70~79년. 66년 유능한 장군으로서 유태인 반란 진압에 파견되었다. 네로가 자살하자 동부 군단들에 의해서 황제에 옹립되었다. 그의 시대는 로마 제국의 영토가 가장 확대되었고 국경의 방위 체제도 굳혀졌다. 네로 때 파탄에 직면한 재정을 재건하고 콜로세움도 지었다. 속주와의 결합을 공고히 하여 서방 속주(에스파니아, 갈리아)의 부자들에게 시민권을 부여하고 원로원 의원으로 등용했다.

그 위에 그런 말들과 일치되는 행동을 하여 마치 예로부터의 질서를 전복하여 대중을 위해 혁명을 가져오는 것을 철학의 일인 것처럼 생각하여 사람들을 규합하고 조직했다는 이유에서였다. 그의 추방은 71년의 일인데, 이 때 앞의 에픽테토스의 스승인 무소니우스 루프스를 제외하고 모든 스토아 학파의 철학자나 기타 학파의 철학자들도 추방되었다. 이들 철학자의 추방 이유도 철학을 구실로 하여 현상황에 걸맞지 않는 많은 말들을 하여 몇몇 사람들을 타락시키고, 또 그들은 오만한 태도로 세상 사람들을 내려다보며 깔본다는 것이었다. 이 때의 일이다. 키니코스 학파의 데메트리오스는 추방 명령에 좀체로 따르려고 하지를 않았으므로 베스파시아누스는 사람을 보내 "너는 내가 너를 죽이도록 모든 말을 다하고 있지만, 나는 '짖는 개'를 죽이지는 않는다"고 말했다고 한다. '키니코스'라는 말이 '개와 같은'이라는 의미임을 생각하면 이 황제의 말도 일단 흥미가 있다.

그리고 도미티아누스 황제의 치하에서 유니우스 루스틱스라는 이 사람 역시 스토아 철학 신봉자였는데 앞에서 얘기한 토라세아의 친구이자 제자이기도 했던 그가 토라세아에 관한 찬사를 써, 그를 '거룩한 사람'이라고 불렀다는 이유로 사형에 처해졌고, 이를 계기로 그 밖의 철학자들도 모두 로마에서 쫓겨났다. 이 사건은 93년의 일인데 그 이전에도 한번 89년 즈음에 철학자들의 추방이 단행되었던 적이 있다. 에픽테토스의 추방은 이 중 어느 경우였는지 분명하지는 않다. 꼬리를 물고 일어난 일이 되는데, 마르쿠스 아우렐리우스가 「자성록(自省錄)」에서 자기에게 에픽테토스의 책을 빌려 준 은인이라고 하여 감사하고 있는 루스틱스는 아마도 처형된 이 루스틱스의 손자일 것이다.

그런데 에픽테토스의 이야기로 돌아가면 그는 죽을 때까지 그의 학교에서 스토아 철학을 코이네 곧 만국 공통어로 일컬어지는 그리스어로 여러 나라에서 모인 청년들에게 강의했다. 때로는 그의 조언을 들으러 오는 로마의 고관도 있었다. 그리고 그는 강의하는 철학을 엄격하게 실천했다. 그러므로 알거지에 가까운 생활을 했다. 로마에 있을 때에는 집에 못 하나도 박지 않고 가구라고는 그저 짚으로 된 침상과 엉성한 매트뿐이었다고 한다. 또 니코폴리스에 있을 때에는 처음에 철제의, 나중에는 흙으로 된 램프를 하나 가지고 있었다.

이 일은 「담화(談話)」의 '그릇된 자에게 화낼 일이 아니다'라는 장에서 이렇게 말하고 있다. "나도 최근에 선반 위에 철제 램프를 놓아 두었는데, 문이 달그락거리는 소리를 듣고 달려 내려갔다. 램프를 도둑질해 가는 것을 목격했다. 나는 그것을 훔쳐 가는 자가 그런 마음이 일어난 것도 당연하다고 반성을 했다. 그러면 어떤가. 나는 말했다. '너는 내일 흙으로 만든 것을 보게 될 것'이라고" 그리고 이 흙으로 된 램프는, 루키아노스의 말에 따르면 훗날에 3,000 드라코마나 내고 사 간 사람이 있었다는 것이다. 그리고 그는 예의 유명한 독설로써 "생각컨대 그 사나이는 밤에 그 램프 곁에서 책을 읽으면 곧 에픽테토스의 지혜를 꿈 속에서 획득하여 그 이상한 노인과 마찬가지로 될 것이라고 기대했던 것이다"라고 말했다. 이 독설은 책만 사 놓고 훌륭해진 것으로 착각하는 무리에게도 해당되는 말일 것이다. 그리고 그는 오랫동안을 독신으로 살았는데, 만년에 친구의 아기를 기르기 위해서 결혼했다. 루키아노스에게 이런 일화가 있다. 에픽테토스가 언젠가 키니코스 학파의 데모낙스를 비난하면서 아내를 거느리고 아이를 가지라고 말하는 것은 자기 대신에 다른 사람을, 자연을 위해 남겨 주는 것도 철학자에게는 걸맞는 일이기 때문이라고 충고했다. 그러자 데모낙스는 "그렇다면 당신의 따님 하나를 제게 주십시오"라고 대답했다. 이 대답은 에픽테토스 자신의 독신을 키니코스 학파 특유의 신랄함으로써 야유한 것이다.

에픽테토스 자신은 소크라테스와 마찬가지로 책이라고는 하나도 쓰지 않았지만 그의 말은 앞의 「인생담의」 속에 제자인 아리아노스(Arrianos, 96년경~180년경)[56]에 의해서 기록되었다. 그는 중세는 물론이요, 근세에서도 파스칼이나 그 밖의 많은 사람들에게 영향을 미쳤다. 여러분도 꼭 읽어 보는 게 좋을 것이다. 다만 마지막으로 앞으로 할 이야기를 위해 준비해 둔 「담화」에서 발췌한 것 하나만을 읽어 들려 주겠다.

도대체 절름발이 늙은이인 내가 신을 찬미하지 않으면 무슨 일을 할 수 있겠는가? 어쨌든, 만일 내가 백조였다면 백조가 하는 일을 할 것이다. 그런데 지금 나는 이성적인 동물이다. 그러나 나는 신을 찬양하지 않으면 안 된다.

---

56) 그리스의 정치가, 역사가. 하드리아누스 황제의 총애를 받아 131년~137년 콘스루 카파도기아 지사를 지냈다. 47년~48년 아테네의 알콘, 만년에는 니코메디아에서 저술에 힘써 에픽테토스의 「어록(語錄)」을 편집했다. 「알렉산드로스 원정기」는 중요한 사료다. 「인도지(誌)」「흑해 주항기(周航記)」 등도 남겼다.

이것이 지금 내가 할 일이다. 그래서 나는 그걸 한다. 그리고 허락되는 한 나는 이 지위를 버리지는 않을 것이고, 또 여러분에게도 똑같이 이 노래를 부르자고 권유할 것이다.

이상인데, 이것을 전 날 저녁의 클레안테스의 '제우스 찬가'와도 비교해 보라. 나에게는 마른 나무와 다 탄 재처럼 생각되기 일쑤인 그 빈약한 노인이 행복으로 빛나는 '신에게 취한 성자'처럼만 생각되는 걸 어쩌겠는가.

제11야
마르쿠스 아우렐리우스

어제 저녁에는 부득이한 사정으로 쉬었는데 오늘 저녁에는 철학자 황제로 불리우는 마르쿠스 아우렐리우스의 이야기를 하려고 한다. 여러분에게는 약간 이상하게 느껴질지도 모르지만 언제부터인지 아우렐리우스의 일을 생각하면 언제나 마음에 떠오르는 하나의 당시(唐詩)가 있다. 그것은 당나라 의 쎈쉔(岑參, 715년~770년)⁵⁷⁾이라는 사람의 「호가(胡茄, 풀잎피리)의 노래, 안진경(顏眞卿)의 사자로서 하롱(河隴)으로 보내지다」라는 제목의 시이다.

그대 들리지 않는가, 호가(胡茄) 소리의 가장 구슬픔이
붉은 수염 푸른 눈의 호인(胡人)이 부는
호가 소리 아직 한 곡이 채 끝나지도 않았는데
향수를 달래는 누란(樓蘭, 나라 이름) 변경을 수비하는 병정 아이
시원한 가을 8월 소관(蕭關)으로 가는 길
북풍 불어 대는 천산(天山)의 풀, 곤륜산(崑崙山) 남쪽에 기울지 말라고
호인은 달을 보고 호가를 부니
호가의 원(怨) 바야흐로 그대를 보내려 한다.

---

57) 중국 당 중기의 시인. 후뻬이성(湖化省) 장링(江陵) 사람으로 744년에 진사가 되었 다. 처음에 절도사 가오 씨안지(高仙芝)의 속관으로 안서(安西) 및 윤대(輪台) 등 변경 지대에서 근무했으나 후에 가주 척사로 끝났다. 변경의 자연을 노래한 시를 많이 써 친구 고적(高適)과 더불어 '고잠(高岑)'이라 일컬어진다.

진산(秦山) 너머 멀리 보이는 농산(隴山)의 구름
변경의 성, 밤이면 밤마다 꿈이 많고
달을 향해 부는 호가 소리 누군가 듣는 걸 기뻐하지 않는구나.

　이상의 내용인데 여러분은 또 어째서 그런 시를 연상하는가 하고 의아해
할 것이다. 나는 마르쿠스 아우렐리우스의 일을 생각하면 「도나우의 잔물
결」이란 곡으로 여러분도 잘 알고 있는 저 도나우 강 곧 다뉴브 강 가까이에
있는 로마 군의 진영 속의 어두컴컴한 등불 아래서 깊은 생각에 빠져 있는
그의 우울해 보이는 얼굴이 먼저 떠오른다. 그리고 그 얼굴은 이 시에도
있는 바와 같은 상황 속에 클로즈업되어 다가오는 것이다. 그로부터 나의
공상은, 그의 얼굴이 갑자기 긴장되었는가 하면 작은 공책을 꺼내어 거기에
뭔가를 써 넣고, 그런 후에는 약간쯤 밝은 표정으로 바뀌었다 다시금 명상에
젖는 장면을 그려 내는 것이다. 그렇지만 이와 같은 공상은 그가 '적어 놓은
것'을 읽고 받았던 인상에 근거한 것이라고 생각한다.
　이 '적어 놓은 것'이라 함은 원어인 그리스어로는 '타 에이스 헤아우톤'
인데 직역하면 '자기 자신을 위한 것'이라는 제목으로 된 것이다. 이것이
어떤 이의 번역에서는 '자성록(自省錄)' 혹은 '명상록(瞑想錄)'으로 된다. 또
'내 마음의 일기'라고 옮기는 사람도 있다. 그러나 내가 이 '적어 놓은 것'
을 읽고 받은 인상에 입각해서 의역을 한다면 '자계록(自戒錄)' 혹은 '자경록
(自警錄)'이라고 하고 싶다. 원제인 '타 에이스 헤아우톤'도 과연 마르쿠스
아우렐리우스가 직접 붙인 표제인지 어떤지는 의문이지만 가령 스스로 붙였
다고 한다면 그것은 '자기 자신을 위해 자신이 스스로에게 들려 주는 것'
이라는 의미를 지녔던 게 아닐까 생각된다. 여러분 중에는 벌써 읽은 사람이
있을지도 모른다고 여겨지지만 그것은 형식적으로 보면 제1권을 제외하고
그 밖의 책(권)에서는, 그 대부분의 장들에서 아우렐리우스가 자기 자신을
'그대'라고 제2인칭으로 불러 '그대는 이렇게 하라'든가, '그대는 이렇게 해서
는 안 된다'든가 하는 명령형으로써 혹은 자기 자신을 격려하고 혹은 자기
자신에게 경고하는 것이다. 그리고 그 격려나 경고는 그가 신봉한 스토아
철학의 신조의 입장에서 행해진다. 그러니까 격려나 경고의 성격이 아닌
장은 그 신조를 생각해 내어 재확인한다는 의의를 지닌 것으로 여겨진다.
그가 이러한 격려나 경고, 또 재확인을 필요로 했던 것은 스토아 철학의

아타락시아,[58] 곧 '마음이 동요하지 않는 것'의 가르침에도 불구하고 그의 마음이 그 자리에 임하여 동요하는 것을 자각하고 스토아 철학의 이상으로부터 아직도 까마득히 동떨어져 있다고 느꼈기 때문이 아닌가 생각한다.

그래서 똑같은 스토아 철학을 신봉하면서도 그저께 저녁에 얘기한 에픽테토스의 심경과는 달리 아우렐리우스의 마음은 우수나 고민으로 가득 차 있었던 것처럼 느껴진다. 게다가 그 우수와 고민을 털어놓아 마음을 가볍게 할 수 있는 마음의 스승도 벗도 지금은 없다. 그 주변에는 수만 명의 장병들을 두고, 헤아릴 수 없을 정도의 신하와 백성들을 거느리면서도 그 누구보다도, 아니 이것은 약간 지나친 말투일지도 모르지만 동서고금을 통해 지금까지 살아온 사람 중에 그 누구보다도 고독한 사람이며 적막한 사람이었던 것이 세계 제국 로마의 황제 마르쿠스 아우렐리우스 그 사람이 아니었을까 하는 생각이 든다. 그리고 그와 같은 고독감과 적막감 속에서 그래도 그의 마음에 위로가 되었던 것은 좋은 사람들을 회상하는 것뿐이었다. 이리하여 그의 「자계록」 가운데서 다른 열한 권과는 전혀 다른 '사은록(謝恩錄)'이라고도 불러야 마땅할 특이한 제1권을 쓰게 되었으리라고 생각된다.

그 제1권은 끝에 '그란 강변의 쿠아도이 사람들 사이에서 쓴 것, 제1권'이라고 집필 장소가 첨기되어 있다. 또 제2권도 끝에 '카르눈톤에서'라고 쓰여 있다. 따라서 이 두 권의 책은 적어도 170년부터 180년의 죽음에 이르는 원정의 진중에서 쓰여진 것이라는 사실만은 확실한데 그 밖의 10권도 아마 그 기간에 쓰여진 것이 아닌가 여겨진다. 만일 그렇다면 진중에서 그가 직면한 것은 언제나 죽음이었다. 그 죽음은 스토아의 철인이었던 아우렐리우스에게도 역시 현실의 위험에 부닥쳐서는 공포감을 불러일으켰던 때도 없지 않았을 것이다. 나중에 홀로 되었을 때에 그는 그 때의 자신의 언동을 상기하고는 죽음에 대한 스토아의 신조에 따라서 음미한다. 그리고 그 음미의 결과에 의거해서 자신의 장래를 위해 격려하고 혹은 경고한다. 또 어떤 때에는 어떤 사람들의 어떤 사건에 부딪쳐 마음에 혐오감을 느끼고 이것을 또 스토아의 신조를 근거로 해서 음미한다. 그러나 혐오감은 쉽사리 사라지려고 들지 않는다. 그러면 그는 죽음을 생각한다. 죽음으로써만 그것으로부터

---

58) 정열로부터 해방된 조용한 정신 상태. 에피쿠로스 학파가 행복의 필수 조건으로 주장했다.

해방될 수 있으며 그래야만 겨우 위로를 얻는다.

이와 같이 해서 그의 「자계록」은 대부분의 페이지가 죽음과 관련된 글로 메워지게 된 것이 아니었을까. 전에 노예였던 에픽테토스의 「담화」에는 '자유'라는 말이 많이 눈에 띄는데도 만민의 왕인 아우렐리우스의 이 책에는 이상하리만큼 '죽음'의 그림자가 감돌고 있다. 우리는 이 현상을 양자의 성장과 「담화」가 말해지고 「자계록」이 쓰여지던 그 당시의 상황을 통해서 설명할 수도 있지 않을까 생각한다. 어쨌든 이 두 책 모두가 우리가 지금 쓴 것처럼 원고 용지의 네모난 칸을 메워 나간 것이 아니라는 사실만은 확실하며, 그리고 이런 관점에서 생각해 보는 것도 사소한 일 같지만 중요하지 않을까?

그런데 어쩐지 지금까지 나 자신의 감상이나 공상만을 여러분에게 강요해 온 것 같군. 여기에서 아우렐리우스의 「자계록」에서 몇 개의 장을 인용하여 여러분에게 들려 줄까 한다. 그러나 이 인용의 장은 나의 감상의 뒷받침이 되는 것도 같으니까, 여러분도 역시 몇 개의 다른 장을 스스로 읽어 자기 스스로 생각해 보지 않으면 안 될 것이다. 그것은 또 꼭 읽어 볼만한 가치가 있는 것이다.

애써 자신에게 창피를 사게 하면 좋을 것이다. 부끄럼을 사게 하면 될 것이다. 내 영혼이여, 자신을 소중히 여길 때는 이제 없을 것이다. 한 사람 한 사람의 일생은 짧다. 그대의 인생은 벌써 거의 종말에 가까워지고 있는데도 그대는 자기에게 존경을 보이지 않고, 그대의 행복을 다른 사람의 혼 속에 놓아 두는 짓을 하고 있는 것이다.

이것은 제2장, 아까의 말투로 한다면 제2권 제6장의 말이다. 따라서 진중에서 50세를 넘어서 쓴 것이다. 또 이것은 약간 길지만 중요하다고 생각되므로 읽어 보자.

사람들로부터 착한 사람, 조심성 있는 사람, 진실한 사람, 사려 깊은 사람, 순진한 사람, 마음이 넓은 사람 등의 호칭을 받았다면 다른 이름을 얻지 않도록 주의하라. 또 만일 이런 명칭들을 잃는 일이 있었다면 서둘러서 이걸 되찾도록 하는 게 좋다. 그리고 '사려 깊은 사람'이란 호칭은 그대가 모든 일을 함에 있어서 세심한 주의와 집중력을 지불한다는 의미였을 것이라는 사실을 기억하라. 또 '순진한 사람'이라고 함은 우리 속에 정신적인 부분이 육체의 경연(硬軟)이 교차하는 움직임이나 헛된 명예나 그 밖에 마찬가지 것들을 모조리 초월한다는 것이다. 그대가 이러한 이름을 계속 스스로 지키고, 굳이 사람들로부터 그 이름을 받으려고 버둥거리지 않는다면 그대는 새로운 인간이 되어 새로운 생애를 시작할 것이다. 실제로 지금까지 그대는 그대대로 있어서 이런 생활 속에서 몸을 찢기우고 더럽히고 있는 것은, 너무나 무감각한, 인생에 집착한 인간이 하는 짓이며, 반죽음의 맹수사(猛獸使) 같은 인간과 조금도 다를 바가 없다. 그러한 맹수사들은 상처나 멍투성이가 되면서도 다음날까지 자기들을 써 주십사고 간청을 한다. 그리하여 그와 같은 상태에서 다시금 같은 발톱이나 이빨 아래 던져지려는 것이다.

그러니까 앞에 얘기한 명칭들의 배를 타라. 그리고 그 속에 머물 수가 있으면 머물도록 하라. 마치 어딘가 극락 섬(極樂島)으로라도 옮겨가 사는 자처럼 말이다. 그러나 만일 그대가 난파를 당할 것같이 느껴 힘을 낼 수가 없게 되었다면 용기를 내어 어딘가 우세를 되찾게 할 수 있는 한구석으로 가든가, 또 깨끗하게 인생으로부터 사라져 가는 것이 좋다. 그 때엔 화를 내지 말고 단순히 자유롭게, 겸허하게 떠나가는 것이다. 적어도 이렇게 떠나갔다고 하는 것만이 그대의 일생을 통한 '좋은 일'이 될 것이다.

그렇다고 하더라도 위의 명칭들을 기억하고 있기 위해서는 신들에 대한 생각을 염두에 두면 크게 도움이 될 것이다. 신들이 바라는 것은 칭찬이 아니라 모든 이성적 동물이 그들을 닮는 것이다. 또 무화과가 무화과의 몫만을 다하고, 개가 개의 몫을 다하고, 꿀벌이 꿀벌의 구실을 다하고, 인간도 역시 인간 구실을 다하기를 바라는 것이다.

이상은 제10권 제8장의 말이다. 전권을 통해서 볼 때 긴 장의 하나이다. 이것을 해설하고 있다가는 밤을 새워도 시간이 모자랄 것이므로 생략하겠다. 그러나 또 아우렐리우스의 것은 스스로 천천히 읽어 가며 음미해 보면 특별히 해설이나 주석을 필요로 하는 대목은 거의 없다. 또 그가 혐오감을 나타내는 것의 한 예로서 다음과 같은 것을 들어 보자.

그대가 궁중 생활의 불평을 늘어놓는 것을 더 이상 누구도 들어 주려고 하지 않는 것처럼, 또 그대 자신도 그대의 넋두리를 들어 주는 일이 없도록 하라.

이것은 제8권 제9장이다.

불사(不死)의 신들은 이렇게 오랫동안 인간들, 그것도 이렇게 지독히도 너절한 인간들을 끊임없이 가만히 참아 주어야만 한다는 것을 불쾌하게 생각해서는 견딜 수 없다. 어디 그것뿐인가, 여러 가지 방법과 수단으로 인간들을 보살펴 주신다. 그런데 그대는, 그대는 말이다, 이제 곧 얼마 안 있어 죽는 주제에 그냥 두손 들고 마는가? 게다가 그대 자신 그 너절한 인간의 한 사람이면서?

이것은 제7권 제70장이다. 이와 같은 혐오감은 그에게 또 인생에 대한 권태감마저 자아낸다. 그것을 보여 주는 한 가지 예가 제9권 제3장이다.

그러나 만일 마음이 끌리는 일반을 상대로 한 처세훈이 필요하다면 무엇보다도 그대를 죽음에 대해서 태연하게 만들어 주는 것은, 그대가 멀지 않아서 떠나갈 주위의 것들을 바라보고 또 그대의 영혼이 조만간 이상 더 상관하지 않아도 되는 사람들의 성질을 바라볼 수가 있을 것이다. 물론 그들에게 조금이라도 화를 내서는 안 된다. 오히려 그들과 사이좋게 지내며 친절하게 대해 주어야만 한다. 그렇더라도 기억해야 할 것은 그대와 신념을 같이하지 않는 사람들로부터 얼마 안 있어 해방된다고 하는 것이다. 왜냐하면 우리를 인생에 붙잡아 우리를 거기에 매어 놓을 수 있는 것이 있다고 한다면, 그 유일한 것은 만일 우리가 자기와 같은 신념을 가진 사람들과 더불어 사는 것이 허용되어 있다는 경우인 것이다. 그러나 그대는 이미 알고 있겠지. 사람들과 더불어 살아간다는 부조화가 얼마나 피로를 가져다 주는가. 그 결과 그대는 다음과 같은 말을 하기에 이른 것이다. "빨리 와 다오. 오오, 죽음이여! 나마저 자기의 본분을 잊어버리는 일이 없도록!"

이와 같은 인생에 대한 혐오에도 불구하고 그래도 그를 이 삶에 얽어 매어 놓은 것은 스토아 철학의 운명관이며 의무관이며, 그리고 그 사이에서 약간의 위로가 되는 것은 '착한 사람들에 대한 회상'이며, 그리고 철학이었다. 그러나 철학이라고 해도 선인들의 책을 연구하여 체계적으로 이론을 정립하는 그런 것은 아니었다. 그와 같은 일에도 그는 강하게 마음이 끌렸지만 그것은 그의 황제로서의 의무감이 허락치를 않았다. "책을 단념하자"고 그는 끊임없이 자신에게 타일러야만 했었다. 그의 철학이라는 것은 스토아 철학의 신조를 그저 실천궁행하는 것이었다. 이상의 사실을 명백히 보여 주는 것은 제2권 곧 '카르눈톤에서'라고 장소가 첨기된 마지막 장이다. 그것은 아무래도 인용하지 않고는 참을 수 없는 매력을 지닌 문장이다.

인생은 순간에 불과하며 사람의 실질은 흘러가고, 그 감각은 무디고, 그 육체 전체의 조합은 부패하기 쉽고 그 영혼은 소용돌이치고 있으며, 그 운명은 헤아리기 어렵고 그 명성은 불확실하다. 한마디로 말해 버리면 육체에 대한 모든 것은 흐름이며, 영혼에 관한 모든 것은 꿈이며 연기이다. 인생은 싸움이며, 나그네가 묵고 가는 여관이며 죽은 후의 명성은 망각에 불과하다. 그렇다면 우리를 인도할 수 있는 것은 무엇일까? 한 가지, 오직 한 가지, 철학이다. 그것은 즉 안에 있는 다이몬을 지키며, 이것이 손상당하지 않도록, 상처받지 않도록, 또 쾌락과 고통을 통제할 수 있도록 유지하는 데에 있다. 또 무슨 일이나 함부로 하지 않고, 무슨 일에나 거짓이나 위선으로 하지 않고, 남이 무얼 하건 안 하건 개의치 않도록, 모든 일이나 자기에게 부여된 몫은 자기 자신이 유래(由來)하는 곳과 같은 데서 온 것이라고 하여 기꺼이 이를 받아들이도록, 그 무엇보다도 죽음을 평안한 마음으로 기다려, 이것은 각 생물체를 구성하고 있는 요소가 해체되는 것에 불과한 것이라고 간주하도록 유지하는 데에 있다. 만일 개개의 물질이 끊임없이 다른 것으로 변화하는 것이, 이들 요소 자체에 있어서 조금도 두려워할 것이 아니라면 왜 우리가 만물의 변화와 해체를 두려워하는가? 그것은 자연에 말미암은 것이다. 자연에 말미암은 것에는 나쁜 것이라고는 하나도 없는 것이다.

그런데 지금 잠깐 그의 철학에 관해 이야기했지만 그것과 관련해서 말해 둬야만 될 것은 그가 '철학자 황제'로 일컬어진 데 대해서이다. 이 '철학자 황제'라는 말은 플라톤의 「국가」에 나오는 '철학자 왕'을 연상하여 그에게 붙여진 것으로 생각된다. 그러나 여러분은 이미 플라톤이 거기에서 철학자라고 부른 자가 어떤 사람이었던가를 공부했다. 그것을 회상하여 아우렐리우스의 지금 이 장의 철학과 비교해 보면 거기에 상당한 차이가 있는 것을 알 수가 있을 것이다. 그러나 '철학'이라는 말은 넓은 의미를 지니며 여러 가지 뉘앙스를 지니기 때문에 아우렐리우스를 철학자라고 부르는 데는 이론이 없으나 그 '철학자 황제'라는 호칭을 보아, 이 황제를 가지고 국가를 개조하려고 한 철학자라고 하는 식으로 생각한다면 그것은 착각이라고 말하지 않을 수 없다. 그가 플라톤의 「국가」를 곧잘 읽었던 일이 있다는 사실은, 그의 「자계록」에서 「국가」를 인용한 점으로 보아 확실하며 또 그 「국가」 그 자체를 다음과 같이 비판까지 했다.

우주의 원인은 하나의 분류(奔流)이다. 그것은 만물을 운반해 간다. 얼마나 시시한 소인배들인가, 정치꾼이면서 철학자처럼 행동한다고 자만하고 있는 녀석들은. 모두가 코흘리개들이지. 오오, 인간이여, 어쩌자는 건가? 자연이 지금 요구하는 것을 하자. 되도록이면 발분하라. 그리고 남에게 알릴까 어쩔까 두리번거리지 말라. 플라톤의 '이상 국가'를 바라지 말라. 아무리 작은 일이라도 진행하면 그것으로 만족을 하고, 그 결과는 대단한 것이 아니라고 생각할 일이다. 왜냐하면 누가 남의 신념을 바꿀 수 있겠는가. 신념을 바꾸지 않고서는 끙끙대면서 복종하는 시늉을 하는 노예들과 다른 점이 어디 있겠는가?

이 비판에서 '그 결과는 대단한 것이 아니라'고 번역된 곳을 어느 사본은 '그 결과는 사소한 것은 아니다'라고 옮겼다. 나로서는 이 사본을 읽는 편이 아무래도 좋을 것이라는 느낌이 든다. 그러나 아우렐리우스의 「타 에이스 헤아우톤」의 여러 사본들은 그 잘못 읽은 부분들이 아주 많으므로 더 잘 연구해 보지 않고서는 확실한 말을 할 수가 없다. 그렇지만 여러 사본이 그와 같이 다르다고 하는 것은 그가 오랜 세월을 군진 생활 속에서도 늘 몸에 지니고 돌아다닌 원본의 노트 그것 자체가 어쩌면 땀으로 번지거나, 혹은 닳아서 무지러지거나 하여 판독하기 어려운 자구가 많은 탓인지도 모른다. 다만 이것은 단순한 나의 상상이다. 얘기가 옆길로 흘렀는데 어쨌든 아우렐리우스는 스토아 철학을 좇아서, 로마 황제의 자리를 신이 자신의 일자리로 지정한 것이라고 생각하여 그 지위에 알맞는 일을 열심으로 수행하는 것을 의무로 삼았다. 그리고 마찬가지로 스토아 철학에 좇아 역시 '현재의 질서'를 신에 의해 지배받은 최선의 것으로 삼았기 때문에 적극적으로는 그 질서를 개혁하려고 하지 않았던 것이라고 생각한다. 그는 다만 자기 한 사람의 몸을 현질서 속에서 덕망 있는 자로서 유지하고 그것을 통해 세상에 공헌하는 것으로 만족했다. 이 사실은 다음 장에 나타나 있다.

'카이사르적'이 되지 않도록, 그 색깔에 물들지 않도록 주의하라. 왜냐하면 그것은 곧잘 생기는 일이기 때문이다. 단순하고 선량하며 순수한 품위가 있는 꾸밈이 없는 인간. 정의의 벗이며, 신을 공경하고, 호의에 가득찼고, 애정이 풍부하고, 자기의 의무를 힘차게 행하는 인간. 그러한 인간으로 자신을 유지하고, 철학이 그대를 만들어 내려고 한 그대로의 인간으로 남아 있도록 노력하라. 신들을 두려워하고 사람을 도우라. 인생은 짧다. 지상 생활의 유일한 수확은 경건한 태도와 사회에 유익을 주는 행동이다.

위와 같은 도덕적 이상을 표방하고 불철주야로 이를 위해 애쓴 로마 황제. 그 황제의 태도는 신하인 어떤 로마 무사에게는 긴 옷을 입은 문약(文弱)한 선비로 보였을 것이다. 175년에 반란을 일으킨 장군 아비디우스 캇시우스는 황제를 가리켜 '철학 할아버지'라고 불렀다는 것이다. 이 캇시우스 반란의 소식에 접하고 아우렐리우스가 전장병들 앞에서 했던 연설이 디온에 의해서 전해지는데 그것은 이 황제의 사람됨을 잘 보여 준다. 모두 읽을 시간이 없으므로 지금까지 한 이야기와 관련이 있는 대목만을 읽기로 하자.

그러나 만일 위험에 빠진 것이 오직 나 한 사람만이라면 그 사건을 대단한 것이라고는 하지 않을 것이다(왜냐하면 실제로 나는 죽지 않는 자로서 태어난 것은 아니기 때문이다). 그러나 그것은 공(公)에 대한 이반(離反), 아니 반란으로써 이루어진 것이며, 그리고 전쟁은 우리 모든 이들에게 한결같이 닥쳐오는 것이니까 되도록이면 캇시우스를 불러다가 여러분이든가 아니면 원로원 앞에서 그와 논의하고자 생각하고 있었다. 그리고 만일 지배권을 그에게 양보하는 것이 국가의 이익이라고 결의가 된다면 싸우지 않고 기꺼이 그렇게 했을 것이다. 왜냐하면 내가 고생을 마다 않고 위험을 무릅써 가면서, 그것도 이곳 이탈리아 밖에서 이만큼 오랜 기간을, 이미 나이를 먹어 몸도 병들어, 고통이 없는 식사도 걱정되고 잠을 잘 이룰 수도 없는 몸인데도 그렇게 해 온 것은 국가를 위하기 때문이다.

그런데 다행히 이 캇시우스의 반란은, 그가 그 부하 백인대장(중대장격)에 의해 부상을 입은 데 이어서 또 다른 십인대장(소대장격)에게 결정타를 입음으로써 일이 커지지 않고 종막을 고했다. 아우렐리우스는 그 후 황후인 파우스티나와 아들 콤모두스(Commodus, Lucius Aelius Aurelius, 161년~192년)[59]를 데리고 시리아를 거쳐 이집트로 갔다. 이듬해인 176년 봄 알렉산드리아를 출발하여 시리아를 통과, 캇파도키아의 타우르스 산록에 있는 작은 마을

---

59) 로마 황제, 재위 180년~192년. 마르쿠스 아우렐리우스의 아들. 176년에 아버지와 공동 통치자가 되었으며, 도나우에서 싸워 아버지의 사후, 강화를 체결했다. 원로원과 대립해 총애하는 신하에게 정치를 맡겼는데 정국은 문란해지고 궁정의 음모와 농민 반란이 빈발했다. 검투기를 좋아해 자칭 헤라클레스라 칭하고 출장했다. 애첩 마르키아에 의해 교살되었다.

할라라에 이르렀다. 여기에서 황후인 파우스티나가 급사했다. 그것은 그녀의
지병인 통풍(痛風) 때문이었다고도 하고 혹은 이 황후가 캇시우스와 맺은
비밀 약속이 탄로나는 것을 피하기 위해 죽은 것이라고도 전해진다. 어쨌든
아우렐리우스는 황후의 죽음을 비통해하며 극진히 장사를 지내고 나서 로마
의 원로원에 편지를 보내어 캇시우스 일당의 사면을 요청했다. 그것은 마치
그 사면에 의해서 파우스티나를 잃은 슬픔을 얼마쯤이라도 위로받을 수
있을 것 같은 기분에서였다고 한다. 그리고 최후로 이 요청에 받아들여지지
않는다면 자신이 빨리 죽고 싶다고까지 썼다는 것이다.

그리고 그는 그 곳에서 소아시아의 수미루나를 거쳐 아테네로 갔다. 이
곳에서 9월부터 10월까지 체재하며 그 동안에 엘레우시스에서 저 유명한
비의(秘儀)에 관여했다. 또 그는 그 당시 아테네에서 성행하던 네 개의 학파
인 아카데미아 학파, 스토아 학파, 페리파토스 학파, 에피쿠로스 학파를 위해
강좌를 열고 그 교사에게 해마다 1만 드라코마의 연금과 그 밖의 많은 특전
을 주기도 했다. 그것은 모든 나라의 사람들을 위해 교사를 제공하기 위함이
었다. 이 교수들의 최초의 선임은 아우렐리우스의 젊은 시절의 그리스어
변론술의 교사였던 그리스 사람 헤로데스 아티쿠스(Herodes Atticus, 101년경~
177년)[60]에게 위임되었던 모양인데 적어도 루키아노스가 「유누코스」곧 「고
환이 없는 사나이」라는 희극을 쓴 무렵에는 인격과 식견이 뛰어난 아테네
장로들의 선거에 의해서 이루어졌던 것 같다. 또 이 희극에 따르면 각 학파
의 강좌에는 두 명의 교수가 있었던 것 같다. 그 희극의 줄거리는, 마침 공석
이 된 페리파토스 학파의 한 자리를 둘러싸고 두 명의 아리스토텔레스 학파
의 학자가 서로 다투어, 오늘날에도 흔히 있는 일이지만, 마침내는 인신 공격
으로까지 번지고, 결국 그 희극의 대화자의 한 사람에게 철학을 하는 기관은
머리도 아니요 혀도 아니고 감추인 그 곳이라는 기발한 결론을 내리게 함으
로써 막을 내리는 것이었던가 보다. 우리 나라에는 아직 번역되어 나오지는
않은 것 같은데 아주 짧은 것이니까 영역으로라도 찾아 읽어 보라. 무심결에
웃음이 터져 나올 것이다. 루키아노스에게는 이 밖에도 철학자들을 신랄하게
야유하고 조소한 「철학 제파의 광고」「어부」 등을 남겼다. 아직 젊은 여러분

---

60) 그리스의 소피스트. 부호 출신으로 로마 시민, 143년에 집정관. 하드리아누스와
마르쿠스 아우렐리우스 등과 알게 되었고 아테네에 극장 오디온 등을 지어 학문과
예술을 보호하고 고전적 수사학을 발전시켰다.

에게는 그렇지도 않을 테지만 우리들 2, 30년이나 철학으로 밥을 먹고 살아온 사람에게는 몹시 아픈 침처럼 느껴지는 대목이 많다.

조금은 여담이 되었지만 그 후 아우렐리우스는 그 해 11월 초에 8년 만에 개선하여 로마로의 귀환을 축하하며 각 시민에게 200데나리우스의 돈을 하사하고 성대한 전승 축제를 열었다. 이듬해인 177년에는 당시 겨우 16세인 아들 콤모두스를 자기와 같은 권리를 가진 황제에 임명했다. 그런데 그가 평화를 즐길 수 있었던 것은 잠시 잠깐이요, 벌써 같은 해에 북방의 게르만족이 준동하기 시작했다. 그는 아들에게 예정을 앞당겨 아내를 맞게 하여 178년 8월 이 아들과 함께 로마를 떠나 이른바 제2 게르마니아 원정의 장도에 올랐다. 전과는 대단하여 적의 완전한 정복도 눈앞에 다가오고 있었는데, 아아 하늘도 무심하다고 할까, 갑자기 병을 얻어 자리에 누운 지 7일, 180년 3월 17일에 향년 58세로 멀리 이국 땅에 묻혔다. 59세의 생일 축하를 10일 앞두고서의 일이었다. 그 땅은 시르미움, 일설에는 오늘의 빈이라고도 하고 그 병은 아마 페스트였을 것이라고 한다.

아우렐리우스에게는 기독교도 박해와 황후 파우스티나의 단정치 못한 품행 및 아들 콤모두스의 잔인성 등으로 비난이 가해지기 일쑤였으므로 이 마음씨 고운, 지극히 성실한 황제를 위해서 약간 변명을 해야겠다고 생각했었는데 유감스럽게도 이젠 시간이 없다. 그리고 그의 출정 전의 생애에 대해서 이야기하지 못한 것도 유감이다. 간단히 말하면 그는 로마에서 태어나서 9세에 아버지를 여의고 외할아버지 손에 길러져서 마르쿠스 안니우스 베르스라는 이름으로 불렸다. 그는 12세에 이미 철학자의 복장을 했었다고 한다. 하드리아누스(Hadriānus, Publius Aelius, 76년~138년)[61] 황제는 이러한 그를 사랑하여 농담으로 늘 베리시무스라고 불렀다고 한다. 이것은 '가장 성실한 사나이'라는 의미이다. 그가 황제의 위에 오르게 된 것도 이 황제의 배려에 의한 것이었다. 그럼 오늘은 이것으로 끝내도록 하자.

---

61) 로마 황제, 재위는 117년~138년. 오현제의 하나. 스페인의 이타리카 출생으로 토라야누스 황제의 조카로 그가 죽은 후 군대의 지지를 얻어 즉위, 파탄된 재정을 복구하고 국내를 돌며 실정을 파악, 법률과 행정력을 재정비하고 문예와 미술을 장려하고 치안 확보에 힘썼다. 그러나 예루살렘에 로마의 식민 시를 건립하고자 했기 때문에 유태인들의 폭동을 초래(132년~135년), 탄압했다. 대외적으로는 방어책을 취하고 유프라테스 강을 동부 국경으로 하여 파르티아와 화해하고 브리타니아에 장성을 쌓기도 했다. 뒤를 이은 안토니우스 피우스 황제는 그의 양자이다.

제12야
너 자신을 알라

저녁마다 연속해서 스토아 학파 철학자들의 얘기만을 해 왔기 때문에 로마의 철학이라고 하면 여러분은 이 학파만이 성행했다고 생각하지나 않을까 걱정이 된다. 그런 까닭에 오늘 저녁에는 약간 취향을 바꾸어 '너 자신을 알라'는 제목으로 얘기하기로 하겠다.

그런데 이 그림을 보게나. 이것은 한 제자가 선물로 준 것이다. 해골 아래에 쓰여 있는 그리스 문자가 '그노우티 사우튼' 곧 '너 자신을 알라'이다. 이 진짜 물건은 로마의 국립 테르메 박물관에 소장되어 있다. 흑색과 백색 대리석의 모자이크로 풀밭 위에 누워 있는 유해를 투시풍(透視風)으로 표현한 것이다. 원래는 '쿠인틸리우스 저택'의 식당 바닥을 장식하고 있었던 것인데 1866년에 그 유적으로부터 발굴되었다. 그 곳은 로마의 앗피아 문으로부터 그 가도를 6킬로미터쯤 간 경승지에 위치해 있는데, 옛날 쿠인틸리우스 형제의 별장이 있었던 자리다.

이들 형제는 어젯밤에 얘기한 아우렐리우스의 무장이었다. 학문과 용병 등에 뛰어났으며 보기 드문 형제애가 있었고 막대한 재산도 있었다. 이러한 장점들이 도리어 화를 초래해 아우렐리우스의 아들 콤모두스 황제로부터 모반의 혐의를 받고 마침내 함께 살해되고 말았다.

이 별장의 중심부는 하드리아누스 황제 시절에 세워져서 그 후에 몇 번인가 증축되었는데, 모자이크화 그 자체는 그 양식으로 미루어 보아 2세기

초에 제작된 것으로 인정된다고 한다. 그리고 이와 같이 해골을 소재로 한 모자이크화나 술잔의 그림은 1, 2세기에 유행했었다는 것이다. 그런데 「주연 (酒宴)」이라는 소논문에서는 세네카의 이야기에서도 나왔던 페트로니우스의 작품이라고 하는 「새튤리콘」을 참고로 하여 다음과 같이 말한다. '너 자신을 알라'라는 말은 철학의 시조인 탈레스의 말로 전해진다. 그러나 '쿠인틸리우스 저택'의 식당 바닥에 기록된 '너 자신을 알라'는 말은 깊은 의미를 지닌 잠언(箴言)은 아니다. 그것은 곧 '너 자신도 죽어야 할 자임을 알라'는 경고이며, 그런 까닭에 '생명이 남아 있는 동안에 가능한 한 즐겁게 살라'는 말이라고 한다. 그리고 이러한 사고방식의 기조를 이루었던 것은 당시의 로마 세계에 팽만했던 속화된 에피쿠로스 철학이었던 것이다.

나는 그 지론에 찬성한다. 에피쿠로스 학파의 시조 이후로 유명한 사람은 키케로보다도 10년쯤 전에 죽은 로마의 시인 철학자 루크레티우스(Lucrētius Carus Titus, 기원전 94년경~55년)[62]이다. 그의 생애는 잘 알려져 있지 않으나 그의 저서 「물질의 본질에 대해서」는 이른바 에피쿠로스 철학의 바이블이다. 그 후 기원후 2세기경까지 그 학파의 철학자로서 그 이름을 들 수 있을 만한 자는 오이노안다의 디오게네스와 디오게니아노스 두 사람 정도일 것이다. 하지만 그 학파 자체가 쇠잔한 것은 아니다. 어제 저녁에 보았듯이 아우렐리우스는 다른 세 학파와 나란히 이 학파를 위해서도 국고 지급의 강좌를 설정했다. 또 아우렐리우스 이전의 일이지만 황태후 푸로티나는 하드리아누스 황제에게 이 학파를 위해 각별히 취급해 줄 것까지 부탁했다. 이 사실은 전세기 말 아테네에서 '바람의 탑' 곁에서 발굴된 비문에 의해서 비로소 명백해졌다. 이 비문에는 푸로티나가 황제에게 쓴 편지와 그 회답 및 푸로티나가 아테네에서 에피쿠로스 학파 앞으로 쓴 편지가 새겨져 있었다. 앞의 두 통은 라틴어이고 뒤의 한 통은 그리스어이다. 연대는 121년으로 추정된다. 최초의 편지는 당시 에피쿠로스 학파의 학두인 포피리오스 데모티오스를 위해 학교 소유의 유산 상속에 관하여 그리스어로 유언장을 쓸 권리와, 학두의 후계자를 로마 시민이 아닌 자 중에서도 선임할 수 있는 권리를 부탁했던 것이다.

---

62) 로마의 시인, 철학자. 그 생애에 관해서는 잘 알려지지 않았으나 남이탈리아의 지주로서 자살을 했다고도 한다. 유일한 저서 「물질의 본질에 대해서」는 데모크리토스와 에피쿠로스의 사상을 물려받아 종교적 미신, 신들과 내세에 대한 공포로부터 사람들을 해방시키고자 한 철학적 교훈시다.

황제의 것은 그것을 허락하는 회신이다. 최후의 것은 그 허락의 취지를 전하며 황제의 미덕을 칭찬하고 그 인자함에 응대하기 위해서라도 후계자는 학파 중 최선의 인물을, 사심에 치우침이 없이 공평하게 선택하라고 충고하는 것이었다. 이 편지들을 통해서 새로이 알게 된 사실도 두세 가지가 있지만 여기서는 생략하기로 한다. 다만 당면한 얘기와의 관계에서 이 황태후 푸로티나도 자기 자신을 에피쿠로스 학파의 일원으로 헤아리고 있다는 사실만은 말해 두어야 하겠다. 그것은 로마의 궁정 혹은 귀족 사회에서의 에피쿠로스 학파 세력에 대한 암시가 될 것이다. 또 디오게네스 라에르티오스에게, 에피쿠로스 학파에 관해 '대부분의 다른 모든 학파가 명맥이 끊겼는데도 이 학파의 계승은 영구히 존속하여 셀 수 없는 수의 학두를 학교 동료들 중에서 교대로 선출시켜 이어 나가고 있다'고 한 기록을 볼 수 있다. 이것은 그리스 철학의 권위자 딜스에 의하면 정확히 이 시대의 에피쿠로스 학파에 관해서 말하고 있다는 것이다. 그 밖에도 증거를 제시해 이 학파의 당시의 발전상을 보여줄 수가 있다.

그러나 다시 '너 자신을 알라'로 돌아가자. 이 잠언은 당시보다 약 100년 이전에 살았던 로마의 시인 오비디우스(Ovidius Naso, Publius, 기원전 43년~기원후 17년경)[63]의 경우에는 꽤 다른 의미로 이용된다. 그의 저서에 「아우스 아마토리아」곧 「연애술」이라는 것이 있다. 그 속에서 그가 연애술을 설교하는 곳에, 사인의 모습을 한 아폴론이 나타나서 이렇게 말한다.

음분(淫奔)한 사랑을 말하는 스승이여, 너의 제자들을 내 신전으로 데려오라. 각자 스스로가 자신을 알아야 한다고 말하는 그 글, 세계에 널리 알려진 그 글이 있는 곳으로. 자기 자신을 아는 자라야, 비로소 현명한 사랑을 할 수 있으며, 또 모든 일도 각자 자신의 힘에 따라 완료하게 되리라. 미모를 타고난 자는 그 점에서 남보다 선망을 받을 것이요, 아름다운 살결을 가진 자는 때로 어깨살을 내놓고 누워야만 한다.

이상으로 읽기는 끝내지만 그 다음이 몹시 궁금하거든 자신이 찾아서

---

63) 로마의 시인. 법률을 공부하고 공무원이 되지만 시작으로 바꾸었다. 「연애가」「아루스 아마토리아」 등 화려하고 세련된 기술로 명성을 얻었다. 대표작 「변신보(變身譜)」는 고전적인 변신의 이야기를 다루어 새로운 해석을 가해 가볍고 기묘하게 노래했다. 그 밖에도 로마의 고사를 시로 엮은 「제사력(祭事曆)」과 또 「비가(悲歌)」「퐁토스 서간」도 있다.

전부를 읽어 보면 좋을 것이다. 이 인용에서의 '너 자신을 알라'는 '너 스스로의 신체의 장점과 아름다운 점을 알라'는 의미로 해석되고, 그 장점과 아름다운 점을 연인의 획득과 확보를 위해 활용하라고 충고하는 것이다.

이 「아루스 아마토리아」를 기원전 2년의 작품이라고 하면 그보다 42, 3년 전에 쓰여진 키케로의 「투스크라눔 담의(談義)」에도 이 잠언이 나온다. 거기에서는 오비디우스와는 반대로 그것은 우리의 지체나 체격이나 용모를 알 것을 명하는 것이 아니라 '너의 영혼을 알라'고 명하는 것으로 해석된다. 그리고 영혼을 안다는 것은 신적(神的)인 일이기 때문에, 그 잠언은 어떤 예리한 사람이 만든 것일 테지만 신에게도 귀의하게 되었다는 취지를 말하고 이어서 영혼 불멸의 문제를 논하게 된다.

그러나 이 키케로의 해석은 플라톤의 「제1 알키비아데스」에서 이미 언급한 것이다. 그래서 이제부터 아주 자세하게 얘기할 시간은 없으므로 플라톤의 다른 해석도 한번 살펴보기로 하자. 그의 「프로타고라스」에서는 이 잠언은 일곱 현인이 서로 어우러져 델포이의 신전에 참배하고 그들의 지혜의 만물로서 '너무 지나치지 말라'는 잠언과 함께 아폴론에게 바친 것으로 되어 있다. 또 「카르미데스」에도 나온다. 이 대화편에서는 건전한 사고의 덕 곧 절제의 정의가 요구되었는데, 소크라테스의 말상대인 크리티아스가 그 정의의 하나로서 '건전한 사고'란 이 잠언에서 이야기된 것과 같은 것 이를테면 '자기 자신을 아는 것'이라고 대답하여 그 잠언을 해석해 보인다. 그러나 그 해석은 「제11 알키비아데스」의 해석과의 일치로 보아 플라톤의 것이라고 말해도 지장은 없을 것이다.

거기에 따르면 이 잠언을 바친 사람은 "안녕하십니까?"라는 일반의 보통 인사를 옳지 못한 것이라고 생각해서 그 인사말 대신 하느님이 참배자에게 하는 인사로서, 이 '너 자신을 알라'를 바친 것이므로 그 의미는 '건전한 사고를 하시오'라는 말과 동일하다. 그러나 세간의 사람들은 다른 것이라고 생각하는 것 같으며 또 '너무 지나치지 말라' '보증, 그 곁에 파멸'이라는 잠언을 나중에 바친 사람들도 마찬가지로 그렇게 생각하고, 또 그것을 충고라고 착각을 하고 자기들도 그에 못지않은 충고를 바칠 생각으로 그리했다는 것이다. 그러나 여러분은 아마 그 양자가 어째서 동일한 의미인지 곧 알 수 없을 것이다. 그래서 조금 설명을 해 두려고 한다.

「티마이오스」에서 '사려의 건전함'은 '정상적인 정신'이라는 의미로 사용되며, 사려의 작용이 수면에 의해서, 혹은 질병에 의해서, 혹은 광신(狂信)에 의해서, 혹은 신에게 구속되어 잘못된 마음의 상태와 대립시키고 있다. 곧 여러 종류의 '광기(狂氣)의'라는 말과 반대 의미로 사용되며, 그리고 '제정신(正氣)의' 사람만 자기 자신의 일을 하고 자기 자신을 알 수가 있다는 예로부터의 말을 옳은 것으로 인정했다. 따라서 '바른 정신'이라는 말은 '자기 자신을 아는 일'의 필수적 전제로서 양자는 같은 의미라고 주장하게 되었던 것이리라.

다음으로 '너 자신을 알라'와 소크라테스의 '너의 무지를 알라'는 권고(勸告)와의 관련도 약간 이해하기 힘들지도 모르겠다. 플라톤은 「필레포스」에서 이와 같은 말을 했다. 하느님이 인간에게 "너 자신을 알라"고 명령하시는 것은 인간이 자기 자신을 모르기 때문이다. 그러나 이 자기 자신에 대한 무지는 세 종류가 있다. 그 하나는 금전에 관해 자신을 자기의 재산 이상의 부자라고 생각하는 경우이고, 다른 하나는 신체에 관해 자신을 있는 그대로의 진실 이상으로 크고 아름답다고 생각하는 경우이고, 마지막 하나는 영혼의 덕에 관해 사실이 그렇지 않은데도 자신을 덕이 출중한 자라고 생각하는 경우이다. 이 세 경우는 뒤로 갈수록 그렇게 잘못 생각하는 사람의 수가 많아진다. 그리고 최후의 경우는 권세를 가지고 영향력이 강한 자와 그렇지 않은 자가 있는데, 전자는 미워해야 할 추악한 자, 후자는 웃어야 할 우스꽝스러운 자이다.

그러므로 위의 관련에 대해서 생각해 보면 '너 자신을 알라'는 '너 자신의 무지를 알라'는 것을 의미하는 말이 될 것이다.

그런데 이 잠언은 앞의 「프로타고라스」에서는 일곱 현인의 합작으로 되어 있는데 또 다른 전기에서는 일곱 현인의 한 사람인 탈레스, 혹은 킬론의 작품으로 되어 있다. 또 다른 전기도 있다. 지금 일곱 현인 혹은 그 중 한 사람의 작품이라고 한다면 그 때에는 어떤 의미를 지니고 있었을까? 그것을 추정하는 자료는 거의 없으므로 확실한 것은 말할 수가 없을 것 같다. 나는 여러분이 Ⅰ부 「철학자의 웃음」의 제1야의 이야기를 회상해 주기를 바란다. '지혜가 가장 뛰어난 자'라 하여 자신에게 보내온 황금 트리푸스를 솔론은 "신이야말로 지혜가 가장 뛰어난 분이라"고 말하고 델포이의 신전에 바쳤다는 것이다. 이 관련으로 생각해 보면 '너 자신을 알라'는, 소크라테스가 「변명」에서 말한 것처럼 가장 어질다고 하는 인간의 지혜마저도 신의 지혜에 비하면 도무지 미치지 못한다는 사실을 알라는 의미가 될 것이다.

또 플루타르코스의 소론(小論)에 「델포이의 E에 대해서」라는 것이 있다. 그 속에서 내전(內殿)의 입구에 게시된 이 그리스 문자 에이(E)에 대해서 여러 가지 해석이 나오고 있는 데, 그 중 페리파토스 학파의 암모니오스의 해석에서는 E는 '너는 있다'라는 인간의 신에 대한 인사이다. 그리고 현관에 게시된 '너 자신을 알라'는 반대로 신으로부터 인간에게 보내는 인사이다. 그것은 에이(E)는 2인칭 단수인 에이 곧 '너는 있다'이고 신이 영원한 존재자 라는 사실을 의미하는 데 비해 인간은 끊임없이 생성 소멸하는 가사적(可死 的) 존재자라는 사실을 말하는 것이다. 플루타르코스라고 하면 기원후 1세기 도미티아누스 황제 치하의 로마에서 한때 강의를 한 일이 있다. 그림엽서의 글씨가 쓰여지기 수십 년 전의 일이다. 따라서 이 시대에는 세간의 일반 사람들에게는 역시 '너 자신을 알라'는 '너는 가사적인 자임을 알라'는 의미로 받아들여졌을 것이다. 그러나 그 해석을 통해 곧 '그런 까닭에 생을 향락하 라'는 에피쿠로스 학파의 결론은 나오지 않는다.

이틀 후에 얘기할 예정인 보에티우스(Boethius, Anicius Manlius Severinus, 480년경~524년경)[64]의 「철학의 위안」에서도, 옥중에서 신음하는 그에게 '철학'의 화신을 통해서 "자기 자신을 알라"고 권장하면서 "사실 자기 자신 을 알 때에만 다른 모든 것들 위에 탁월한 존재가 되고, 이에 반하여 자기를 아는 일을 그만두면 동물 이하로 타락하는 것이 인간의 본성이니까"라고 말한다. 그리고 여기에서는 에피쿠로스 학파와는 반대의 결론을 내린다. 어쨌든 '너 자신을 알라'는 잠언 그 자체가 수수께끼인 것이다. 아니, '너 스스 로'가 이미 스핑크스의 수수께끼다. 프로클로스(Proklos, 410년~485년)[65]가

---

64) 이탈리아 출신의 철학자, 정치가. 기독교도의 명문 출신으로 동고토 왕 테오도리쿠 스를 섬겨 510년에 집정관이 되었다. 동로마 제국과의 통보 혐의로 투옥되어 고문으 로 죽었다. 옥중 저작이며 자기 변명서인 「철학의 위안」은 운문이 섞인 산문으로 행복을 지상보다도 신에게서 찾았다. 그리스 고전을 사랑하여 아리스토텔레스, 아르 키메데스, 프톨레마이오스 등을 번역, 소개하여 중세 스콜라 철학의 형성에 큰 영향 을 미쳤다.
65) 후기 신플라톤주의의 대표적 철학자. 콘스탄티노플 태생으로 아테네에서 철학을 가르치며 평생 플라톤 학원장을 지냈다. 열성적 이교도로 그리스 사상을 옹호, 뛰어 난 체계학자이며 주석가로 플라톤 철학을 비잔틴, 이슬람 나아가서는 중세 라틴 세계에 보급시키는 역할을 했다. 「신학 원리」 「플라톤 신학」 외에도 플라톤, 유클리 디스의 주석을 남겼다.

「제1 알키비아데스」의 주석의 첫 부분에서 말한 것처럼 '자기 자신을 아는 것'이 철학의 시초이다.

철학을 공부하는 여러분! 여러분도 올바른 정신을 가지고 자기 자신을 잘 조사해 보라. 그러나 이렇게 말하자니 나 자신을 위해 한 가지 생각나는 이야기가 있다. 철학의 시조 탈레스는 언젠가 무엇이 어려운 일인가라는 질문을 받고 "자기 자신을 아는 것이다"라고 대답하고, 또 무엇이 쉬운 일인가라는 질문을 받고는 "남에게 충고하는 일이다"라고 대답했다는 것이다.

그럼 오늘 저녁은 여기까지 하자.

제13야
플로티노스

오늘 저녁에는 플로티노스(Plōtinos, 205년~270년)[66]의 이야기를 하려고 하는데 그에 생애에 관한 유일한 자료라고 할 자료는 그의 제자인 포르피리오스(Porpyrios, 232년경~305년경)[67]의 「플로티노스전」이다. 이것은 포르피리오스가 스승 플로티노스가 죽은 후 약 30년쯤 되어 그의 전 저작물을 엮어 출판하려고 했을 때, 이른바 그 부록으로 썼던 것이다. 이 때 포르피리오스는 이미 68세의 노령이었다.

그 전기는 이러한 말로 시작된다. "우리 시대에 살았던 철학자 플로티노스는 육체 속에 있는 것을 부끄러워하고 있었던 것 같다. 그리고 이와 같은 기분에서 그는 자기의 종족에 대해서도 부모에 대해서도, 조국에 대해서도 뭔가를 숨기고 말하는 일은 없었다."

이런 실정이니까 그는 인종적으로 보아 어떤 인종인지 모른다. 그를 이집

---

66) 로마 제정기의 그리스 계 철학자. 신플라톤주의 철학의 시조. 이집트 태생으로 알렉산드리아에서 철학을 공부하고 후에 로마에서 가르쳤다. 그리스 사상으로 기울어져 아리스토텔레스류로 해석되던 플라톤 철학을 재발견하여 새로운 종교철학으로까지 끌어올렸다. 영혼을 정화하여 순수한 사고에 의해서 신과 교제해야 할 것, 세계는 지고한 신의 힘의 유출이며 그 유출을 거쳐 사람은 신에게로 가까워진다고 주장했다. 그의 저작은 제자 포르피리오스에 의해 「에네아데스」로써 정리되었다.

67) 그리스의 철학자. 페니키아의 딜로스 출신으로 아테네로 나가 262년에 로마의 플로티노스의 열성스런 제자가 되어 스승의 입장에서 기독교를 공격했다. 독창성은 부족하나 저작은 방대하여 철학, 종교, 문헌학 등 다방면에 걸쳐 있다.

트인이라고 말하는 훌륭한 학자도 있다. 그러나 이것은 포르피리오스의 전기에 플로티노스가 28세 때에 알렉산드리아로 나와 철학 공부를 시작했다는 이야기가 쓰여 있는 점에서 추측했을 것이다. 혹은 포르피리오스보다 약 100년 후에 「철학자 및 학자의 전기」를 쓴 에우나피오스의 기술에 플로티노스는 리코 혹은 리코폴리스 출신이라고 한 사실에서 추측했을 것이다. 리코폴리스라 함은 나일강에 연한 상부 이집트의 도시로서 '늑대들의 폴리스'라는 의미이다. 현재의 시토 혹은 아시토라고 불리우는 곳이 그곳이다.

그러나 직제자인 포르피리오스조차 알 수 없었던 플로티노스의 고향을 어떻게 100년이나 뒤에 에우나피오스가 알 수 있었을까. 아무래도 이 기술은 의심스럽지 않은가? 또 알렉산드리아에서 공부했다는 사실에서 추측하는 것도 역시 믿을 수가 없다. 당시의 알렉산드리아는 여러 가지 인종의 전시장이라고도 할 수 있었던 곳으로, 지배자인 로마인도 있는가 하면 그리스인도 있고 또 동양인도 있었던 것이다. 또 플로티노스라는 이름의 꼬리 부분의 inos는 특히 라틴 이름에 많은데 로마의 황제 트라야누스(Trajānus Marcus Ulpius Crinitus, 53년~117년)[68]의 황후 플로티나에서 처음으로 나타났다고 한다. 그런 점으로 볼 때 플로티노스의 선조는 이 황후인 플로티나를 섬기던 노예였는데 해방되어 이 황후의 덕을 입어 이 이름으로 불리게 된 게 아닌가 상상하는 학자도 있다.

그리고 또 플로티노스의 초상화로 추측되는 것이 있다. 이 사진을 보게 나. 이것은 3세기경 로마의 석관 정면의 부조(浮彫)를 탑본한 것이다. 중앙에 두루마리를 펼쳐 든 인물이 있을 것이다. 이것이 플로티노스이고, 두 명의 여성과 세 명의 철학자에게 강의를 하고 있는 장면이다. 그러나 이것도 자세한 이야기는 생략하는데 역시 추측에 불과하다.

포르피리오스는 앞에서 인용한 대목에 이어 이러한 이야기를 전했다. 그와 마찬가지로 플로티노스의 친한 제자였던 아메리오스라는 사나이가 플로티노스의 초상화를 그려야겠다고 생각하고는 그 승낙을 구했다. 그러자 플로티노

---

68) 로마의 황제. 재위 98년~117년. 5현제 중 한 사람. 스페인의 이타리카 태생으로 도미티아누스 황제 밑에서 군인으로 동방 및 게르마니아에서 활약했다. 네르바 황제의 양자가 되어 그가 죽은 후에 즉위했다. 언제나 국가의 공복으로서 원로원과 협조, 백성들에게 관대했다. 로마에 대건축물을 세우고 경기 대회를 열고, 개척, 도로 정비, 항만 개설에도 진력했다. 기독교에도 관대했고, 영토를 확장, 제국 최대의 판도를 이룩했으나 동정의 귀로에 킬리키아에서 병사했다.

스는 "자연이 우리들 주위에 얽어 놓은 영상을 옮겨 다니는 것만으로는 재미가 없다든가, 아니, 그 영상의 영상까지도 그것이 마치 무언가 볼 만한 작품이기라도 한 것처럼, 더욱이 오랜 소장품으로 삼아 후세에 남기는 것을 허락해 달라는 말인가"라고 말하고 거절했다.

그래서 아메리오스는 그 당시에 가장 뛰어난 화가로 친구였던 카르테리오스를 데리고 플로티노스의 강의에 나가기로 했다. 왜냐하면 그의 강의를 듣고 싶어하는 자에게는 누구에게나 그것이 허락되었기 때문이다. 이 화가는 플로티노스를, 언제나 모델을 보는 이상으로 똑똑히 살펴봄으로써 차근차근 그의 선명한 인상을 받아 새기는 데에 익숙해 갔다. 그리고 나서 기억에 새겨넣은 상을 바탕으로 하여 밑그림을 그리고 그것을 아메리오스의 협력에 의해서 더 닮도록 수정을 했다. 이러한 고심 끝에 플로티노스는 눈치도 채지 못하는 사이에 그와 꼭 닮은 초상화가 카르테리오스의 재능에 의해서 완성되었다는 것이다.

그러나 유감스럽게도 그 초상화는 오늘날 전해지지 않는다. 그러니까 이 석관의 부조가 그것에 근거해서 새겨진 것인지 어떤지, 대조해 볼 수도 없고, 또 그것에 근거해서 만들어졌다는 확실한 증거도 특별히 있는 것도 아니다. 그런데 이상의 이야기에 의해서 플로티노스가 육체를 얼마나 경시했던 철학자였는지 상상할 수가 있을 것이다. 그런데 그가 어떤 인종이었는지는 이상과 같은 경위로는 잘 모르지만 그의 출생 연대나 사망 연대 등은 포르피리오스의 기술을 통해 알 수가 있다. 하지만 플로티노스는 소크라테스나 플라톤의 전통적인 탄생일을 제자들과 더불어 축하했는데, 자신의 생일은 사람들에게 밝히지도 않고 축하도 하지 않았다고 한다(덧붙여 말해 두는데 이 이야기는 플로티노스가 얼마나 이 두 사람에게 힘입는 바가 많았다고 생각했는지를 잘 말해 주는 것처럼 생각된다). 그러나 플로티노스의 그때 그때의 이야기에서 상세한 날짜까지는 몰라도 대략의 생년은 그로서도 계산할 수가 있었을 것이다. 그는 플로티노스가 죽은 것이 로마 황제 클라우디우스 2세(Claudius Ⅱ Gothicus, 전명은 Marcus Aurelius, 214년~270년)[69]의 치세 제2년 66세 때였다는 사실을 근거로 하여, 그의 생년을 로마 황제 세베루스(Severus,

---

69) 로마 황제, 재위 268년~270년. 갈리에누스의 군사령관. 황제가 죽자 즉위. 반란이나 갈리아 파르밀라의 침입군과 싸워 발칸으로 남하한 고토인에게 대승하여 고토인 정복자, 즉 고틱스라는 이름을 얻었다.

146년~211년, 로마 황제 재위 194년~211년)의 치세 제13년에 해당된다고 했다. 그러므로 기원후 204년 내지 205년에 태어난 셈이 될 것이다.

포르피리오스가 플로티노스의 제자가 된 것은 전자가 약 30세, 후자가 59세 때의 일이었다. 그리고 그 스승의 문하에 있었던 것은 6년 동안이었다. 그 동안에도 때때로 제자들에게 자신의 신상에 관한 이야기를 하는 일도 있었던 모양이다. 포르피리오스는 그의「전기」에 그와 같은 이야기들을 써넣고 있다. 플로티노스로서는 그것을 결코 좋아하지 않았음이 틀림없으나 우리는 그 덕택에 그의 생애를 대강이나마 알 수가 있는 것이다. 그것에 의해서 앞으로의 얘기를 진행해 나가자.

플로티노스는 이미 읽고 쓰기를 배우기 위해 스승을 찾아다니고 있었는데 8세가 될 때까지도 유모의 유방을 다 드러내 놓고 젖을 먹고 싶어했었다. 언젠가 유모가 "할 수 없는 애구면" 하는 소리를 듣고 부끄러워서 그 후로는 젖먹기를 딱 중단했었다는 것이다.

그가 8세 때 철학에 흥미를 느껴 당시 문화의 중심지였던 알렉산드리아로 나가 유명한 학자들의 강의를 들어 보았으나 누구에게나 실망만 느껴 고민을 했다. 이 이야기를 친구에게 털어놓자 그 친구는 그의 영혼이 갈망하는 바를 이해하고 암모니오스를 소개해 주었다. 플로티노스는 그의 강의를 들은 다음에 그 친구에게 "내가 찾고 있었던 것은 이 사람이다"라고 말했다고 한다. 그 후 플로티노스는 11년 동안이나 이 사람의 제자로서 머물러 있었다. 이 암모니오스는 보통 신플라톤 학파의 시조라 일컬어지지만 그 자신 소크라테스와 마찬가지로 아무것도 써 남기지를 않았기 때문에 그의 가르침에 대해서는 그다지 상세한 것은 알 수가 없다.

플로티노스는 그 후 로마의 고르디아누스(Gordianus Ⅰ, Marcus Antonius, 158년~238년)[70] 황제의 페르시아 원정군에 가담하게 되었다. 그것은 페르시아인이나 인도인들 사이에서 연구되던 철학을 알기 위해서였다고 한다. 그러나 이미 고령이었던 그의 스승 암모니오스가 어쩌면 그 무렵에 죽었는지도 모른다. 그리고 그것이 또 그를 동양의 지혜를 찾아서 여행길에 나서게 했었는지도 모른다. 그런데 이 젊은 황제는 믿고 있던 필리포스에게 배신당해

---

70) 로마 황제, 재위 238년. 명문 출신으로 아프리카 총독을 거쳐 속주민에 의해 아들 고르디아누스 2세와 공동 통치 황제로 추대, 원로원의 승인을 받았으나 막시미누스 트락스에게 패하고 3주일 후에 아들과 함께 전사했다.

부하 장병들에 의해서 메소포타미아 지방에서 살해되었다. 그 때문에 플로티
노스는 어렵사리 위험을 피하고 안티오케이아로 도망쳐 돌아왔다. 그리고
이듬해인 40세 때인 그리스인들이 말하는 남자의 한창 나이에 로마로 갔다.

그 후 64세까지 이 세계의 도시에서 살다가 병 때문에 캄파니아로 옮겼지
만 그 땅에서 66세를 일기로 생을 마쳤다. 그 24년 동안에 로마에서는 앞에서
말한 고르디아누스 황제의 뒤를 이어 필리포스, 데키우스, 가르스, 아에밀리
아누스, 발레리아누스, 갈리에누스, 클라우디우스, 아우렐리아누스로 8대의
황제가 차례차례 어지러울 정도로 바뀌었다. 그리고 이들 황제는 전사하거나
암살되거나 하여 천명을 다 살았다고 말할 수 있는 자는 한 사람도 없다.

전날 밤에 이야기한 마르쿠스 아우렐리우스 황제의 노력에 의해서 겨우
지탱되어 가던 로마의 북변에는 그 후 만족들이 다시 준동하기 시작, 마침에
는 국경 안으로 침입해 왔다. 또 동쪽에서는 페르시아가 다시금 그 세력을
확장해 왔다. 이들과 싸우는 동안에 위의 황제들은 적군에 의해 사살되기도
했는데, 그 황제들은 거의가 모든 군인 출신으로 전 황제 대신에 부하인
병사들에 의해 옹립되었던 것이다. 군인들이 제멋대로 판을 쳐 일반 양민들
은 국내의 군인과 외적의 약탈, 강탈이나 가렴주구로 도탄에 빠져 괴로워하
고 있었다. 그뿐만이 아니다. 또한 끈질기게도 천재지변이 일어났으며 또
장기간에 걸쳐 흉년과 기근이 엄습했다. 지금 내가 가지고 있는 기본의 「로
마 제국 쇠망사」에 의하면 플로티노스의 만년에 해당하는 시기에 대해서
이렇게 기록했다.

> 기근에는 거의 언제나 유행병 곧 식량의 부족과 조악(粗惡)스런 결과가
> 계속된다. 그러나 기원후 250년부터 265년에 걸쳐서 끊임없이 로마 제국의
> 모든 영토 모든 도시 그리고 대부분의 모든 가정을 휩쓴 무서운 유행병에는
> 다른 원인이 있었다고 보지 않으면 안 된다. 어떤 시기에는 로마 시에서 날마
> 다 5,000천 명씩 죽어 나갔다. 그리고 이적(夷狄)의 화를 면한 많은 도시는
> 이 때문에 한결같이 인구가 크게 감소되었다.

앞에서 플로티노스는 병 때문에 캄파니아로 옮겼다고 말했는데 그 병이
이 유행병이었던 것이다. 그것은 상피병(象皮病)의 일종이었을 것이라고
한다.

그런데 플로티노스는 로마에서 처음에 교사로서 가르친 모양인데, 지금

애기한 바와 같이 너무나도 암담한 시대였던만큼 도리어 그의 철학은 사람들의 요구에 따라 그의 인덕과 어우러져 점점 많은 청강자나 숭배자가 모여들게 되었다. 그 사람들 중에는 다만 로마인들뿐만 아니고 멀리 여러 나라에서 온 사람도 있었으며 여자들도 있었다. 또 황제 갈리에누스(Gallienus, Publius Licinius Egnatius, 218년~268년)[71]와 그 황후 살로니나는 그를 매우 존경했다. 이 점과 관련, 포르피리오스의 「전기」의 기록을 인용해 보자.

　플로티노스는 이 두 사람의 우애를 이용해 캄파니아에 이전에 있었다가 완전히 폐허화한 어느 도시를 재건하고 그 주위의 땅을 건설된 그 도시를 위해 기증하고, 그리고 거기에 살게 되는 사람들은 플라톤의 법률을 사용하여 그 도시에는 '플라토노폴리스'라는 호칭을 붙일 것을 원했다. 그리고 자기 자신은 동료와 함께 그 도시에 은퇴해 살 것을 약속했다. 이 소원은 만약 황제와 함께 있던 자들이 질투나 분노, 아니면 그 밖의 어떤 나쁜 동기에서 이를 방해하지 않았더라면 그 철학자를 위해 매우 쉽게 성취되었을 것이다.

　그런데 이것을 일부러 말 그대로 인용한 것은 많은 학자들이 이를 자료삼아 황제 갈리에누스와 플로티노스와의 관계, 나아가서는 플로티노스 철학의 성격까지도 여러 가지로 논하기 때문이다. 그러나 황제와의 관계에 대해서는 이것이 유일한 자료니까 어떤 말도 확실한 것은 말할 수가 없다. 물론 이와 같은 일이 있었다는 것을 의심하지는 않는다. 그러나 플로티노스가 그 '플라토노폴리스'를 어떤 것으로 구상하여 어떤 목적으로, 그리고 황제와의 어떤 관계로 또 언제쯤 원했었는지, 이런 점들에 관해서는 이 자료만으로는 분명치가 않은 것이다. 만일 그것이 플라톤의 「국가」나 「법률」에서 말하는 그런 것이었다고 하면 헤겔이 「철학사」에서 한 비평은 적절한 것이라고 말하지 않으면 안 될 것이다. 그는 이렇게 말했는데 약간 길다.

　당시의 황제 갈리에누스와 그 황후에게 플로티노스는 매우 존경받고 있었는

71) 로마 황제, 재위는 253년~268년. 부왕 발레리아누스와 공동 통치, 260년 이후 단독 황제가 되었다. 페르시아의 침입, 군대의 반란으로 제국은 위기에 직면하고 지배권도 이탈리아와 바르칸으로 축소되었다. 온건하여 학문 예술을 장려했고 플로티노스 등, 신플라톤주의 철학을 보호, 기독교에도 관용책을 취했다. 부하의 반란으로 밀라노 부근에서 암살되었다.

데, 사람들의 말에 따르면 황제는 플로티노스를 위해 캄파니아의 어떤 도시를 물려줄 생각을 하고 있었다. 플로티노스는 그 도시에 플라톤의 국가를 실현하고자 생각했던 것이다. 그러나 장관들은 이 기도의 실행을 방해했다. 그리고 그들이 그렇게 한 것은 또 매우 현명한 일이었다. 왜냐하면 로마 제국의 외적 상황은 이와 같은 것이었으며, 또 플라톤의 시대 이래 인간의 정신은 완전히 변화하고 있었기 때문에──플라톤의 시대에는 정신의 다른 원리가 보편적인 것이 되지 않으면 안 되었던 것이다──이 기도는 플라톤 시대에 비해서 그 당시로서는 '플라톤의 국가'의 명예가 되는 일은 훨씬 적었을 것이다. 이런 생각을 했다는 사실만으로도, 그것은 플로티노스의 식견으로는 그다지 명예는 되지 않는다(그러나 우리는 그의 계획이 단지 플라톤의 국가만을 포함했는지, 그렇지 않으면 그는 그것을 확장하거나 변용했었는지, 자세한 것은 전혀 알 수 없다). 원래의 플라톤의 국가는 사물의 본성에 반하는 것이다. 왜냐하면 플라톤의 국가는 자유 독립의 도시였다──그러나 이와 같은 도시는 로마 제국의 범위 안에는 있을 수 없었기 때문이다.

이 헤겔의 비평은 플로티노스가 구상한 '플라토노폴리스'가 적어도 그리스의 폴리스(도시국가)적 형태를 지닌 것이라는 사실을 전제로 한 모양이다. 그러나 나는 그 일마저도'의아스럽게 생각된다.

포르피리오스는 위의 황제와의 관계의 기술에 조금 앞서 플로티노스의 제자들이나 숭배자들에 관한 이야기를 하는데, 그런 사람들 중에 두 명의 원로원 의원의 이름과 또 역시 원로원 의원이었던 로가티아누스의 이름을 든다. 그리고 이 최후의 인물에 관해 이렇게 쓰고 있다.

　　그는 이 세상의 생활로부터의 도피가 심해져서 그 모든 소유를 던져 버리고 모든 노예들을 해방시키고 또 원로원 의원의 영예로운 지위까지 내던지기에 이르렀다. 또 플라에토르로서 가출을 하게 되어, 경리(警吏)들도 곁에 붙어 있었는데도 나가려 하지도 않고 그 직무에도 신경도 쓰지 않았다. 그는 자신의 집에서도 살려고 하지 않고 친구들이나 친지들을 이 사람 저 사람 찾아가서 거기에서 식사를 얻어먹고 자곤 하기를 하루 걸러서 했다.

　　이와 같은 이 세상으로부터의 도피와 무관심이 원인이 되어 이전에는 가마로 실어 날라야만 되었을 정도로 다리의 통풍이 심했었는데도 회복이 되었고, 또 손을 뻗을 수가 없었는데도 기능공보다도 훨씬 손을 잘 사용할 수 있게 되었다. 이 사람을 플로티노스는 높이 평가하여 누구에게보다도 더 칭찬을 보내며 철학하는 사람들의 좋은 모범으로 삼아 끊임없이 그들 앞에 내세웠던 것이다.

또 아라비아인인 제토스, 이 사람의 별장에서 플로티노스는 죽게 되는데 그가 정치에 매우 열성적인 것을 억제코자 애썼다는 이야기도 썼다. 이와 같은 정치에 대한 플로티노스의 소극적 태도, 또 플로티노스는 정치가들 사이에 적이 없었다고 말한 것, 그리고 가장 중요한 것은 그의 철학 그 자체의 비정치성, 이런 점들을 종합해서 생각해 보면 플로티노스가 구상한 '플라토노폴리스'라는 것은 적어도 '폴리스(도시국가)'라고 말할 수 있을 정도의 것은 아니지 않았을까 생각된다. 구태여 상상해 본다면 언젠가 얘기한 '에피쿠로스의 동산'이라든가 '수도사의 승원' 같은 것이 아니었을까. 플로티노스는 오히려 그 곳에서 속세의 정치나 번거로움으로부터 떨어져 있고 싶다고 하는 염원을 남몰래 품고 있었을 것이다. 그것을 황제와 어떤 얘기 끝에 비쳤을 정도가 아니었을까. 그리고 그것을 이 일시적인 기분에서 그리스 문화의 애호가였던 황제가 중신들에게 어느 정도 시도해 보았을 따름일 것이다. 만일 이 로마 황제에게 진실로 의욕이 있었더라면 결코 '플라토노폴리스'는 계획 실패로 끝나지는 않았을 것이 틀림없다.

이와 관련하여 다행히 지금 생각나는 일이 있다. 그것은 요전 날 밤 에픽테토스의 얘기를 하는 대목에서 얘기하려고 했었는데 급한 용무가 생각났기 때문에 유감이지만 포기하고 말았던 것이다. 에픽테토스는 다음과 같이 말했다.

> 로마의 여성들은, 플라톤이 부인의 재산 공유를 주장했다고 해서 플라톤의 국가편을 가지고 있다. 왜냐하면 그들은 말만에 주의하여 플라톤의 진의 이를테면 그는 일부일처제의 결혼이나 동거를 제정하지 않고 오히려 그와 같은 결혼을 폐지하고 다른 종류의 결혼을 도입하여 여성을 공유하려고 했던 데에 주의하지 않기 때문이다. 그리고 일반적으로 사람들은 자기들의 잘못의 구실을 발견하고 기뻐하는 것이다. 왜냐하면 실제 철학은 비록 손가락이라 할지라도 함부로 펼 것은 아니라고 말하고 있기 때문이다.

사실 에픽테토스가 말한 것처럼 우리는 '말에만 주의를 하여' 그 말이 의미하는 사건 그 자체를 잊는 일이 있어서는 안 되리라고 생각한다. 자칫하면 철학을 지향하는 사람도 로마의 여성들과 같은 말을 하기 쉬운 것이다. 지금의 '플라토노폴리스'의 문제만 하더라도 그 글자의 모양만 가지고 논해서는 안 될 것이다.

그런데 앞에서 플로티노스의 철학 그 자체의 비정치성 얘기를 했는데, 이 점에 관해서 한 가지만 근거를 들어 보겠다. 여러분도 이미 알고 있는 것처럼 플로티노스의 경우는 포르피리오스에 의해서 편찬된 9편씩으로 된 6권의 논문이 있다. 그 중에 「선한 것, 제일가는 것」과 「세 가지의 원리적인 것」의 2편은 그의 철학 사상을 아는 데에 특히 중요한 것이다. 그 중 앞의 논문에서 세계의 궁극적 원리인 「선한 것, 제일가는 것」의 인식에 대해 말한 다음에 플로티노스는 다음과 같이 썼다. 인용문 중 '그것'이라든가 '거기'라든가 말하는 것은 이 궁극자(窮極者)를 가리킨다.

마침내 '그것'의 직관 속에 자기 자신을 잊는 데까지 가야 한다. 그리고 '그것'에 합체하여 말하자면 그것과의 사귐과 같은 것을 충분히 다한 후에, 돌아와서 만일 가능하다면 다른 자에게도 '거기'에서 합체 교합(合體交合)의 모양을 전하도록 해야 한다. 저 미노스 왕[72]도 아마 이와 같은 사귐에 간여했던 한 사람이었던지, 제우스를 지기(知己)로 가진 자라는 평판을 받아 그 교제의 기억에 근거해서 그 모습을 법률에 써서 확정한 것인데, 그를 입법자 같은 느낌을 갖게 한 것은 신적(神的)인 것과의 접촉에 의한 자기 충실 그것이었다. 혹은 또 정치상의 일은 자기의 일로 삼기에는 만족치 않다고 생각하고 자신의 의지로 '거기'에 머무는 것도 지장은 없다. '그것'을 보는 일이 많으면 마치 또 그와 같은 기분이 될 테니까.

그리고 플로티노스는 '그것'을 보고 그것과 합체 교합하여 나를 잊은 일이 있는 철학자였던 것이다. 그는 이 망아(忘我)의 상태에 빠진 일이 세 번이나 있었다고 한다. 인용한 마지막의 문장은 그 자신의 정치에 대한 생각을 표현한 것이라고 생각한다.

이상 말해 온 것처럼, 그 플로티노스는 신체의 문제나 세속적인 문제를 경시했지만 그는 신상 상담을 하기도 하고, 싸움의 조정을 맡고 나서거나,

---

72) 그리스 신화에 나오는 전설적인 크레타 왕. 크레타 왕의 칭호로 보는 설도 있다. 제우스와 티로스 공주 에우로페의 아들.

고아들을 돌보는 일을 맡기도 했던 것이다. 그러한 일은 그에게는 번거로운 일임에 틀림이 없었을 테지만 그래도 그는 성심성의껏 일에 임했다.

또 그의 인간에 대한 관찰안(觀察眼)의 예리함에 대해서 포르피리오스는 다음과 같은 이야기를 전한다.

키오네라는 미망인이 자녀들과 함께 플로티노스의 집에 살고 있었는데 그녀의 값비싼 목걸이를 도둑맞았다. 노예들이 플로티노스 앞에 모이자 그는 일동을 둘러본 다음, 그 중의 한 사람을 가리키며 그걸 훔친 이 사나이라고 말했다. 그 사나이는 매를 맞고도 처음에는 완강하게 부인하다가 나중에는 자백하고 훔친 목걸이를 내놓았다고 한다. 또 폴레몬이라는 소년을 두고, 그는 사랑에 빠질 것이고, 또 단명한다고 예언을 했었는데, 그 두 가지 다 말 그대로 이루어졌다고 한다.

그리고 또 포르피리오스는 자기 자신의 일에 대해서 이렇게 말했다. 플로티노스는 그가 이 세상에서 떠나가기를 바란다는 것을 깨달았다. 그리고 그가 집 안에 꽉 틀어박혀 있는 곳에 나타나서, 그와 같은 간절한 소망은 정신 상태로부터 나온 것이 아니고 오히려 일종의 우울증적인 병으로부터 나온 것이라고 말하고 여행을 떠날 것을 권했다. 그는 그 권면에 따라서 시칠리아 섬으로 건너갔다. 그리고 그 땅에서 그와 같은 간절한 염원에서 벗어나게 되었다고 한다. 그러나 그는 그 여행으로 동시에 플로티노스가 죽음에 이르기까지 곁에 있는 것을 방해받았다고 결론지었다. 이 아무렇지 않게 한 이 말 속에는, 나중에야 듣게 되는 은사의 외롭고 가엾은 임종에 함께 하지 못했던 것을 후회하는 기분이 느껴진다.

플로티노스는 앞에서도 언급한 바와 같은 유행병 때문에 친한 사람들로부터 격리되어 혼자 캄파니아의 다른 사람의 별장에서 부자유스런 생활을 보내고 있었다. 다만 그의 제자로 의사이기도 한 에우스토키오스가 프레오리에서 찾아올 따름이었다. 플로티노스가 임종을 맞은 것은 다행히도 그가 찾아와 있었던 때였다. 그러나 여느 때보다는 늦었다. 플로티노스는 그를 알아보고 "나는 그대를 기다리고 있었다"고 말한 후, 말을 이어 "우리 속에 신적인 것을 만유(萬有) 가운데 있는 신적인 것의 곁으로 끌어올리고자 노력하고 있는 것이다"고 말했다. 그 때 그가 누운 침대 밑을 한 마리의 뱀이 빠져 나와 벽에 뚫려 있는 구멍으로 기어 들어갔다. 그러자 문득 보니 플로티노스는 숨을 거두었다. 이것이 포르피리오스가 에우스토키오스에게서

들은 이야기다. 약간 미신적인 포르피리오스의 말이기 때문에 그 뱀 이야기에는 무언가 상징적인 의미가 있었는지도 모른다.

오늘 밤은 꽤 얘기가 길어졌으므로 이걸로 끝내기로 하는데 그래도 앞에서 든 작품과 그 해설은 꼭 읽기를 권하고 싶다. 플로티노스에 대한 철학사적 서술을 많이 읽는 것보다는 이것을 잘 읽는 편이 그의 철학에 대해 상당히 알기가 쉽다.

제14야
보에티우스

오늘 저녁이 마침내 마지막이군. 별로 재미있는 것도 아니고, 잘하지도 못하는 이야기를 이렇게 모두 열심히 들어 주어서 정말 고맙네. 덕택에 내게 는 아주 좋은 공부가 되었다.

그럼 이번에는 보에티우스(Boethius, Anicius Manilius Severinus, 480년경~524 년경)[73] 그리고 고대 철학의 종말에 관해서 이야기를 하자. 하지만 고대가 어디에서 끝나고 중세가 어디서부터 시작되는지, 보는 사람에 따라 또 관점 에 따라 차이는 있을 테지만 적어도 '고대 철학'의 종장(終章)은 대개 보에티 우스의 죽음으로부터 아테네의 철학 학교가 폐쇄될 무렵이라고 보면 좋지 않을까 생각한다. 정치사적 관점 등에서는 흔히 콘스탄티누스 대제를 중세의 초로 보는 모양인데, 만일 그와 같이 보면 고대 철학의 종장은 중세 초기의 사건이라고도 할 수도 있겠다.

그리고 또 보에티우스의 이야기로 들어가기 전에 아우구스티누스(Augu-stinus Aurelius, 354년~430년)[74]의 이야기도 좀 하고 싶은데, 이 교부(敎父)는 시대적으로는 보에티우스 이전이고 철학자로서도 뛰어나지만 보통 중세

---

73) 주 64 참조.
74) 초기 기독 교회 교부, 철학자. 누미디아의 타가스테에서 태어나 칼타고에 유학, 수사학 교사가 되었다. 방종한 생활에 빠졌으나 키케로의 「호르텐시우스」로부터 진리에 대한 사랑을 배우고 마니교의 이원론에 끌리나 후에 밀라노에서 암부로시우

철학 쪽에 포함시켜 다룰 수도 있을 것이며 또 시간도 부족하므로 제외하기로 하자. 그런데 그의 「참회록」만은 꼭 읽어 보라고 권하고 싶다.

그러면 이제부터 보에티우스의 이야기로 넘어가는데 많은 사람들에게 깊은 감명을 준 그의 유명한 저서 「철학의 위안」은 여러분에게는 조금 어려울지 모르겠으나 몇 군데를 인용해 보겠다. 이 저서는 보에티우스가 이탈리아의 파비아의 옥중에서 내일을 기약할 수 없는 사형 집행의 날을 앞두고써 내려간 것이다.

그것은 다음의 구절을 포함한 시에 의해서 시작된다.

생각하면 불행에 재촉받아 총총히 늙음이 찾아오고
고뇌는 나에게 제 연륜을 아로새기니
때아닌 백발은 내 머리를 덮고 힘이 다한 육체의 피부는 주름져 떨리누나
죽음은 행복이다
만일 그것이 삶을 즐기는 동안에 오지 않고
슬퍼하는 사람들의 부름에만 종종 응한다면.

위의 시에 '때아닌 백발'이라는 구절이 있는데 보에티우스는 480년 태생으로 당시 44세경의 나이였던 것이다. 그리고 그 '때아닌 백발'을 불러온 것은 그 자신의 말대로라면 죄없이 고소를 당해 투옥되어서 사형을 선고받은 데 연유한 것이었다. 그는 또 이것을 철학적인 말로써 이렇게도 표현한다.

그런데 나의 슬픔의 최대 이유는, 오히려 만물의 선량한 지도자가 있음에도 불구하고, 일반적으로 나쁜 것이 존재할 수 있으며 혹은 그것이 벌을 받지 않은 채로 넘어간다는 사실 거기에 있습니다. 이 사실만으로도 얼마나 미심쩍은가를 당신도 확실히 인정할 수 있을 것입니다. 그런데 여기에 더욱 큰 문제가 추가됩니다. 그것은 사악(邪惡)이 지배하고 번영하는 한편, 덕은 아무런 대가도 받지 못할 뿐만 아니라, 도리어 범죄자들의 발 아래 짓밟히고 채이며

스의 설교를 듣고 기독교에 접하고 신플라톤주의 철학을 신학의 방법론으로 받아들였다. 육(肉)과 이상의 갈등 속에 고심하다 극적으로 회심, 암부로시우스에게 세례를 받고 이후 성직에 나서 히포에서 설교와 이단과의 논쟁의 생활을 보냈다. 많은 저작을 남겨, 플라톤 철학과 기독교 신학을 집대성하여 중세 사상의 문을 열었다. 또한 인식론에서는 데카르트의 선구를 이루어 기독론, 이적론, 은총론 등 기독교 사상에 큰 영향을 미쳤다. 「고백(참회론)」 「신의 나라」 등이 유명하다.

게다가 덕이 범죄 대신 형벌을 받고 있는 판이니까 말입니다. 모든 것을 알고 (全知), 모든 것이 가능(全能)하고, 오직 선만을 이루고자 하는 그 신의 나라에서 이러한 일이 일어난다는 것은 누구든지 아무리 놀라고 아무리 탄식해도 부족하지 않겠습니까?

이와 같은 선한 신이 지도하는 나라에서의 악의 존재에 대한 놀라움, 탄식은 그가 플라톤의 학도로서 혹은 기독교도로서 신의 섭리, 신의 인도를 믿고 있었다는 사실에 근거했을 것이다. 그런데 앞의 시에서 보에티우스가 자신의 슬픔을 혼자서 하소연하고 있는 곳에 '위엄이 서린 얼굴의 한 여인'이 나타난다. 그 여인이 입은 옷에는 아래쪽에 그리스 문자의 '피(Π)' 곧 플라크시스(실천)의 머리글자, 위쪽에는 '테타(Θ)' 곧 테오리아(이론)의 머리글자가 수놓여 있다. 보에티우스는 여인과 말을 주고받는 가운데, 이윽고 그 여인이 '철학'의 화신이라는 것을 깨닫는다. 그리하여 시와 산문을 엇바꾸어 가며 사용하면서 그 '철학'의 화신인 여인은 보에티우스가 잇달아서 제출하는 의문을 풀어 밝히면서 그를 안심입명(安心立命)으로 인도해 가게 된다. 그러니까 얼핏 보아서는 애매한 「철학의 위안」이라는 제목은 그 사실을 의미하는 것이다. 그러나 여인의 모습을 한 '철학'이 위안을 한다는 것은 물론 문학상의 효과를 노린 허구일 것이다. 그가 옥중에서 비로소 그 '철학'의 화신인 여인에게서 들었다는 사상을 생각해 내기에 이르렀다고 말할 수는 없겠다. 평상시에 그가 생각해 오던 것을 옥중에서의 한가로운 시간에 회상하고 재음미하여, 이와 같은 문학적인 형식에 따라 구성하면서 가슴 속의 고뇌와 비탄을 해소하는 수단으로 삼았다고 하는 것이 실상이 아닐까 추측된다.

어느 날 밤엔가 얘기한 저 키케로도 암살되기 2년 전, 정계에서 은퇴할 때 이렇게 말했다.

이러한 혹독한 운명의 타격을 만나, 우리가 먼저 출항했던 항구로, 심한 폭풍우에 농락당한 끝에 다시금 도피해 돌아왔다. 인생의 지도자인 철학이여, 그대는 덕을 추구하고 악을 떨쳐 버리라! 당신 없이 우리는, 아니 우리만이 아니라 일반적으로 인간들의 삶은 무엇이며 무슨 이득이 있겠는가? 그대 곁에 우리는 피난처를 찾는다. 그대에게 우리는 도움을 간청한다. 우리는 그대에게 우리를 맡긴다. 전에는 우리 일신의 대부분을 그렇게 했었지만, 지금은 그 전부를, 그리고 혼의 전체와 함께.

키케로를 열심히 공부한 보에티우스가, 약 500년 후에 똑같은 운명에 처해져 옥중의 고독 속에서 이 선배의 말을 회상하며 붓을 잡고 써 내려갔을 것이라고 상상해도, 반드시 도를 지나쳤다고 말할 수는 없으리라고 나는 생각하는데 어떨지.

그러나 왜 보에티우스가 옥에 갇히고 죽음을 선고받기에 이르렀던 것일까? 그것을 설명하려면 역시 그의 성장 경위부터 이야기해야 할 것이다. 그는 480년 혹은 그보다 조금 나중에 로마에서 태어났다. 그의 집은 로마에서 손꼽는 명문으로, 아버지는 487년에 국가 최고의 관직인 콘술(집정관)을 지낸 적이 있다. 그러나 그는 아버지를 어린 시절에 여의고 이후로는 역시 명문인 쉼마크스에 의해 양육되어 후에 그의 딸 루스티키아나와 결혼했다. 그는 이미 27세 때에 벌써 박학과 박식으로 세상에 알려져, 당시의 지배자인 동고트 족의 왕 테오도리쿠스에게 등용되어 30세에 콘술에 임명되었다. 42세 때에는 아직 소년이었던 두 아들이 동시에 콘술에 임명되었다. 이것은 분명히 아버지 보에티우스의 공적을 포상하기 위함이었다. 이 때문에 그는 원로원에서 테오도리쿠스 왕의 칭덕(稱德) 연설을 하였다. 그런데 2년 후에는 왕의 비위를 거슬려 옥에 갇히는 신세가 되었던 것이다. 그 옥중에서 보에티우스가 그날에 이르기까지의 자신의 행복에 대해서 철학의 화신인 그 여인과 나눈 이야기에 대해 들어 보기로 하자. 조금 길어지겠지만 지금 골격만 애기한 내력에다 살을 붙이는 결과가 될 것이다.

나는, 아버지를 잃은 네가 일류의 인사들에게 신세를 진 것, 네가 국가의 주요 인사들의 인척으로 선발된 것, 그리고 실제로 인척이 되기 전부터 너는 그들에게 친절과 사랑을 받는 존재였다는 것——이런 일이야말로 바로 가장 훌륭한 인척 관계이지만——이런 일들에 관해서는 나는 말하지 않겠다. 훌륭한 양부모를 가지고, 정숙한 아내에다 자질이 훌륭한 아들을 둔 너를 세상에서도 행복한 인간이라 하여 누가 칭송하지 않았겠는가. 나는 또 일반적인 문제는 언급하지 않으려고 생각하기 때문에 네가 많은 사람들이 늙어서도 얻지 못하는 높은 직위를 젊어서 차지했다는 사실에 대해서도 여기서는 말하지 않겠다. 나는 너의 행복이 비길 데 없이 절정에 이르렀던 것에 대해서는 말해야겠다. 만일 세상사의 성공에다 행복의 가치를 부여한다면, 그날의 찬란한 추억은, 그 뒤에 밀어닥치는 불행의 어떠한 압력에 의해서도 절멸될 수는 없지 않겠느냐. 그날 너는 동시에 콘술(집정관)이 된 너의 두 아들이 많은 원로원

의원들과 사귀어, 민중들의 환성 속에 집에서 나가는 것을 보았다. 또 그들이 원로원에서 상아(象牙) 의자에 앉아 있는 동안에 너는 왕을 찬미하는 연설을 하여 재지와 웅변의 명예를 획득했던 것이다. 또 너는 집회에서 두 집정관 사이에 자리잡고 앉아서 주위를 에워싼 군중들의 기대를 승리자의 관대성으로 만족시켰던 것이다. 그것은 네가 행운을 잘 조정하고, 그에 대해 행운 쪽에서 도 네게 알랑거리며 너를 마치 애인처럼 친절히 돌보아 주는 것처럼 보였다. 이리하여 너는 일찍이 어떤 재인에게도 주지 않은 큰 선물을 행운으로부터 받았던 것이다.

인용은 이상인데 그의 세속적 행복은 이와 같은 것이었다. 그러나 보에티 우스가 이적(夷狄)의 왕의 지배하에서 콘술의 영광스런 지위에까지 오를 수가 있었던 것은 왕인 테오도리쿠스가 그의 칭덕 연설에 어울리는 영명하 고 도량이 넓은 군주였기 때문일 것이다. 보에티우스가 왕에게 아첨하고 추종함으로써 이 영예로운 자리에 오른 것은 아니다. 그는 불행한 약자 로마 인을 도와주고 보호해, 왕의 동족인 만족들의 탐욕과 간교한 계책을 상대로 싸웠던 적도 가끔 있었다.

애당초 그가 그의 '상아와 수정으로 장식된 서재'를 나와 실제로 정치에 나서게 된 것은 그가 배운 플라톤의 가르침을 실행하기 위함이었던 것이 다. 여기에서도 다시금 그 자신이 이야기하도록 하자.

> 당신은 "철학을 공부한 사람들이 국가를 다스리거나 혹은 국가의 통치자들 이 철학을 연구하기에 이른다면 그 국가는 행복해진다"는 원칙을 플라톤의 입을 통해 정의하게 했습니다. 당신은 이것이야말로 철인이 국사를 떠맡아야 할 필연적인 이유라고 곧 사악하고 파렴치한 시민들에게 국가의 지도를 맡김 으로써 선인의 불행과 파멸을 초래하는 일이 있어서는 안 된다고 역시 플라톤 의 입을 통해 경고했습니다. 그러므로 내가 조용한 사적 생활을 통해 배운 바를 국가 행정 실무에 실제로 응용해 보고자 바랐던 것은 이러한 전거(典據) 에 따랐던 것입니다.

이런 생각은 플라톤의 「국가」편에서 말한 것이므로 여러분 중에는 알고 있는 사람도 있을 줄로 안다. 이와 같은 동기에서 출발한 보에티우스의 일이 기 때문에 '양심의 자유 그대로 정당한 원리를 지키기 위해 권력자들의 분노 를 언제나 문제시하지도 않았다' 할지라도 그것은 당연한 일일 것이다.

그렇지만 이것이 반드시 유일한 동기는 아니었던 것 같다. 그는 로마 귀족에 속하는 한 청년으로서 역시 명예욕 때문에도 정계에 나섰던 것으로 추측된다.

철학의 화신인 여인이 세속적 행복이 허무한 것이라는 사실을 그에게 보여 주자, 보에티우스는 "내가 이 세상의 사물에 대한 야망에 조금도 지배당하지 않고 있었다는 것은 당신 자신이 잘 아십니다. 다만 나는 활동할 기회가 필요했던 것입니다. 덕을 헛되이 썩혀 버리지 않기 위해서"라고 대답한다. 이 대답에서 철학의 여신은 보에티우스의 정치적 활동이 덕의 미숙에 근거한 명예심에서 나온 것이라고 진단한다. 그리고 다시금 명성이라는 것이 무한한 공간과 시간 속에서는 얼마나 허무한 것인가를 보여 준다. 이어서 민중의 인기와 허무한 평판을 목표로 하여 올바른 행위를 하는 어리석음을 경계하고 존대한 명예심을 위해 철학자라는 이름을 스스로 참칭한 어떤 사나이의 이야기를 들려 준다.

이 이야기는 비탄으로 가득 찬 「철학자의 위안」 속에서는 보기 드물게 좀 재미있는 것이다. 곧 그 사나이를 어떤 사람이 경멸적이고 심한 말투로써 매도한 다음에 지금의 모욕을 조용히 꾹 참을 수 있는가 하는 것으로 그가 진짜 철학자인지 아닌지를 알 수 있을 것이라고 덧붙였다. 그 사나이는 잠시 동안 묵묵히 있었으나 이윽고 그 모욕을 다시 비웃기라도 하듯이 "마침내 너는 내가 철학자라는 사실을 알았을 것이다"라고 말했다. 그러자 앞의 사람은 "네가 그런 말을 하지만 않았더라면 나도 그렇게 생각했을 텐데"라고 꽉 찌르는 듯한 말투로 대답했다는 것이다. '철학자'라는 이름은 예로부터 이른바 긍지 높기로 유명한 것이다. 나는 그런 이름으로 사람들이 불러 주면 무언가 낯간지러운 듯한 느낌이 든다.

그런데 보에티우스는 이상에서 본 바와 같은 세속적 행복 속에서 즐거운 나날을 보내고 있었는데, 그 곳에 때마침 전에 콘술이었던 원로원 의원인 알비누스가 키프리아누스라는 자에 의해서 콘스탄티노폴리스의 궁정과 밀통하여 반역 행위의 죄를 범하고 있다고, 왕에게 고소를 당하는 사건이 일어났다. 그래서 보에티우스는 총장관(총리직)으로서의 역할도 있고 하여 베로나로 나가 왕 앞에서 그 고소가 허위인 것을 보이고, 또 만일 알비누스에게 죄가 있다고 한다면 그와 마찬가지로 자기 자신과 원로원에도 죄가 있다고까지 주장했다. 그러자 또 키프리아누스는 바실리우스, 오필리오, 가우덴티우

스 등의 악당들을 열거하면서 보에티우스도 고소하기에 이르렀다. 그 고소장
은 그가 '로마의 자유'를, 곧 고트 족의 지배로부터 로마의 해방을 꾀했다는
것과, 영달의 야망을 위해 '악마의 학(學)'을 공부했다는 것 두 조목이었다.
이 후자는 그의 철학, 특히 천문학의 연구를 당시 유행하던 미신적인 점성술
에 비유한 중상 모략이었다.

당시 콘스탄티노폴리스(콘스탄티노플)에서는 유스티누스(Justinus Ⅰ, 452
년~527년)[75]가 황제였는데 노령이고 무학 문맹인 이 황제를 도와 그의 누이
의 아들인 유스티니아누스 1세(Justinianus Ⅰ, 483년~565년)[76]가 섭정의 지위
에 있었다. 그는 로마 종족 출신으로 전날의 로마 제국의 잃은 땅을 수복하
여 동로마 제국의 통일을 이룩했고, 또 카톨릭을 통해 종교계의 통일을 꾀하
고자 하는 야망에 불타고 있었다. 그러나 동고트 왕인 테오도리쿠스는 같은
기독교도이기는 했지만 아리우스(Arius, 256년~336년)[77] 파에 속해 있었다.
곧 이단(異端)이었다. 앞의 알비누스 사건 4, 5년 전부터 유스티니아누스는
황제 유스티누스의 이름 아래 이단의 박해를 시작했다. 그런 경위로 카톨릭
이었던 로마 교회도, 로마의 자유를 추구하던 로마의 원로원도 콘스탄티노폴
리스의 유스티니아누스와 교제를 갖게 되었다. 그런 일들이 30년 남짓 되는
선정(善政)으로, 오랫동안 피폐해 있던 이탈리아를 부흥시킨 공로자이기도
하며 문예의 후원자이기도 했던 영특하고 도량 넓은 테오도리쿠스를 아마도
이상하게 자극하여 깊은 의심을 품게 했던 것이리라. 그는 자기도 잘 알고
있는 악당들의 고소를 진정으로 받아들여 충성스런 보에티우스에게 변명의

---

75) 동로마의 황제, 재위는 518년~527년. 아나스타시우스 1세의 근위장관이 되어, 황제
   가 죽은 후 황제로 추대되었다. 통치는 실질적으로는 생질인 유스티니아누스 1세와
   플로쿠루스에게 맡겼다. 아리우스파에 반대해 동서 양 교회를 화해시켰다.
76) 동로마 황제, 재위는 527년~565년. 즉위 후 532년에 수도 시민의 니카의 반란을
   장군 벨리사리우스와 황후 테오도라 등의 수완에 의해 진압했다. 로마 제국의 부흥
   을 시도, 벨리사리우스를 보내 북아프리카의 반다르 왕국을 정복, 다시 동고토와
   싸우고 로마와 라벤나를 공략해서 이탈리아를 제국령으로 만들었다. 또 서고토와도
   싸우고 남스페인을 정복했다. 페르시아와의 2차의 전쟁을 휴전으로 유도했다. 법학
   자를 동원, 로마 법률을 집성해 「로마대법전」(유스티니아누스 법전이라고도 함)을
   편찬케 했고, 많은 인원을 동원하여 장대한 성 소피아 사원을 건립했다.
77) 신학자. 아리우스파의 시조. 리비아 출생으로 예수의 신성을 부인, 삼위일체설을
   주장한 아타나시우스와 대립했다. 325년 니케아 회의에서는 이단으로 선고되어 추방
   당했다. 이후에도 팔레스티나에서 설교했다. 그의 가르침은 게르만 부족들 사이에
   널리 퍼져 훗날에 교회의 대논쟁을 낳았다.

기회도 주지 않고 사형을 선고하는 우를 저질러 버렸다. 그의 양부(장인)인 쉼마쿠스도 같은 형에 처해졌다. 그러나 보에티우스가 스스로도 말한 것처럼 그 자신이 일원이었던 원로원의 안녕을 그가 바랐다는 것은 진실이었음이 틀림없다. 그런데 그가 원했던 것은 어떠한 안녕이며, 어떤 수단에 의한 것이었는지, 자세한 것은 아직 알 수 없다. 보에티우스는 '안녕'을 원했던 것은 죄가 아니라고 말한다. 그러나 그 '안녕'은 지배자인 테오도리쿠스 왕의 입장에서는 죄라고 생각했는지도 모른다. 어쨌든 보에티우스도 쉼마쿠스도 잔인한 방법으로 처형되었다는 것이다. 그러나 테오도리쿠스는 그 후 두 사람을 죽인 일에 몹시 양심의 가책을 느꼈던 것 같다. 어느 날 저녁, 그의 식탁에 큰 생선이 나오자 그것이 쉼마쿠스의 목같이만 생각되어 공포감이 일었는데 그것이 원인이 되어 자리에 몸져 눕게 되었으며 3일 뒤에 죽었다는 이야기다.

보에티우스는 이리하여 아직 44, 5세의 젊은 나이에 비참한 최후를 마쳤는데, 그는 그 짧은 다망한 생애 중에 「철학의 위안」 외에도 감명 깊은 많은 저작물을 남겼다. 그러한 저작물에 대해서는 지금은 시간이 없으므로 여러분이 철학사를 공부할 때에라도 조사해 주기 바란다. 보에티우스가 그러한 저작으로 중세의 교양이나 철학에 끼친 영향은 아주 크다. 중세의 어떤 시기에는 단순히 '저작자'라고 하면 그것은 곧 보에티우스를 가리킬 정도였다.

그런데 유스티니아누스의 이교 이단에 대한 박해는 그 후에도 극렬하게 여러 방법으로 추진되었다. 그는 보에티우스가 죽은 지 2, 3년 만인 528년에 그리스인들을 많이 박해했다. 그 때문에 재산을 몰수당하거나 살해당한 사람이 많았다. 또 그리스어를 사용하는 사람들이 관직에 오르는 것을 금지하는 법령을 내렸다. 이듬해인 529년에는 "아테네에서 몇 사람이든 철학을 가르쳐서는 안 되며, 또 법률의 해석을 하지 말라"는 법령을 공포했다. 이것은 언젠가 얘기한 마르쿠스 아우렐리우스 황제에 의해서 설립된 '철학 강좌'의 폐지만이 아니라 사적인 철학 교습도 금지한 것이었다. 하지만 당시는 국가에 의해서 지급되던 강의료도 이미 오랫동안 중단되었고, 또 아카데미아 학파 이외의 학파는 명맥마저 끊겨 있었던 모양이니까 이 법령은 사실상은 아카데미아의 학교 폐쇄를 명령했을 것이다. 학교는 폐쇄되고 막대한 학교 재산도 몰수되었다. 이리하여 학조(學祖)인 플라톤이 학교를 개설한 이래 약 **900년을 이어 온 세계 최고의 아카데미는 멸망해 버렸다.**

그 후 531년 내지 532년에 당시의 학두였던 다마스키오스는 심프리키오스, 그 밖에 다섯 명의 학우와 함께 페르시아로 갔다. 당시 그 곳에서는 코스루 뉴시르반이라는 자가 새로이 황제의 자리에 오른 무렵이었다. 뉴시르반이라는 말은 '관대하고 인자한 마음'이라는 의미라고 하는데, 그는 또 코스로에스라는 이름으로도 불리운다. 그는 그 후 48년 동안 제위에 있으면서 동로마제국과 세 차례 싸워 영토를 확장하고 문화 예술을 보호 장려했다. 페르시아의 위대한 왕들 중 한 사람으로 꼽힌다. 그리스, 로마, 인도의 우수한 저작물들을 번역하게 했다고도 한다. 그 속에는 아리스토텔레스와 플라톤의 것도 포함되었으며 시리아어로 된 아리스토텔레스의 논리학의 적요(摘要)가 오늘날에도 남아 있다.

이와 같은 왕이었기 때문에 즉위 당초에는 더욱 신흥에 정열을 불태워 원수인 로마 황제에 의해 박해받은 철학자들을 자신의 궁정으로 맞아들이려고 사자를 파견했던 것으로 추측된다. 전하는 바에 따르면 아카데미아의 철학자들은 페르시아에서 학조인 플라톤의 「국가」의 이상 국가를 기대하고, 새 황제 가운데 진짜 철학자를 찾아내야겠다고 기대했다고 한다. 그들 중에는 페르시아의 실상을 잘 아는 동양 출신자도 많았으므로 모두가 다 그런 기대를 품고 있었다고는 말할 수 없겠으나 슬픔의 지경에서 그와 같은 즐겁고 아름다운 상상으로 가슴을 설레이던 자도 더러는 있었을지도 모르겠다. 그러나 그들은 그 땅에 가서 페르시아의 궁정에 몹시 불만을 느끼고, 페르시아인들의 풍속과 습관이 복잡한 데에 불쾌감마저 느꼈으며 야만에 가까운 국민 사이에서는 그들의 활동도 효과를 거둘 수가 없다는 사실을 깨닫고는 심한 향수에 사로잡혔다는 것이다.

그 동안에 새 왕인 코슬루는 유스티니아누스를 상대로 벌이고 있던 전쟁을 533년에 유리한 평화 조약으로 끝냈다. 그 조약 중 하나에는 "저 철학자들은 자기의 고향으로 돌아가서 그들의 생각하는 바에 반하여 무언가를 생각하는 것, 혹은 조상 전래의 신앙을 바꾸는 것을 강요당하지 않고, 앞으로 자기들의 힘으로 두려움 없이 생활해 나가야 할 것"이라는 규정이 명백하게 삽입되어 있었다.

전쟁에서의 불리함도 있었겠지만, 마침 그 무렵 유명 배우였다가 유스티니아누스의 황후가 된 테오도라의 영향력으로 이단 이교의 박해도 완화되어 가고 있었으므로, 이와 같은 조항을 황제도 그대로 받아들이게 되지 않았을까 추측된다. 또 이와 같은 조항으로 그리스의 철학자들의 안전을 도모한 페르시아 왕 코스루의 처치는 어디까지나 자기 스스로가 초빙의 책임을 졌던 것이 아닐까 생각한다.

이 조약에 의해서 귀국을 동경하던 그 철학자들은 다시금 아테네 땅을 무사히 밟을 수가 있었다. 그들 중에서 심플리키오스는 이 호전된 상황과 한가로운 시간을 이용하여 왕성하게 저작 활동을 했다. 오늘날 우리가 크게 힘입고 있는 그의 주석서들의 대부분은 이 시기에 쓰여졌다고 한다. 흔히들 하는 말이지만 사람의 팔자도 인간사도 헤아리기 어려운 것이다.

그런데 그리스 철학의 대가인 젤러(Zeller Eduard, 1814년~1908년)[78]는 "보에티우스와 더불어 로마의 철학자들의 최후의 인물이 무덤으로 향했다. 또 아테네와 알렉산드리아에서 플라톤 학파가 끊겼을 때에 그리스적 교양 형식으로서의 신플라톤주의는 종국에 도달했다"고 말했다.

그리스 로마 철학자들에 대한 밤이야기도 이쯤해서 끝내는 것이 좋으리라고 생각한다. 오랫동안 들어 준 것에 감사한다.

---

78) 독일의 철학자. 1872년 베를린 대학 교수. 신칸트 학파 창시자의 한 사람이지만 본래는 그리스 철학사가로 유명하다. 「그리스 철학」(전 5권), 「그리스 철학사 강요(綱要)」 등을 남겼다.

대원동서문화총서 8
최초의 철학자들

초판 1쇄 발행/1989년 11월 10일
초판 3쇄 발행/1996년 3월 15일
지은이/야마모토 미쓰오
옮긴이/지영환
펴낸이/차민도
펴낸곳/대원사

주식회사 대원사
140-190 서울시 용산구 후암동 358-17
전화/757-6717(대)
팩시밀리/775-8043
등록/제3-191호
은행지로/6700320

ISBN 89-369-0508-2 03100